Schweiggert · Karl Valentin und die Musik

Allitera Verlag

ALFONS SCHWEIGGERT veröffentlichte viel beachtete Bücher über Karl Valentin. 2007 gründete er die Valentin-Karlstadt-Gesellschaft, der zahlreiche Künstler angehören. 2008 erfand er den »Großen Karl-Valentin-Preis«, der aus »NICHTS« besteht und unter anderem an Gerhard Polt, die Biermösl Blosn, Fredl Fesl und Helge Schneider verliehen wurde. Als »Großer Valentin-Karlstadt-Preis« wird er seit 2022 durch eine Jury, der Schweiggert angehört, von der Landeshauptstadt München vergeben. Von 2000 bis 2017 war Schweiggert Co-Präsident der Münchner Schriftstellervereinigung »Turmschreiber«.

Alfons Schweiggert

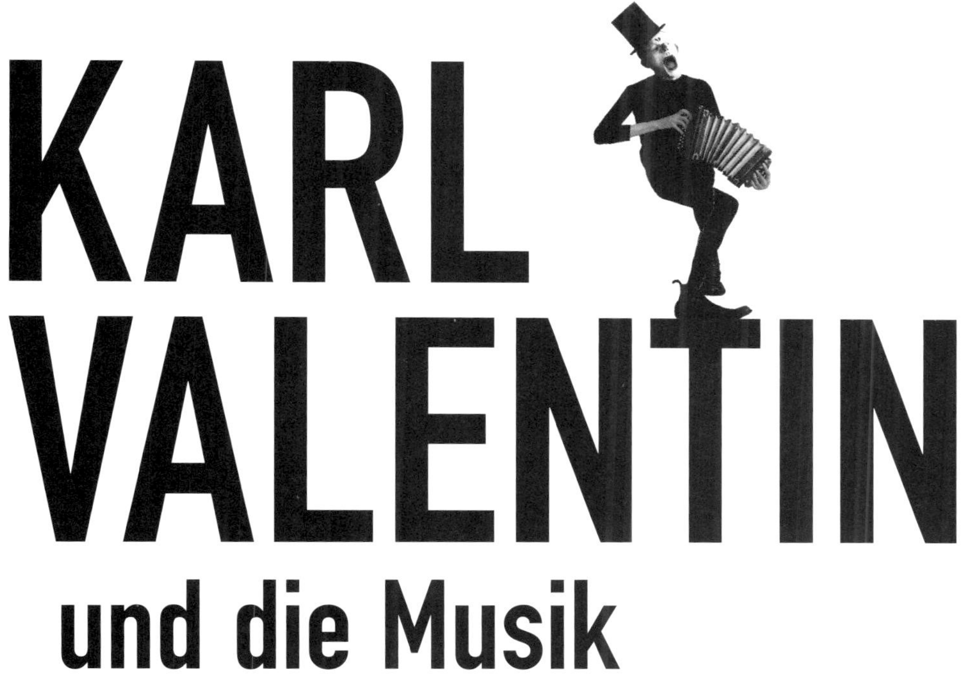

KARL VALENTIN

und die Musik

Allitera Verlag

Originalauflage Juli 2024
Allitera Verlag
Ein Verlag der Buch&media GmbH München

Redaktion: Dietlind Pedarnig
Layout und Umschlaggestaltung: Johanna Conrad
Satz: Johanna Conrad
Gesetzt aus der DIN 2014 und der Adobe Garamond Pro
Umschlagvorderseite: Karl Valentin, fotografiert in seinem Münchner Haus am 19.8.1947

Printed in Europe · ISBN 978-3-96233-441-3

Allitera Verlag
Merianstraße 24 · 80637 München
Fon 089 13 92 90 46 · Fax 089 13 92 90 65

Weitere Publikationen aus unserem Programm finden Sie auf www.allitera.de
Kontakt und Bestellungen unter info@allitera.de

INHALT

Karl Valentin

Instrumental-Karikatur-Komiker
mit nur Original-Vorträgen

Zeichnung von Ludwig Greiner

Gerhard Polt

Musikalisch wie Karl Valentin war, wusste er nur zu gut, welchen Effekt ein Misston haben kann. Wilhelm Buschs Bemerkung »Musik wird oft nicht schön empfunden, derweil sie mit Geräusch verbunden« ist für mich deshalb so überzeugend, weil der unschuldigste Versuch, Musik zu machen, oft nicht nur störend, sondern im Sonderfall auch große Heiterkeit erzeugt, wenn er in Kakofonie abgleitet. Der falsche Gesang, sollte er aus Unvermögen, Absicht oder Missverständnis entstehen, beleidigt entweder das Ohr oder entzückt den scharfen Verstand. Wie viele Blaskapellen landauf und landab haben durch ihr dilettantisches Spiel einer Beerdigung den Ernst genommen.

Der musikalische Vortrag eines Künstlers oder einer Künstlerin hat den Karl bestimmt stimuliert, als Bühnenstück sowohl dem Ohr als auch dem Auge als Labsal zu dienen.

Grundsätzlich glaube ich fest, dass der Mensch sowohl Geräuschmacher als auch selbst Geräusch ist, was ihm die einmalige Gelegenheit gibt, sich lächerlich zu machen. Und das war dem Karl Valentin nur allzu bewusst.

PS: Ich finde es angenehm, dass schlechte Musik von Dezibel allein nicht abhängig ist!

Gerhard Polt,
Kabarettist, Autor, Fernseh- und Filmschauspieler
München, März 2024

Gunter Fette

Neben den vielen bisher schon geschriebenen Büchern zu Karl Valentin, den Eigenarten seines künstlerischen Schaffens und seinem Leben (darunter etliche auch vom Autor dieses neuen Werkes), eröffnet die nunmehrige Behandlung des Themas »Karl Valentin und die Musik« von Alfons Schweiggert, einen bisher fehlenden Blick auf ein ganz wesentliches Element von Valentins Persönlichkeit – und damit auch seiner künstlerischen Betätigung, was bei ihm ja ohnehin untrennbar miteinander verwoben war.

Musik spielte bei Valentin tatsächlich eine ihn besonders prägende Rolle. Er war daran von Jugend an interessiert – und zwar an solcher Musik, die man selber machen und alleine spielen kann. Dazu eignete sich besonders das urbayerische Instrument, die Zither, die er als erstes lernte – mit professionellem Unterricht. Er hatte aber ein so ausgeprägtes Gespür und Talent für das Musikmachen, dass er sich alsbald viele Instrumente selbst beibringen konnte und schließlich wohl an die 15 Musikinstrumente beherrschte. Es genügte Valentin aber nicht, sie einzeln spielen zu können, sondern er hatte die fixe Idee, als eine Art Einmannorchester auftreten zu können. So entstand das von ihm – wohl damals während des Aufenthaltes mit seiner Mutter in deren Heimatstadt Zittau – selbst konstruierte »Orchestrion«, mit dem er alleine gleichzeitig 15 Instrumente bedienen konnte. Es muss fürchterlich geklungen haben und niemand wollte ihn damit hören, als er mit diesem mehrere Zentner schweren Monstrum als »Charles Fey« in Deutschland auf Tournee ging. Diese irrwitzige Idee führte zu Valentins erster wirtschaftlichen Pleite.

Künftig beschränkte sich Karl Valentin auf das Spielen einzelner Instrumente und so entstanden zahlreiche Bühnenszenen von ihm und mit Liesl Karlstadt, als nunmehr ständige Partnerin mit musikalischen Darbietungen auf den verschiedensten Instrumenten – und Gesang. Dass diese von ihm allein oder zusammen mit ihr gespielten Auftritte regelmäßig in einem Desaster endeten, gehörte natürlich bei der Weltbetrachtung dieses kongenialen Künstlerduos als immerwährende Katastrophe dazu: Da wird dem »Geigenvirtuosen« auf der Bühne vom Gerichtsvollzieher die Geige gepfändet, bevor er überhaupt seine Kunst darbieten kann, das »Alpensängerterzett«, eine verkitschte alpenländische Musiktruppe, wird vom Gastwirt hinausgeworfen, die »verhexten Notenständer« machen den beiden Musikern das Spielen nach Noten unmöglich und so weiter. Der Inbegriff aller musikalischen Unfähigkeiten und Absurditäten – vom Kapellmeister angefangen, der eigentlich nur ein Kinoklavierspieler ist, bis zu den Musikern, die vom Rhythmus nur seinen Bruder kennen – ist aber zweifellos die »Orchesterprobe«, sowohl als Theaterstück als auch dessen Verfilmung.

Darin kommt kaum eine wohlklingende Musiksequenz zustande und die musikalische Darbietung erschöpft sich in einer gemeinschaftlichen furiosen Kracherzeugung und endet im totalen Chaos. Valentins Leidenschaft für die Musik schließt also auch deren exzessive Parodie mit ein.

Ein bemerkenswertes Zeugnis für Valentins Liebe zum selbst Musikmachen – und wie er sich auch dabei selbst parodiert – ist der Umstand, wie oft er sich dabei hat fotografieren lassen. So gibt es neben den Szenenfotos von Bühnenszenen mit musikalischen Auftritten auffällig viele Fotos von ihm mit Musikinstrumenten – natürlich meist in skurrilen Kostümierungen und komischen Posen wie etwa als »Loreley« mit der Harfe, als Minnesänger mit Mandoline, als Fagottspieler, mit Trompete als Stethoskop und mit einem Geigenbogen auf der Trompete spielend, mit Posaune, Oboe, Klarinette, Trompete, Zither, Akkordeon, Tuba und so weiter. Diese Fotografien von Karl Valentin zeigen ihn deshalb eher als eine Art »lebende Karikatur«, einem künstlerischen Genre, das in den 1920er-Jahren des vorigen Jahrhunderts aufkam und gut zu Valentins Darstellung eines ständig misslingenden Lebens passte. Als Fazit zu dem Thema dieses Buches könnte man also meinen: Karl Valentin war vom eigenen Musikmachen ein Leben lang besonders geprägt, ja geradezu besessen, aber auch das betrieb er bis ins Groteske und zum jeweils dramatischen Scheitern, wie dies überhaupt seine Lebensmaxime war. Auch bei der Musik gab es für Valentin die bekannten drei Seiten: eine positive, eine negative und eine komische, wobei erfreulicherweise die letztere überwiegt.

Gunter Fette,
Rechtsanwalt und Verwalter des künstlerischen Nachlasses
von Karl Valentin seit über 50 Jahren im Auftrag seiner Erben
München, April 2024

Musikclown Karl Valentin

Da steht einer allein auf der Bühne vor dem dunklen Saal, spindeldürr mit gesenktem Blick eine Geige in der Hand, bewegungslos. Die Zuhörer, zunächst noch unruhig, doch dann wird es mucksmäuschenstill. Flüstern und Hüsteln verstummen. Der Mann wirkt zunächst lustlos, gehemmt, geradezu peinlich berührt, schüchtern. Ein Ruck geht durch die Zuhörer, als er sich bewegt. Der Clown mit seiner traurigen Gestalt zieht sie in seinen Bann, weckt Emotionen, treibt den Puls in die Höhe. Woher kommt der unwiderstehliche Sog, den sein Auftritt auf die Leute ausübt? Warum berührt er sie, irritiert sie, erschreckt sie, erzeugt einen Gänsehautmoment, bringt sie zum Kichern? Was macht die Musik, die noch gar nicht zu hören ist, mit ihnen und mit ihm, oder verweigert sie sich ihm und er sich ihr? Welchen Einfluss hat Musik auf diesen Menschen und welchen er auf die Musik?

Das Publikum wird ungeduldig, will nicht mehr warten, doch der Clown will, hat die Macht, zwingt das Publikum zum Warten, wer keine Macht hat, muss warten. Dann erwacht er vorsichtig zum Leben, doch die Musik verweigert sich ihm noch immer und er sich ihr, hält ihn und die Leute zum Narren, ein Musikerlebnis ohne Musik, wie man es so nicht kennt.

Von klein auf hatte der Tragikomiker Karl Valentin nach eignen Worten »eine stille Liebe zur Musik«, die er sich auch nach einem Tourneedesaster mit einem selbst gebauten Musikmonstrum, das er in einem Wutausbruch zertrümmerte, nicht austreiben ließ. Musik wurde zu einem Bestandteil seiner künstlerischen Persönlichkeit. Er beherrschte Musik und wurde von ihr beherrscht. Er liebte sie und schien sie mitunter zu hassen, er kämpfte mit ihr, besiegte sie und unterlag ihr. Er trat als Volks- und Moritatensänger auf, mit Couplets und als Liedparodist, produzierte sich als Instrumentalmusiker und brachte Musik auch in seinen Monologen, Soloszenen, Dialogen und Stücken zur Sprache. In mehreren seiner Filme erweckte er Musik ebenso zum Leben wie in seinem »Panoptikum«. Er präsentierte sich als Sänger und Musical-Clown und erfand auch für seine Partnerinnen, vor allem für Liesl Karlstadt, musikalische Rollen. Ungewöhnlich war seine Beziehung zur klassischen und zur modernen Musik wie dem Jazz. Zu Hause im Familienkreis durfte Musik nicht fehlen. Er war ein Meister der Pausen. Töne, Geräusche wurden zur Musik und Namen. Er zelebrierte die Kunst des Sprechgesangs und entdeckte Musik in der Sprache.

»Karl Valentin und die Musik«, eine Beziehung, die wie alle Beziehungen dieses ungewöhnlichen, genialen Künstlers zu wem auch immer, verstörend war. Was war dieser »Skelettgigerl« eigentlich? Ein Possenreißer und Spaßmacher, ein Musical-Clown,

Vortrags- und Gesangshumorist, ein Pionier der Filmgroteske, Charakterkomiker, fulminanter Exzentriker oder ein Original, das seine Neurosen mitunter sadistisch ausagierte, oder was sonst noch alles? Ist aber über Valentin nicht schon alles gesagt? Über sein Leben, seine subversive Sprachakrobatik, seine Handwerks- und Schauspielkunst, seine Bedeutung als bildender Künstler, Sammler, Regisseur und Filmpionier?

Doch über Valentin und die Musik? Diese Beziehung wurde bislang nur beiläufig und am Rande thematisiert, obwohl sie von zentraler Bedeutung ist. Das lag vielleicht daran, »dass Musik gar nicht komisch sein kann! [...] Komisch sind nicht die Klänge, also das, woraus die Musik (nicht das Komische) gestrickt wird, sondern der Bezug der Klänge zu Außermusikalischem«, so äußerte der Komponist Frieder Butzmann in seinem »Manifest des komischen Tons mit Blicken auf Karl Valentin« anlässlich der Ausstellung »Gestern oder im 2. Stock«, die 2009 im Münchner Stadtmuseum gezeigt wurde. »Karl Valentin«, so Butzmann, »enttäuscht unsere Erwartungen in hanebüchener Totalität. [...] Er tut das, was der Philosoph Jean Paul ›das umgekehrt Erhabene‹ nennt.« Je erhabener etwas sei, umso tiefer könne es ins Komische gestürzt werden und uns vom Druck hoher Werte entlasten. Bei Valentins Darbietungen würden sich die Lacher des Publikums nie auf die Töne beziehen, sondern stets auf deren Verhältnis zu dem, was er außerhalb der Musik darbietet. Offensichtlich habe er nur Freude am Misslingen instrumentaler und musikalischer Intonation und seine Komik werde aus dem überraschenden Bruch und der Übertreibung der Konventionen gewonnen, wobei er die Syntax von Musik und Text verschiebt, zerlegt und mit üblicher Harmonik Schabernack treibt.

Wie und auf welche Weise Musik das Leben dieses »Menschen von erstaunlicher Musikalität«, wie Wilhelm Hausenstein Karl Valentin bezeichnete, beeinflusste, wo Musik sich überall in sein Leben und das seiner Partnerin Liesl Karlstadt bohrte, es bestimmte und davon bestimmt wurde und darüber, dass sein künstlerisches Schaffen ohne Musik überhaupt nicht denkbar ist, darüber wird in diesem Buch ausführlich nachgedacht.

Alfons Schweiggert
München, Mai 2024

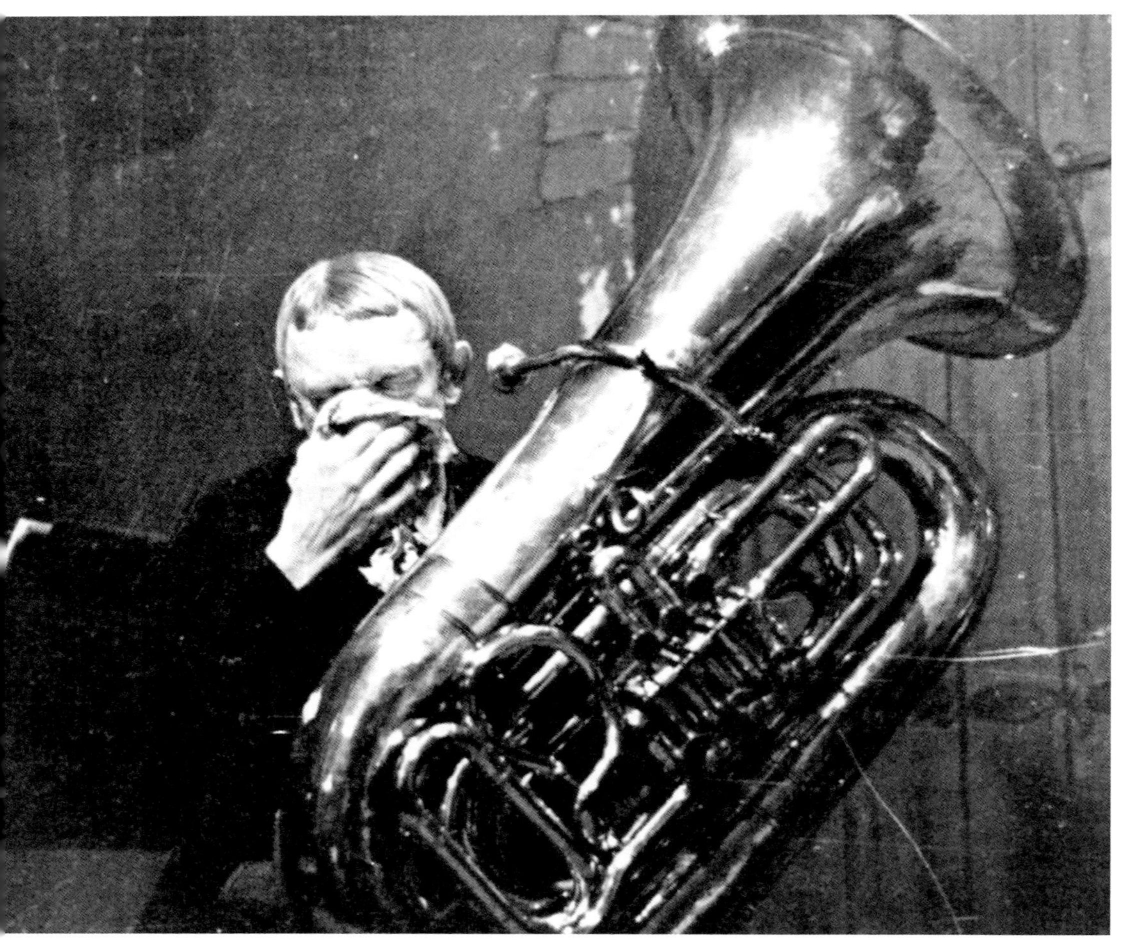

Karl Valentin: »Moment! Nießen muss ich noch! - - - Halt jetzt geht's doch nicht. - - -
Aber vor dem Blasen schnäuzen, das geht!«

Anmerkung des Autors: Aus Gründen der besseren Lesbarkeit wird in dieser Veröffentlichung bei Personenbezeichnungen und personenbezogenen Hauptwörtern die männliche Form verwendet. Entsprechende Begriffe gelten im Sinne der Gleichbehandlung grundsätzlich für alle Geschlechter. Die verkürzte Sprachform hat nur redaktionelle Gründe und beinhaltet keine Wertung.

KAPITEL 1

Alles begann mit Musik

Das Münchner Vorstadtviertel Au am rechten Isarufer mit seinem Gewirr von planlos angehäuften Häusern in krummen und verdreckten Gässchen war die Gegend, in der Valentin am 4. Juni 1882 in der Entenbachstraße 63, heute Zeppelinstraße 41, zur Welt kam und wo er seine Kindheit und Jugend verbrachte. Der Vater Johann Valentin Fey, von Beruf Tapeziermeister, war Inhaber eines Möbeltransportgeschäfts. In der Au lebten vor allem einfache Leute, die sich das Bürgerrecht in der Stadt nicht leisten konnten, darunter Bau- und Hilfsarbeiter, Tagelöhner und Dienstboten, die sich gerne in Wirtshäusern aufhielten, wo auch Musikanten, darunter »Zitherspieler auf der Durchreise« einkehrten und Musik machten und die Menschen von ihren Alltagssorgen etwas ablenkten.

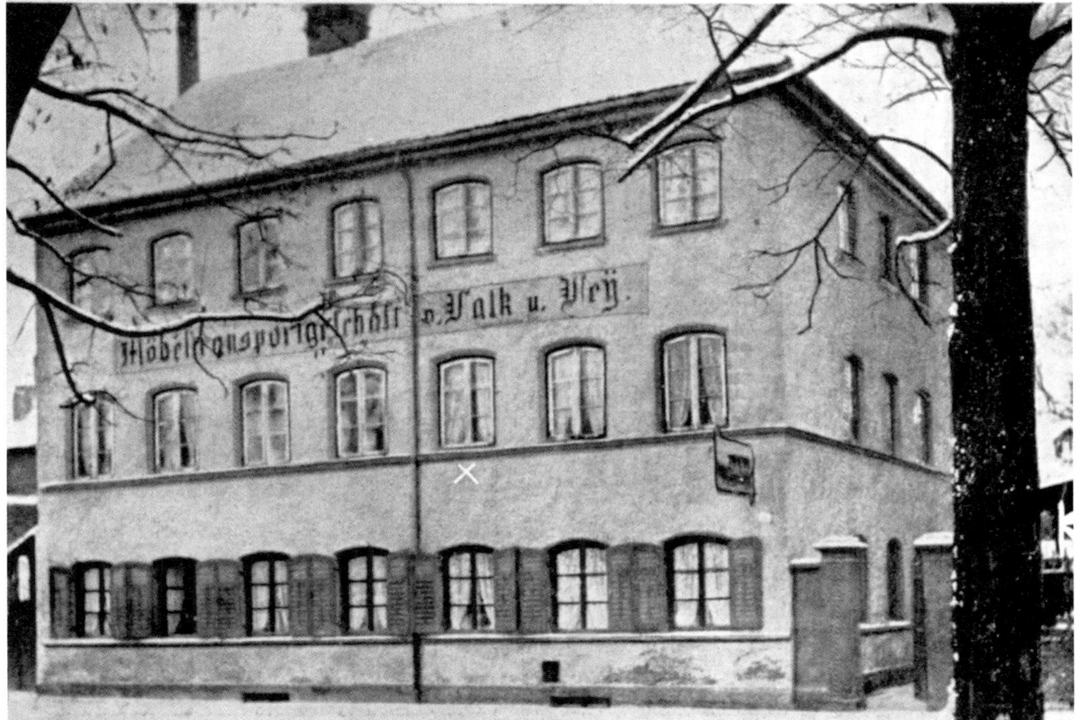

Karl Valentins Geburtshaus in der Zeppelinstraße 41 in der Münchner Au

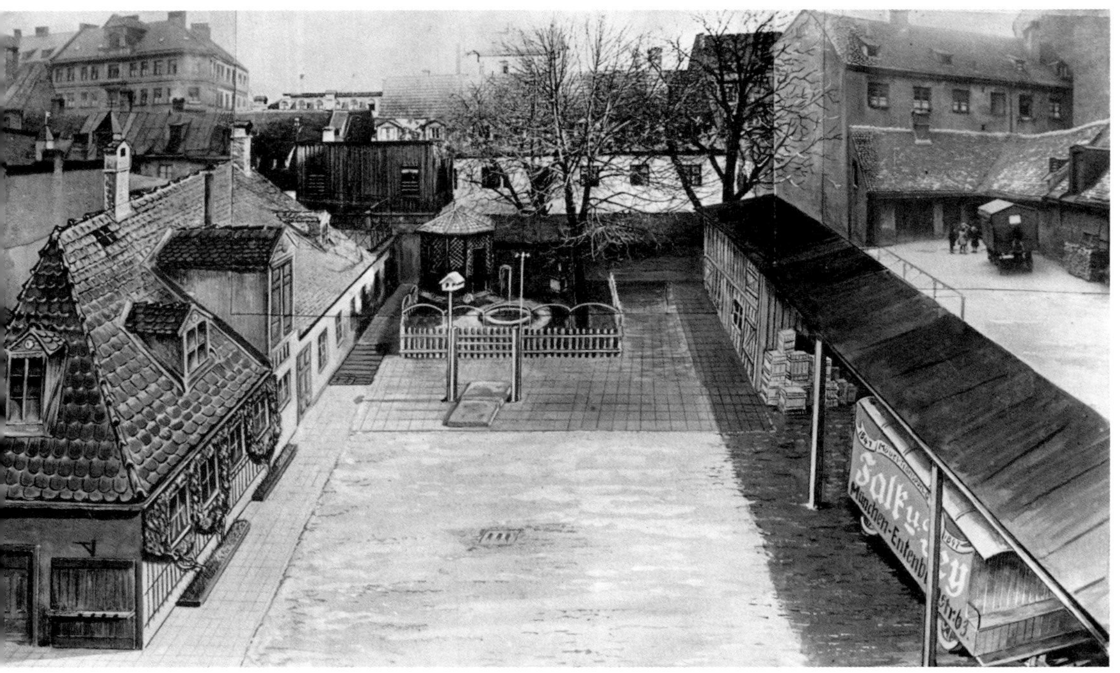

Hof und Rückgebäude des elterlichen Anwesens, Fotocollage. Hier spielte Karl Valentin in jungen Jahren gelegentlich auch Theater.

»Geht zu den Volkssängern«: Valentins musikalische Heimat

Schon von klein auf kam Karl Valentin mit der Volkssängerunterhaltung in Kontakt, die schon viele Jahre vor seiner Geburt aus Wien, wo Bettelmusikanten in Wirtshäusern auftraten, nach München gekommen war. Die Blütezeit dieser Volkskünstler begann 1865. Immer mehr männliche, aber auch weibliche Volkssänger traten in Wirtshäusern, Vorstadttheatern, Varietés und Singspielhallen auf und das nicht nur abends, sondern auch nachmittags. Die Eintrittspreise bei den Vorstellungen waren erschwinglich und bei den Darbietungen, in denen man für ein paar Stunden die Alltagssorgen vergessen konnte, durfte man auch essen und ein Bier trinken.

Als Vertreter einer bürgerlichen Gegenkultur und als Sprachrohr und Anwalt des kleinen Mannes waren Volkssänger beliebt. Sie waren aber nicht nur, wie der Name suggeriert, Volksliedsänger, die das Publikum ausschließlich mit dem Vortrag von Liedern und Couplets unterhielten. Sie traten ebenso als Komiker und Spaßmacher in Szenen und kleinen Theaterstücken auf oder produzierten sich als Musical-Clowns und Salonhumoristen. Das Publikum entstammte vor allem der Klein- und Mittelschicht, aber auch dem Großbürgertum und sogar dem Adel. Um 1910 gab es in München dann schon ein Heer von mehr als 800 Volkssängern.

Meist waren es einfache Handwerker oder Bedienstete, die Unterhaltungskünstler werden wollten. Auch Valentin war ursprünglich gelernter Schreiner und Liesl Karlstadt zunächst Verkäuferin. Die meisten von ihnen besuchten keine Varieté- oder Schauspielschule. Sie brachten sich ihr Können entweder selbst bei oder erwarben es nach und nach durch Mitwirkung in Volkssängergesellschaften oder durch Zugehörigkeit zu einem Volkssängerverband. Je pfiffiger die Komiker ihr Publikum mit spaßigen, aber auch kritischen und nachdenklichen Vorträgen unterhielten, desto beliebter wurden sie und manche von ihnen erreichten mit der Zeit den Rang eines »Popstars«, wie man heute sagen würde.

Besonders erfolgreich waren zwei Rollentypen. Zum einen die frechen Vorstadthallodris »Karre (auch Kare) und Lucke« aus der Zunft der Maurer und Hilfsarbeiter, zum anderen die »Gscherten«, die rückständige, aber zugleich bauernschlaue Typen verkörperten. Bei den weiblichen Volkssängerinnen waren es die Ratschkathl mit schnoddrigem Mundwerk und die schimpfende Xantippe, aber auch die naive Dirn und das danschige, Männer bezirzende Mädl. Mehrfach traten »Sie« und »Er« gemeinsam auf den sogenannten Brettlbühnen auf.

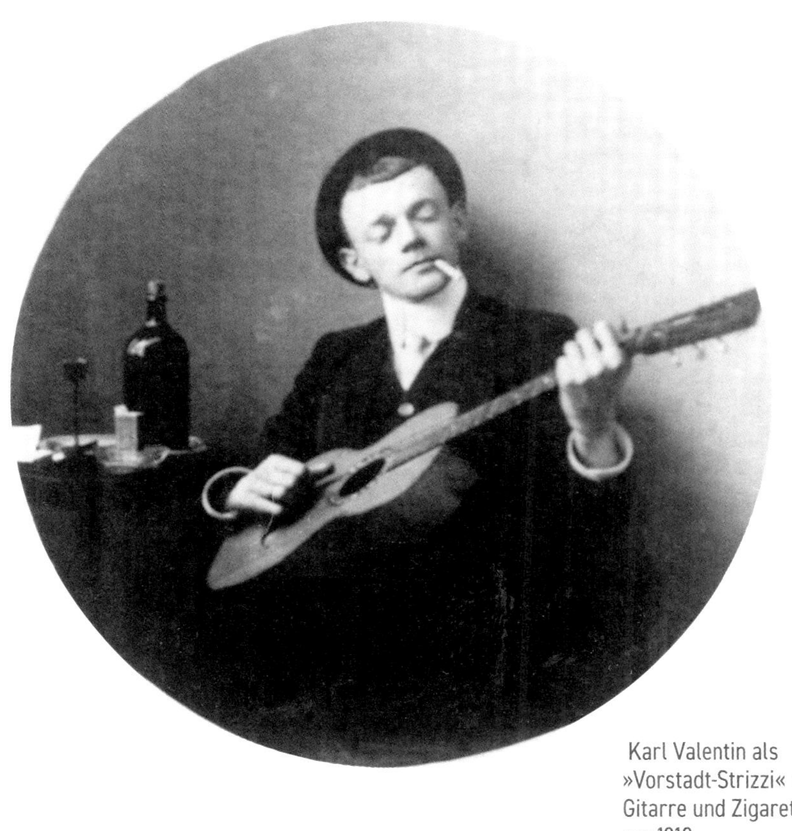

Karl Valentin als »Vorstadt-Strizzi« mit Gitarre und Zigarette, um 1910

Zur offiziellen Kultur, wozu Opern-, Konzert- und Theateraufführungen gehörten sowie noble Kunstausstellungen, zählten Volkssänger-Unterhaltungen allerdings nicht. Die Darbietungen wurden als Massenvergnügungen der Unterschicht von den Behörden argwöhnisch beäugt und streng überwacht. Alles, was Volkssänger zur Aufführung bringen wollten, musste zuerst polizeilich genehmigt werden. Derbe und unsittliche Inhalte waren streng verboten. Wurde die Stimmung bei einer Darbietung zu ausgelassen oder kam es gar zu Ausschreitungen, hatte dies den sofortigen Entzug der Konzession zur Folge.

In dieses Milieu wurde Valentin hineingeboren. Er sog die Liebe zu den Musikanten und Volkssängern von klein auf buchstäblich mit der Muttermilch in sich ein. Geprägt von der Vorstadt Au, sprach er nicht nur zeitlebens den Auer Jargon, der sich von dem anderer Stadtteile unterschied, auch hinsichtlich seines Auftretens und Gebarens merkte man ihm seine Herkunft deutlich an. In seinem Werk stand vor allem das Leben der »kleinen Leute« im Mittelpunkt, deren Alltagskämpfe, Nöte, Sorgen und Schicksalsschläge er ebenso thematisierte wie auch deren Sehnsüchte, Wünsche, Feste und Feiern. So wurde er mit seinen tragisch-komischen Szenen und Stücken zum Auer Chronisten. Es verwundert nicht, dass er sich sein ganzes Leben als Volkssänger bezeichnete und seine Monologe, Szenen, Stücke und Lieder stets als Teil dieser Unterhaltung betrachtete.

Noch 1933, als die Blütezeit der Volkssänger längst vorbei war, rief der 51-jährige Valentin in seinem Couplet »Geht zu den Volkssängern!« die Münchner nochmals eindringlich zum Besuch von Volkssängerveranstaltungen auf, denn:

»Die Münchner aus der alten Zeit
war'n wirklich urfidele Leut'
a Stolz, a Neid is nirgends g'wen,
mit oan Wort: früher war's no schön.
Da ging zum Beispiel der Herr Gruaber
und sag'n ma, die Familie Huaber
mit zwoa, drei Kinder, oder mehr
am Sonntag zu de ›Komiker‹.
Da hab'n die Kinder ›Juchhu‹ plärrt,
an Vater an sein Frack hint zerrt,
und weil ma net viel Auswahl g'habt
is ma zum ›Papa Geis‹ hintrabt.
Dös war a G'schäft, dös war a Freud',
ganz schlichte und auch feine Leut'
hab'n alle mitanander g'lacht,
wenn Geis hat seine G'spassl g'macht.
[...]
Und viel Jahrzehnte, 's wird kaum glanga,

is so dös Treiben weiterganga,
d' Stadt München is zwar grösser word'n,
doch den Humor hat's net verlor'n.
Gar viele Sänger sind entstanden,
zu Gruppen sie sich fest verbanden,
der Rechnung tragend für die Zeit,
hab'n sie erheitert stets die Leut'.
[...].«

»Bitte blas uns doch ein Lied«: Von klein auf »eine stille Liebe zur Musik«

Im Abschnitt »Musikalisches« schreibt Valentin in seinen Erinnerungen: »Schon als kleiner Bub hatte ich eine stille Liebe zur Musik.« Woher aber kam diese »stille Liebe«? Von der Mutter, die ihm Kinderlieder vorsang? Von den Musikanten und Volkssängern der Münchner Vorstadt Au, wo er aufwuchs, denen er lauschte, wenn sie dort in den Wirtschaften aufspielten und in Musikvereinen auftraten? Valentins Talent wurde von Kindheit an in der »wunderbaren Vorstadt Au« ausgebrütet, wie er später sang:

»Ich bin der Lucki, das sieht doch ein jeder
ich habe einen schicken Körperbau
und meine Heimat die ist rechts der Isar
es ist die wunderbare Vorstadt Au.
Vor Giesing und Haidhausen
da tut es mir stets grausen
und auch in Schwabing drunt, wie jeder woass,
da wohnt doch offen g'sagt — a richtigs G'schmoass.«

Im Alter von vier Jahren kam Valentin in den Kindergarten an der Ohlmüllerstraße. Dort sollte er bei einem Maifest mit Messingtschinellen auftreten. »Bei den Proben habe ich brav gespielt«, so Valentin, dann kam die Aufführung. »Bitte blas uns doch ein Lied«, so wurde auch er aufgefordert. »Moanas i hätt mögen?«, so gestand er. »Net ums Verrecken hätt i mögn. Warum, weiß ich heut noch nicht. Die Musik hab i deshalb nicht aufgegeben.« Doch dieses »unerklärliche Nichtmögen« bei Auftritten ist ihm ein Leben lang geblieben und war ein erstes Anzeichen dafür, was er auch später mit Musik auf der Bühne und im Film so alles anstellte.

Die »Musi« ließ den Buben aber nicht mehr los. Auch »in der Schule waren meine liebsten Stunden Singen, Zeichnen und Turnen«, so gestand Valentin. Begeistert war er von den Instrumenten aus Pappe, die ihm sein Vater einmal im Spielwarengeschäft Obletter kaufte und in die man nur »hineinsingen musste«. Etwas später nervte er die

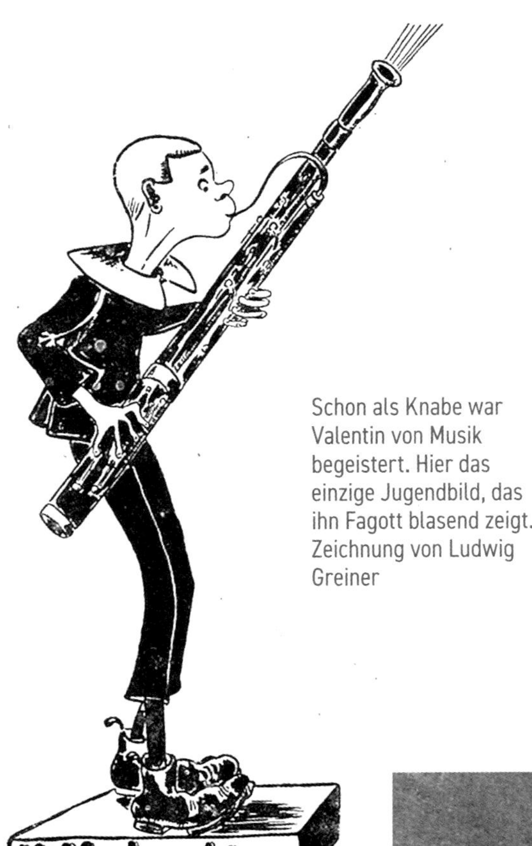

Schon als Knabe war Valentin von Musik begeistert. Hier das einzige Jugendbild, das ihn Fagott blasend zeigt. Zeichnung von Ludwig Greiner

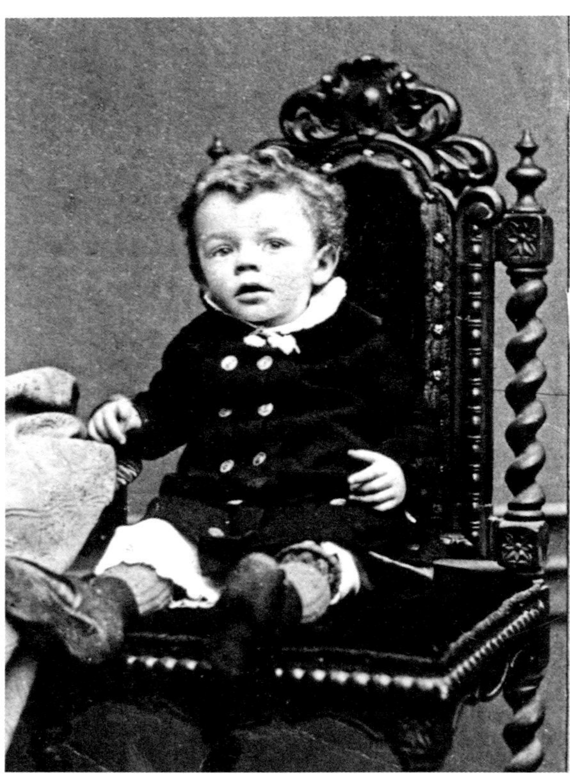

»Wenn auch nicht im Gefängnis – aber gesessen bin ich schon als Kind«, schrieb Karl Valentin zu diesem Foto, das ihn im Alter von etwa drei Jahren zeigt.

Mutter, sie solle ihm doch die 3 Mark für eine alte Messingtrompete geben, die es auf der Auer Dult zu kaufen gab. Er bettelte unter Tränen so lange, bis er sie endlich bekam. Aber lange behalten durfte er sie nicht, da er die ganze Nachbarschaft mit dem Trompetenlärm verrückt machte. Das Spiel auf der Mandoline, auf der er herumzupfte, störte hingegen niemand. Dazu zog er sich, wie er berichtet, »hoch oben auf den Kastanienbaum unseres Gartens in der Au« zurück, wo er mit seinem Gezirpe den Leuten nicht auf die Nerven ging.

Besonders faszinierte ihn auch Marschmusik:

»Ich muss offen gestehen, ich war als kleiner Bub begeistert vom Militär und manchen Sonntag bin ich, wenn die Wachparade durch die Strassen zog, vor Begeisterung neben der Musikkapelle hergelaufen. Heute noch, wenn eine Militärkapelle durch die Strasse zieht und einen feschen Marsch schmettert, finde ich das sehr fein, aber wegen dem Gewehr und der schweren Kugel habe ich das Militär wirklich nicht in mein Herz geschlossen – ich höre lieber einen Militärmarsch spielen, als eine Militärkugel in der Luft pfeifen.«

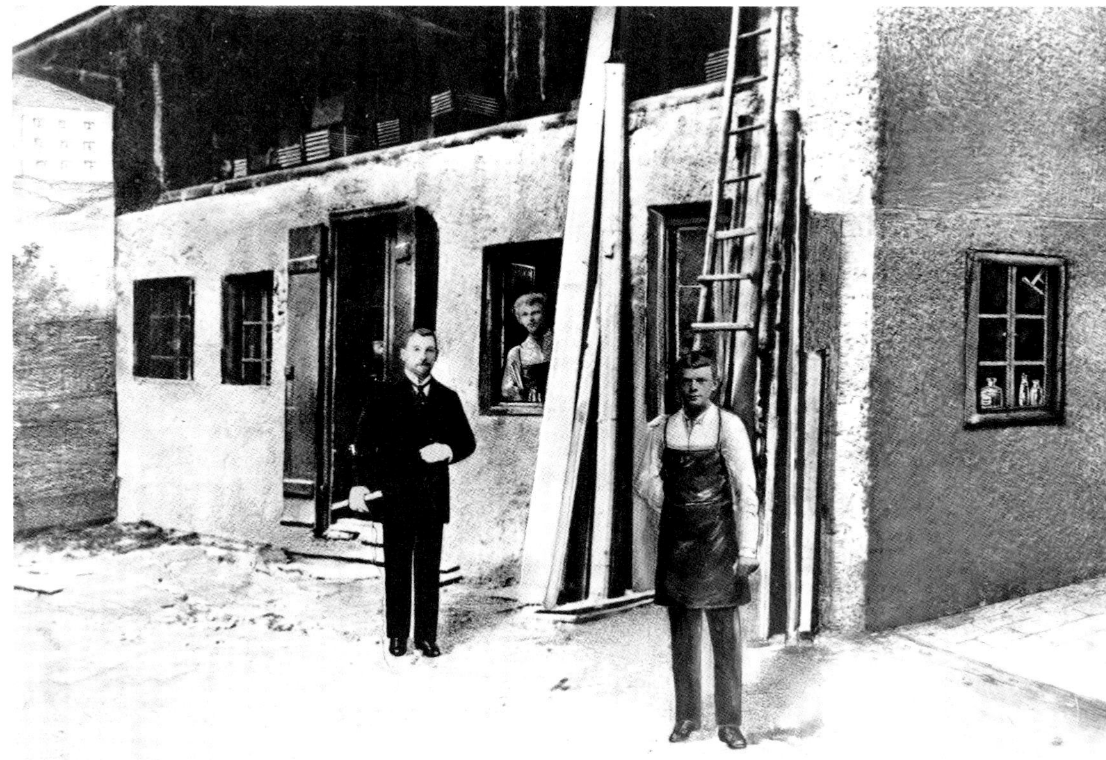

Karl Valentin während seiner Lehrzeit in der Schreinerei Hallhuber in der Weißenburger Straße 28 (1897 bis 1899)

Ebenso freute ihn der Aufmarsch der Veteranen:

> »D' Veterana kumma!! Tschin tatterata bim – bei dem ersten Trommelschlag rasten ich und alle anderen Buben hinüber in die Lilienstr. weil ›D' Veterana kemma‹. Entweder zogen oder kamen sie von einer Veteranen-Leich. Die vier Tamboure hatten mir's damals angetan, neben den vier Trommlern marschierte ich im Schritt daher und es war mein sehnlichster Wunsch, sofort auch ein Veteran zu werden, leider war ich zu jung dazu.«

Auch »das Theaterblut«, so betonte er, »ist schon in meinen Kinderadern gerieselt, unterirdisch sozusagen. Aber von Zeit zu Zeit hat es sich Luft gemacht.« So richtete der junge »Fey-Bazi« in einem Möbelwagen beim Elternhaus eine Bühne ein, von ihm »Hoftheater Falk & Fey« genannt und trat vor Publikum unter anderem als »Hexe« auf oder holte sich »beim Besuch des Kasperltheaters auf der Auer Dult« Anregungen für eigene Aufführungen, so beispielsweise für den »Freischütz«. Ihn interessierte an dieser romantischen Oper von Carl Maria von Weber vorrangig die unheimliche Szene, in der um Mitternacht bei Sturm und dem Geheul böser Geister in der unheimlichen Wolfsschlucht »Freikugeln« gegossen werden, die ihr Ziel angeblich nie verfehlen. Valentin, der bei dieser Szene einen Schwamm entzündete, wäre in dem sich daraus entwickelnden »Rauch von Pech und Schwefel fast erstickt«.

Nach Valentins Volksschulzeit, die 1896 endete, war eine Bühnenlaufbahn für ihn zunächst nicht vorgesehen. Stattdessen begann er eine Schreinerlehre beim Tischlermeister Hallhuber in München-Haidhausen, Weißenburger Straße 28. Nebenbei nahm er Unterricht im Zitherspiel bei Ignaz Heppner, »den ich sehr gern hatte«, so Valentin, »und auch das Zitherspielen machte mir viel Spaß«.

Da passierte 1896 etwas geradezu Unerhörtes. Bauarbeiter schleppten in die Wohnung des bekannten Schriftstellers Ludwig Ganghofer in der noblen Münchner Steinsdorfstraße 10 auf dessen Anordnung zentnerweise richtigen Kies. Ganghofer bildete sich nämlich in seinem Domizil einen Biergarten mit Talentbühne ein. Hier wollte er junge Talente entdecken. Unter den Zimmerleuten der Bühne befand sich auch der 14-jährige Schreinerlehrling Karl Valentin, den diese Verrücktheit Ganghofers nicht wenig fasziniert haben mochte. Und so erkundigte er sich bei dem Wohnzimmer-Biergarten-Theaterintendanten kurz entschlossen, ob er ihm auf der neuen Talentbühne nicht ein bisserl was vorspielen dürfe. Der war einverstanden und Valentin produzierte sich mit ein paar Szenen und Couplets. Von seinem wohl allerersten Couplet von 1896 ist in Valentins Album leider nur der Titel »Das Herzklopfen« überliefert, und das hatte er bei seinem Auftritt vor Ganghofer ganz sicher. Weitere frühe Couplets waren: »Ist das schon Alles« (1900), »O das ist ungezogen« (1900), »Himmel Herrmann Sapprament« (1901) und »So amüsiert sich jeder so gut er eben kann« (vermutlich um 1900), dessen letzte Strophe lautete:

»Ich steh hier ob'n und singe
Ja weil ich eben muß
Das ewige Gedüdel
Das ist mir kein Genuß
Doch Sie, Sie sitzen unten
Und hörn den Blödsinn an
So amüsiert sich jeder
So gut er eben kann.«

Ganghofer schien Valentins »Blödsinn« gefallen zu haben. Von ihm ermutigt war er nun noch entschlossener, Unterhaltungskünstler zu werden und trat bald bei Veranstaltungen des »Musikclubs Jung München« auf und als Vereins- und Gesangshumorist. Außerdem spielte er im »Mandolinen-Club Buona Fortuna« Zither. Dem Dichter Ganghofer blieb Valentin eng verbunden und trat am Fasnachtsmontag 1911 in einer Privatvorstellung bei ihm auf. Er sandte ihm außerdem Originalvorträge, die

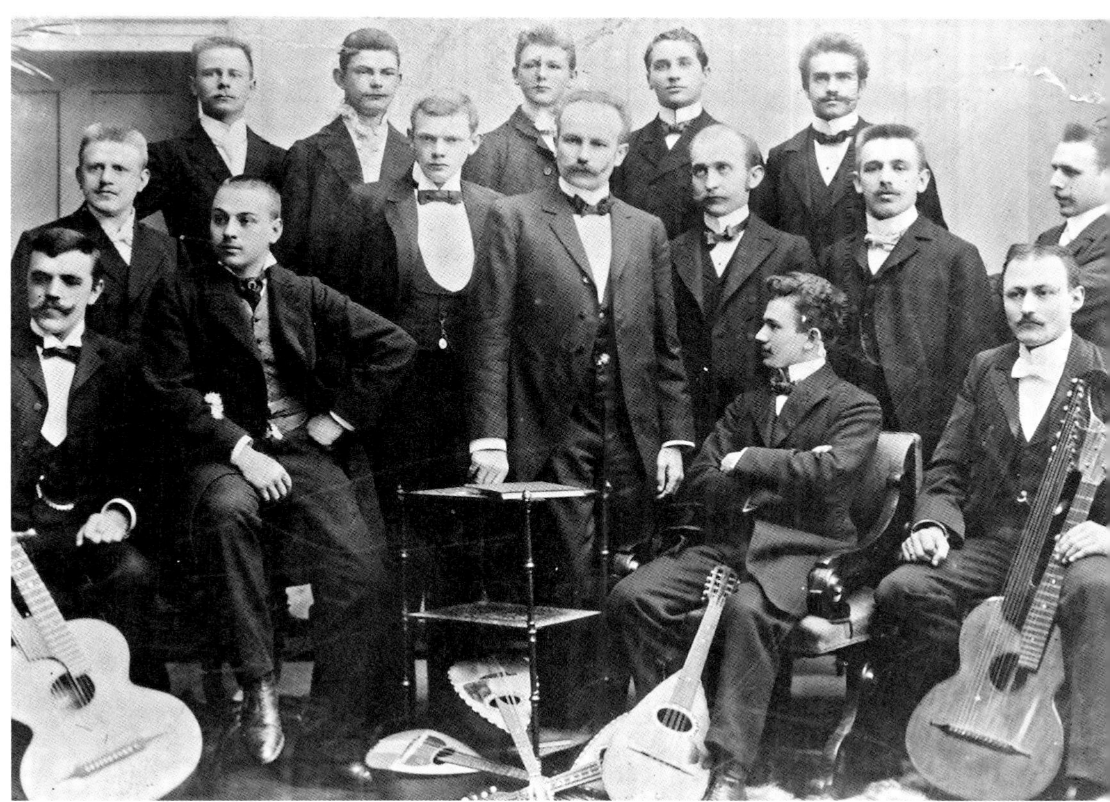

Karl Valentin (zweite Reihe stehend, Zweiter von links) im »Mandolinen-Club Buona Fortuna«, vor 1900

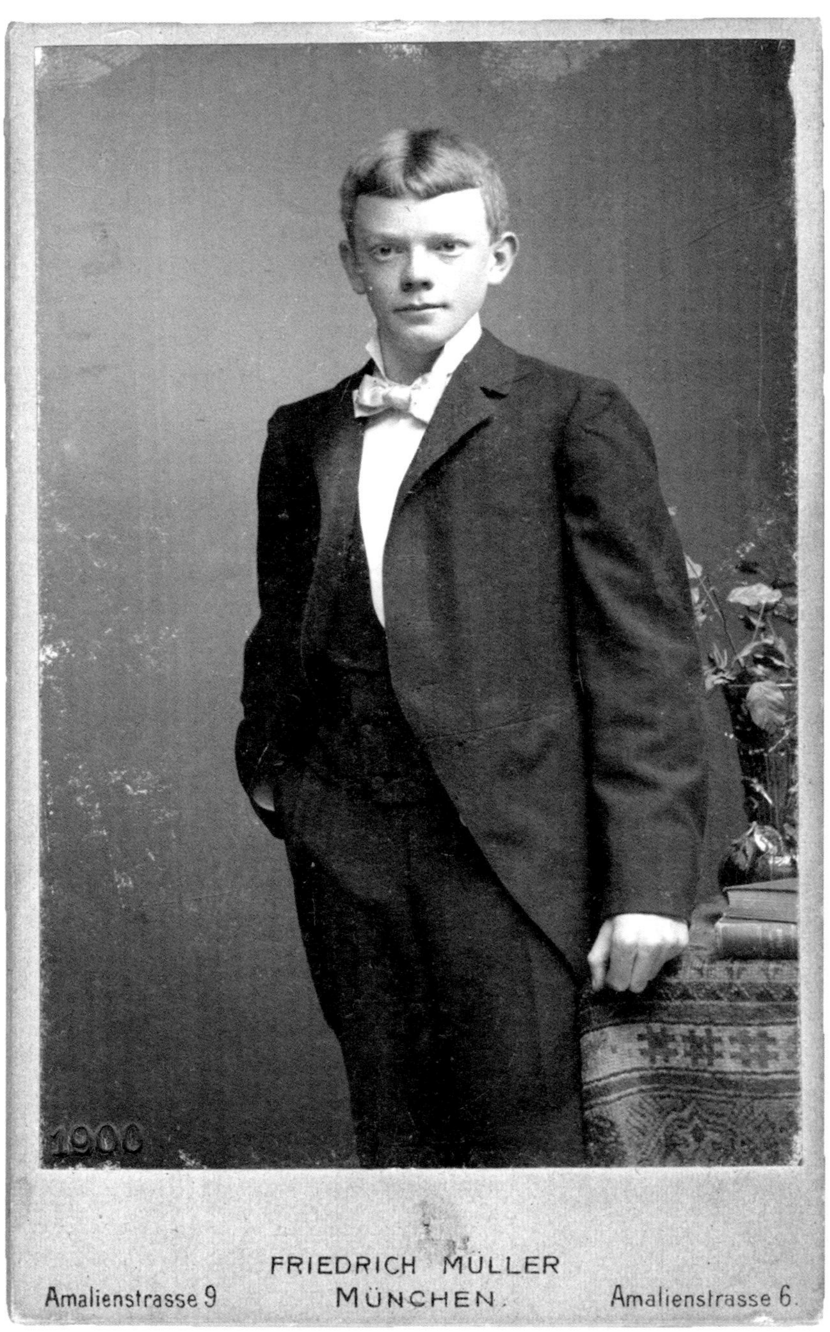

Karl Valentin, porträtiert vom herzoglich-bayerischen Hofphotographen Friedrich Müller, München, Amalienstraße 9, um 1902

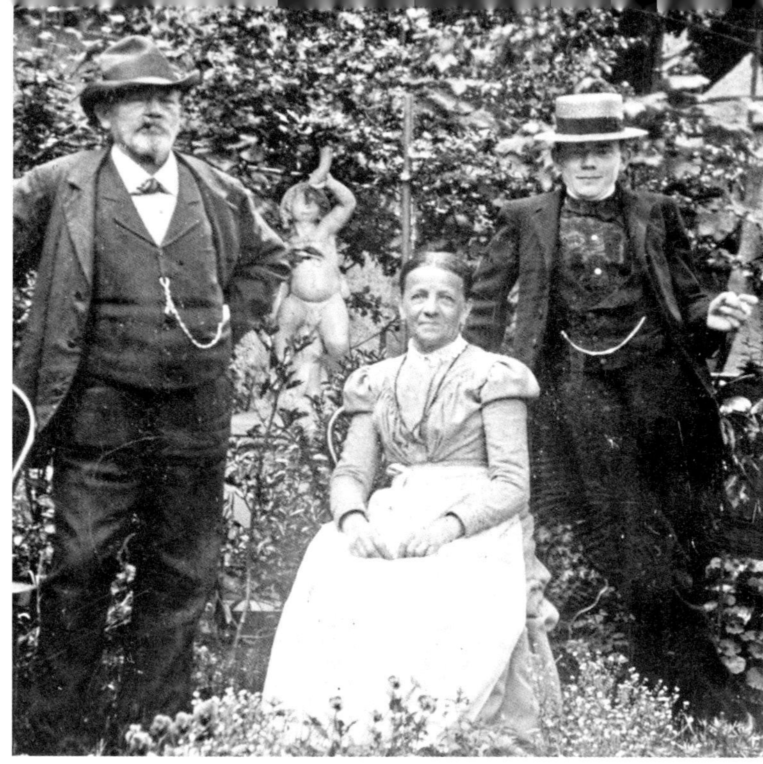

Karl Valentin mit Vater Valentin Fey und Mutter Maria Fey im Garten des elterlichen Anwesens, vor 1900

er als Buch erscheinen lassen wollte und lud ihn 1917 mit der gesamten Familie zum Besuch einer seiner Vorstellungen im Annenhof ein. Valentin erinnerte sich später:

> »1898 eröffnete ein gewisser Strebl, der jedoch im Volksmund nur unter seinem Lieblingsausdruck ›da feit si nix‹ bekannt war, Münchens erstes Automatenrestaurant. Nach der Losung, bediene dich selbst, konnte man für zehn Pfennige allerlei Leckerbissen haben. Aber nicht nur für leibliche, sondern auch für musikalische Genüsse war gesorgt. In einem Nebenzimmer gab es etwa zwanzig verschiedene Musikautomaten, Orchestrions, Spieldosen, elektrische Klaviere und dergleichen. Ihre Neuheit gab allen diesen Herrlichkeiten einen ganz besonderen Reiz. Wir Jünglinge konnten die Sonntage kaum erwarten und unser nächstes Rendezvous im Automatenrestaurant. Mein Haupttrick war, jedesmal ein Zehnerl in das elektrische Klavier einzuwerfen, wenn ein anderer Gast eine andere Musik spielen lassen wollte, sodaß es immer zu greulichen Dissonanzen kam und der erwartete Kunstgenuß empfindlich gestört wurde.«

Spaß an greulichen musikalischen Dissonanzen hatte Valentin also schon mit 16 Jahren.

1899, nach Beendigung der Schreinerlehre, hängte Valentin diesen Beruf an den Nagel, wie er beschloss, und entschied sich für die Bühne. Von Mai bis August 1902 besuchte er deshalb die »Münchner Variété-Schule Lehmann und Grimm«, in der ihn der Komiker Hermann Strebel unterrichtete. Er vervollkommnete seine Fertigkeiten im Zitherspiel und erlernte auch Mandoline. Autodidaktisch brachte er sich mit der

Zeit dann noch mindestens 15 weitere Instrumente bei: Mundharmonika, Trompete, Posaune, Tuba, Waldhorn, Klarinette, Piccoloflöte, Fagott, Ziehharmonika, Tschinelle, Gitarre, Violine, Pauke, Trommel und Klavier.

Schon 1902 hatte der 20-Jährige seinen ersten größeren Auftritt im »Varieté Zeughaus« in Nürnberg. Den Eltern schrieb er: »Das Programm besteht aus 8 Damen (keine Angst haben) und aus mir.« Und er hatte Erfolg: »Mit den Füßen haben sie getrampelt und geschrien. Der Applaus dauerte fast nahezu 1 halbe Minute.« Wie er mitteilte, wollte er »acht neue Schlager einstudieren«. Doch da beendete die Nachricht vom plötzlichen Tod seines Vaters am 7. Oktober 1902 auf einen Schlag seine kaum begonnene Komikerlaufbahn. Ein Schock für ihn; denn er mit seinen 20 Jahren und seine 57-jährige Mutter hatten nun die Leitung der väterlichen Spedition »Falk & Fey« zu übernehmen, was sie überforderte. Valentin wollte kein Geschäft führen, sondern Komiker werden.

Da hatte er eine zündende Idee. Als »Einmannorchester« wollte er auftreten, also ganz allein mehrere Instrumente spielen, die so angebracht waren, dass er sie alle gleichzeitig mit Mund, Händen und Füßen bedienen konnte. Doch um das zu realisieren, musste er die vielen Instrumente erst einmal so aneinanderfügen, dass dies auch gelingen konnte. Und Valentin machte sich ab 1902 ans Werk. Doch da wurde er ungeplant Vater einer Tochter. Gisela kam am 19. Oktober 1905 in der Oberpfalz in Aufhausen bei Regensburg zur Welt und wurde dort von den Großeltern mütterlicherseits aufgezogen. Die Mutter des Mädchens, Gisela Royes (1881–1956) war zwar schon seit 1899 als Dienstmädchen bei seinen Eltern angestellt, wurde aber erst 1911 Valentins Ehefrau. Sie war mit dem Kind überfordert und konnte die Familie ebenso wenig versorgen wie Valentin, der mit dem Bau seines Musikapparates völlig in Beschlag genommen war.

Mittlerweile ging auch das väterliche Geschäft so schlecht, dass Valentins Mutter und er im Oktober 1906 die Firma »Falk & Fey« und das hoch verschuldete Anwesen in der Auer Entenbachstraße verkaufen mussten. Die Hypotheken fraßen den gesamten Erlös auf, sodass nur noch 6000 Mark übrig blieben. Mittellos zogen sie im November 1906 aus München weg in die Heimat der Mutter nach Zittau in Sachsen und hatten Probleme, ihren Lebensunterhalt zu bestreiten. Nach der Fertigstellung des Musikapparates Ende 1905 war er als Ernährer seiner Mutter sowie seiner Tochter Gisela und deren Mutter gefragt. Das Geld wollte er sich bei Auftritten mit nicht nur einem Instrument erspielen, sondern mit seinem eben fertiggestellten riesigen Musikapparat mit vielen Instrumenten, dessen imposanter Klang das Publikum begeistern sollte. Das erhoffte er sich jedenfalls.

»Angefangen habe ich nicht als Schauspieler«, betonte Valentin später, »ich wollt' ja gar nicht zur Bühne, sondern trat als Musical-Clown mit einem von mir in dreijähriger Arbeit selbst konstruierten Orchestrion, auf welchem ich 30 Instrumente imitierte, in München vors Publikum.« Es war also Musik, die am Beginn seiner Karriere stand.

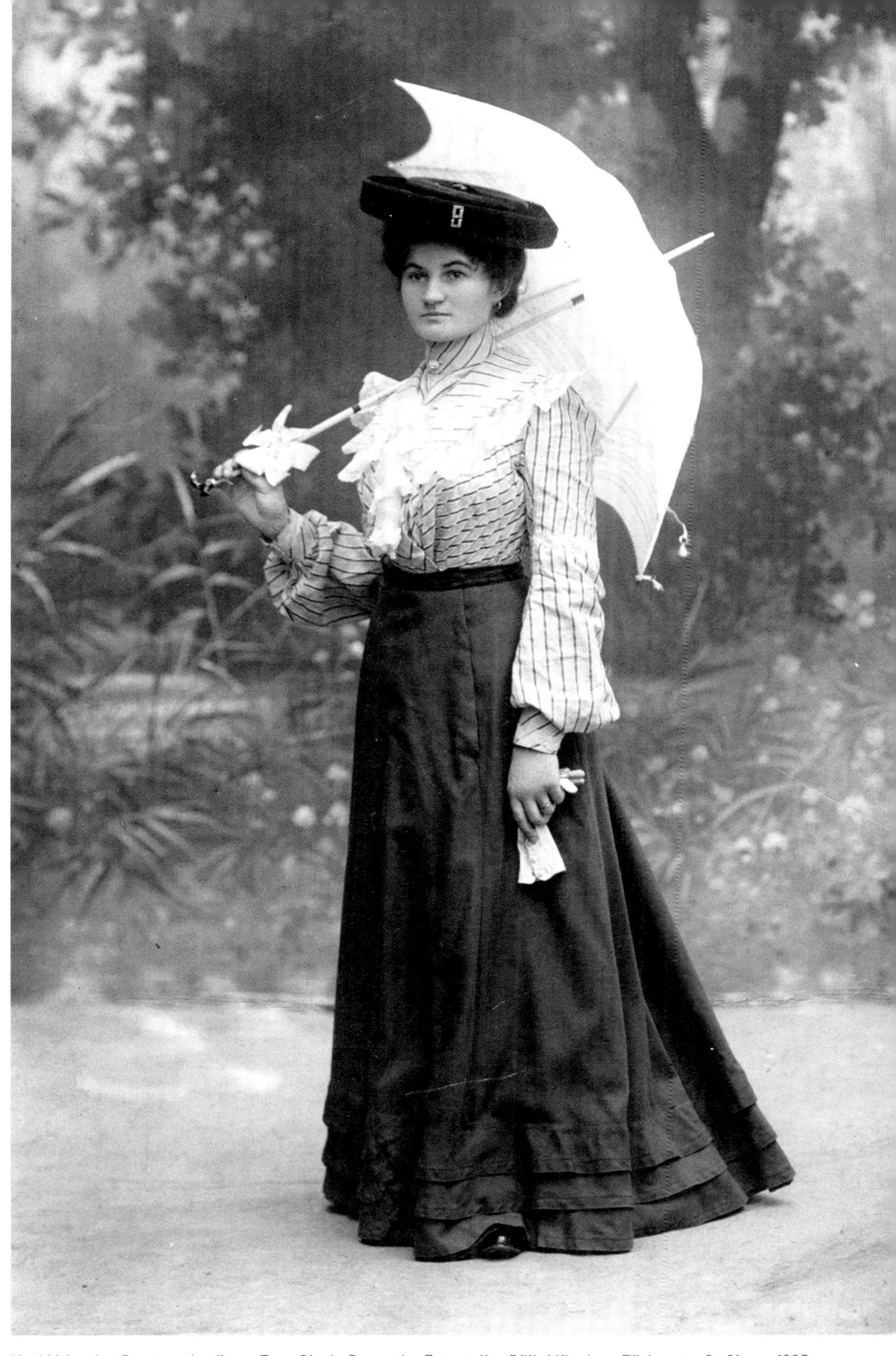

Karl Valentins Braut und spätere Frau Gisela Royes, im Fotoatelier Düll, München, Türkenstraße 31, um 1905

»Das lebende Orchestrion«: Tourneedesaster

»Sein Hang zur Musik ist alltäglich«, schrieb Valentin in seiner Selbstbiografie und meinte mit »Sein« sich selbst: »Am liebsten hört er zu, wenn er selbst spielt.« Und das gelang ihm auch mit seinem eigenhändig konstruierten Orchestrion. Im Zentrum dröhnte ein »orgelartiges Harmonium«. Darum waren weitere Instrumente gruppiert, 30 an der Zahl, wie er sagt, »welche ich durch eigenen Mechanismus alle zur gleichen Zeit spielte« mit dem Mund, mit Händen und Füßen. Darunter waren:

- Schlaginstrumente: unter anderem Pauke, Schlagzeug, Triangel
- Blasinstrumente: unter anderem Mundharmonika, Trompete, Posaune, Tuba, Waldhorn
- Streichinstrumente: unter anderem Violine
- Zupfinstrument: Zither

Die Musik aus dem »Orchestrion« lenkte er durch eine Konzertmuschel ins Publikum, das von dem Radau überrascht, erschreckt und nicht sonderlich begeistert war. Zu alledem wollte er in den großen Schalltrichter auch noch Couplets hineinsingen. Von seinem »Einmannorchester« erzählte Valentin dem Regisseur Max Ophüls. »A Mundharmonika und a Trompeten und a Trommel und a Violine und a Schellenband … Dös hab i alles g'spielt, ganz allein.« Organisches und motorisches Herzstück dieses Arrangements war er selbst.

Nach Aussage des Schriftstellers Joseph Maria Lutz soll Valentin vor dem eigentlichen Tourneebeginn seinen Musikapparat noch in München bei der Hochzeit des Volkssängers Fritz Winkler getestet haben, wobei es chaotisch zuging.

> »Der Auftritt wurde angesagt, und der junge Valentin setzte sich, vor Aufregung schwitzend, auf den kleinen Hocker hinter dem Instrument. Aber die ganze Mechanik versagte; man hörte nur die Begleitstimmen, jedoch keine Melodie. Erst nach und nach brachte Valentin die Sache zum Klingen. Dabei war er so beschäftigt, daß er nicht mehr in den Schalltrichter zu singen vermochte. ›Fritze, sing du‹, bat er Fritz Winkler, ›i ko nimmer!‹ Dazu jammerte er: ›Meiner Muatter ihr ganz Geld is hi', achttausend Markl san beim Teifel – i trau mi nimmer hoam, i nimm mir's Lebn.‹«

Trotzdem machte er sich im Frühjahr 1907 unter dem Namen »Musical-Fantast Charles Fey« – also noch nicht als »Karl Valentin« – als »lebendes Orchestrion«, wie er das nannte, auf den Weg, um im Clownskostüm die Welt zu erobern. Gleichsam mit einem Paukenschlag wollte er verdeutlichen, was er beabsichtigte, was in ihm steckte: ein sensationeller Musikant! Er sehnte sich nach einer Karriere als Musikstar, wie es noch keinen gab, der 30 Instrumente in einem beherrscht, der also ein ganzes Orchester ersetzt und damit übertrifft. »Ich spielte ein Schlachtenpotpourri mit Händen,

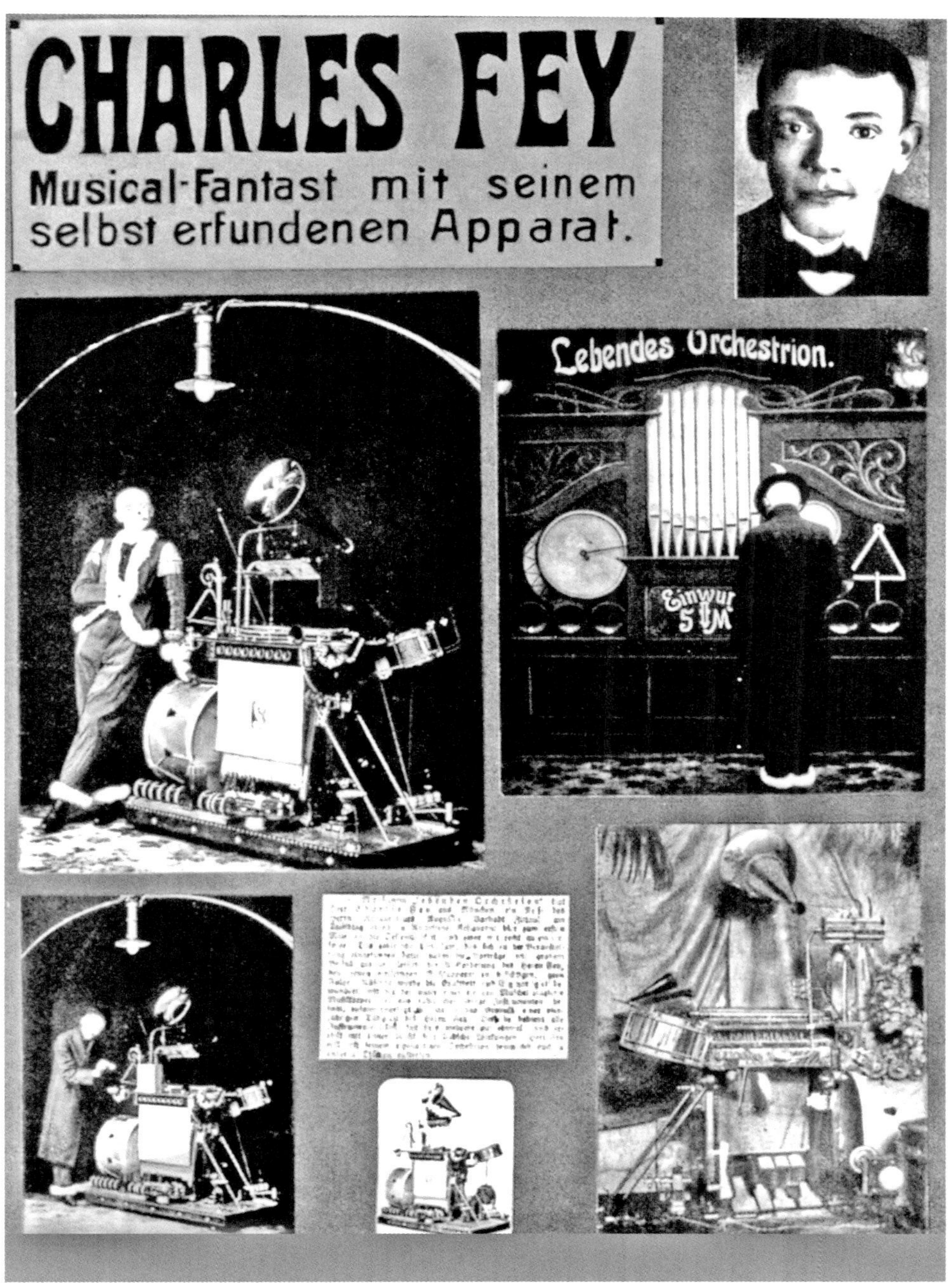

Das »lebende Orchestrion«, mit dem Karl Valentin ab 1907 auf Tournee ging.

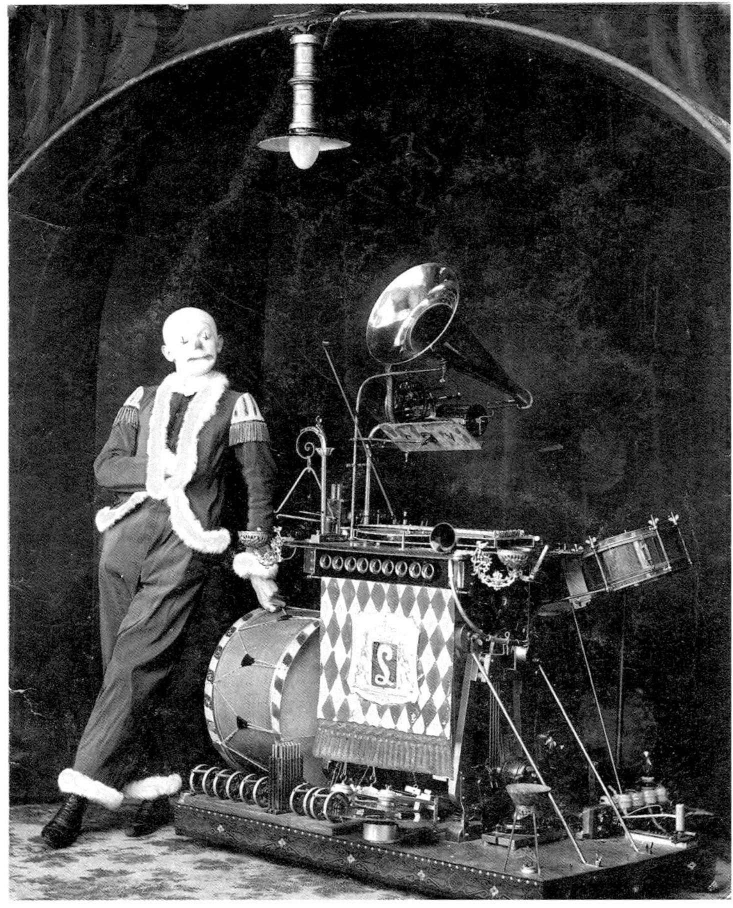

Karl Valentin als Musical-Fantast »Charles Fey« neben seinem Orchestrion, das er zum Leben zu erwecken suchte.

Füßen, mit dem Mund, mit der großen Zeh, mit dem Gesäß, der Apparat verlangte nämlich die Ausnützung sämtlicher Körperteile.«

Ein Handzettel mit dem Foto des Monstrums verkündete werbewirksam: »Kein Automat! Kein Orchestrion! Liebliche Musik! Keine Lärmmusik. 27 Instrumente. Unkopierbar. Konkurrenzlos. Eigene Konzert-Muschel. Großes Potpourri mit Schlusseffekt und feenhafter Beleuchtung.« Mit den Spezialeffekten waren ein Kanonenschlag und Lichtspiele gemeint.

Erste Station nach München war Zittau, die Heimatstadt der Mutter, wo auch etliche Verwandte lebten. Die Zittauer Presse berichtete:

»Mit seinem ›lebenden Orchestrion‹ trat Herr Charles Fey aus München, ein Neffe des Herrn Restaurateurs Augustin (Vorstadt Zittau) am Dienstagabend in Augustins Restaurant hier zum ersten Male an die Öffentlichkeit, und zwar mit recht gutem Erfolge. Das zahlreiche Publikum, das sich zu der Veranstaltung eingefunden

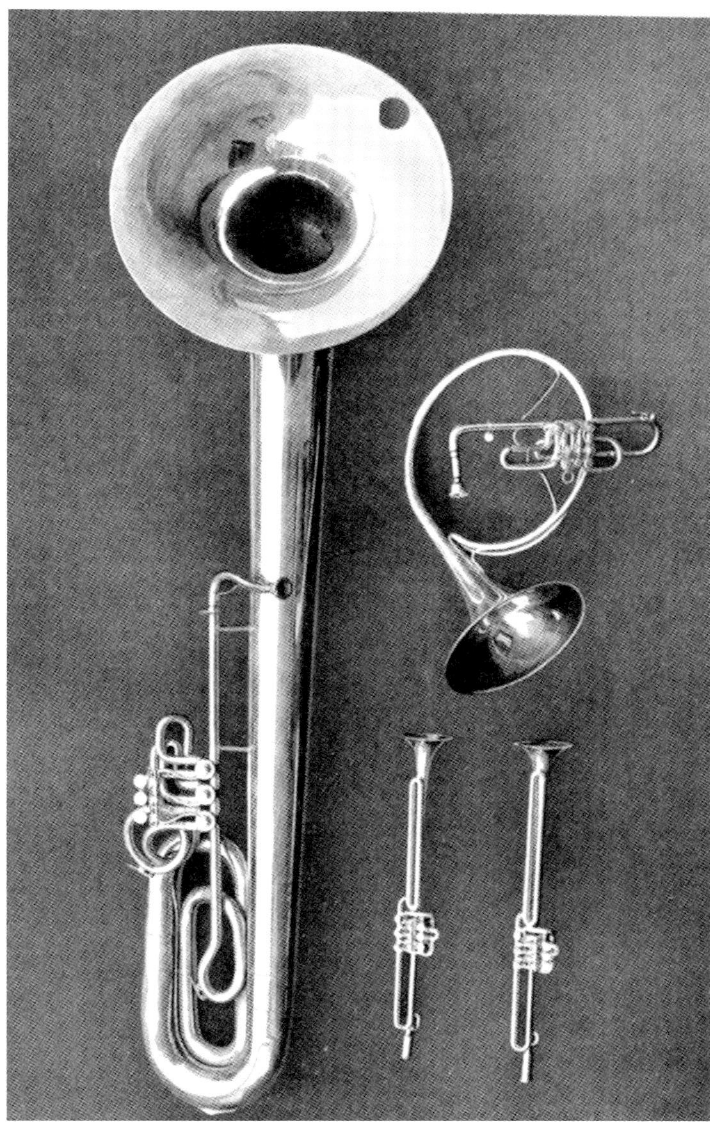

Von Karl Valentin entworfene Musikinstrumente. Fotografie aus »Das Karl Valentin Buch«, erstes und einziges Bilderbuch von Karl Valentin und Liesl Karlstadt (1932)

hatte, nahm die Vorträge mit großem Beifall auf und leistete der Aufforderung des Herrn Fey, den neuen vielseitigen Musikapparat zu besichtigen, gern Folge. Allseitig wurde die Exaktheit und Eigenartigkeit bewundert, mit der der unter einer riesigen Muschel plazierte Musikkörper, der aus zahlreichen Einzel-Instrumenten besteht, zusammengesetzt ist. Er ist das Produkt einer vierjährigen Tätigkeit des Herrn Fey. Derselbe bedient alle Instrumente selbst (fast stets mehrere auf einmal) und erzielt mit seiner Musik sehr hübsche Wirkungen. Herr Fey will mit seinem eigenartigen Orchestrion demnächst auch in anderen Städten auftreten.«

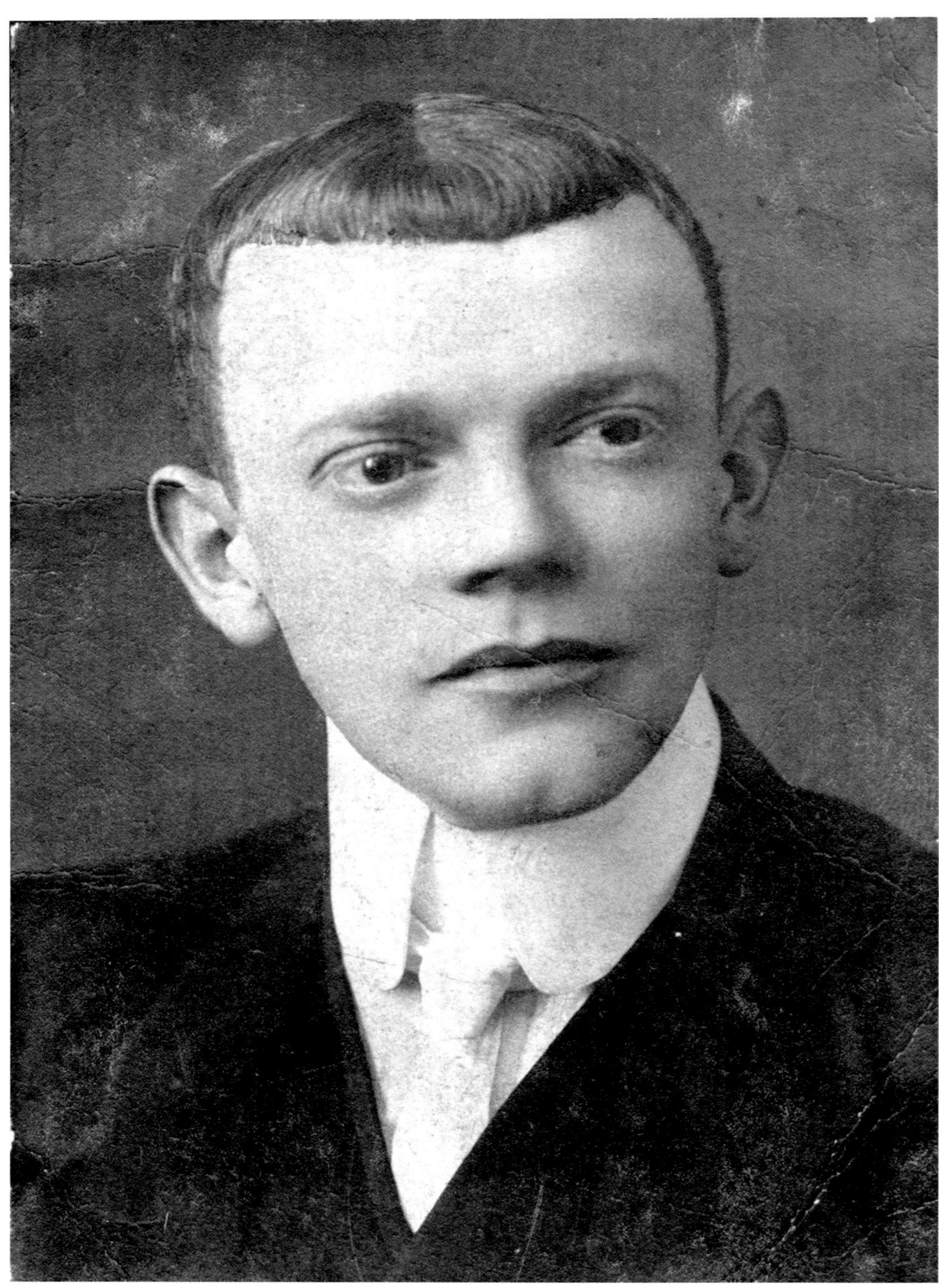

Karl Valentin im Alter von 26 Jahren zum Beginn seiner künstlerischen Laufbahn, 1908

Von Zittau ging die Tournee weiter nach Leipzig und Bernburg an der Saale. Er absolvierte auch Auftritte in Halle und im Wintergarten in Berlin. Angekündigt wurde der Auftritt in einem Programmheft mit folgenden Worten:

»Charles Fey, genannt ›Das lebende Orchestrion‹. Durch Zusammenstellung verschiedener Musikinstrumente hat Herr Charles Fey 1902 einen Apparat erfunden, dem er durch langjährige Übung idyllische Weisen, Militärmärsche, Grammophon-Imitationen, Schlachten-Potpourris etc. entlockt.

Herr Fey spielt sämtliche Instrumente selbst, mit Ausnahme einiger, welche durch Elektrizität in Funktion gesetzt werden, ebenfalls aber von ihm zur bestimmten Zeit bedient werden müssen. Aus diesem Grunde darf der Apparat nicht mit einem mechanischen Musikwerk verwechselt werden. Das ganze Instrument ist als Preis ausgesetzt für denjenigen, der es fertigbringt, irgendein Musikstück darauf zu spielen.«

Nicht nur das gesamte Orchestrion, sondern auch Geldpreise von 100 und mehr Mark versprach Valentin demjenigen, dem es gelingen würde, diesen Apparat korrekt zu bedienen. Dem Regisseur Max Ophüls erzählte er:

»Und auf dem Bauch hab i a Plakat g'habt: ›100 Mark demjenigen, der alle diese Instrumente gleichzeitig spielen kann!‹ – und dann, wann's einer versucht hat und er hat's beinah können, dann hab i in der Nacht g'sessen, und weil i Angst g'habt hab, hundert Mark zu verlieren, hab i noch ein anderes Instrument dazu erfunden, und so ist sie immer größer geworden, die Maschin, immer größer« – bis sie 6 Zentner wog.

Die Wette gewann zum Glück niemand, aber bald habe er sich mit dem ständig größer werdenden Orchestrion »selber nimmer auskennt«, weshalb ihm oft schon nach wenigen Auftritten gekündigt wurde. »Der Musikapparat«, so Valentin, »hatte nur einen großen Nachteil: Das Publikum war entsetzt darüber, sonst war er gut«.

Da die Erfolge ausblieben und seine Tournee letztendlich zum Fiasko wurde, nahm seine Verzweiflung zu. Wie später auch seine Tochter Gisela erzählte, habe »der Singspieldirektor Karl Lindermeier 1907 Valentin an einem Selbstmordversuch gehindert, der sich aus Scham vor seiner Mutter das Leben nehmen wollte«, hatte sie ihm doch das Geld, das vom Verkauf der Speditionsfirma übrig war, für den Bau seines Orchestrions gegeben, das er wegen des zunehmenden Misserfolgs nun für vergeudet hielt.

Schließlich kehrte er resigniert und mittellos nach München zurück, wohin sein Musikungetüm von einer Berliner Spedition gekarrt wurde. »Ich spielte noch im ehemaligen Esterhazykeller, ganz früher Hirschbräuhalle im Färbergraben allabendlich mit meinem Musikapparat und bekam dafür eine Gage von fünfzig Pfennige pro Abend.« Doch abermals blieb der Erfolg aus. Enttäuscht darüber betrank er sich und zertrümmerte, wie er selbst sagte, »in einem Anfall von Löwenbräubierriesenrausch mit einem Holzhackel meinen ganzen komplizierten Musikapparat«, an dem er drei Jahre mühevoll gebaut hatte.

Es war die Zerstörung seines Orchestrions, seines ersten großen Traums, die Valentin im Zentrum seines Wesens getroffen hatte und fortan entscheidend seinen künstlerischen Weg bestimmte. Sein ganzes weiteres Leben brachte er in seinen Szenen und Stücken immer wieder dieses Scheitern, aber nicht nur das eines Musical-Clowns, auf die Bühne, sondern das Scheitern als eine Grundbefindlichkeit des Menschen überhaupt. Doch auch künftig fühlte er sich als Musiker und blieb der Musik treu und alle im Orchestrion gebündelten Instrumente kamen in seinem künstlerischen Schaffen einzeln immer wieder zur Geltung.

Auch an der Entwicklung eigener Musikinstrumente arbeitete er weiter. Vier davon präsentierte er auf einer Fotografie in seinem 1932 erschienenen Karl Valentin Buch.

Lange vor der Jazzperiode schon«, so Valentins Kommentar zu diesem Bild, »entwarf ich auch nach eigener Idee moderne Musikinstrumente und ließ solche anfertigen. Zur Zeit besitze ich die größte Trommel der Welt mit 1,60 Meter Durchmesser.«

Valentins künstlerische Laufbahn begann also mit einem Musikorchester, mit dem Orchestrion, das lebte, bei dem er sämtliche Körperteile zur Bedienung ausnutzte, wie er selbst sagte, und diese Ausnutzung aller Körperteile behielt er dann die nächsten 40 Jahre bis zu seinem Tod bei, in seinen Szenen und Stücken, auf der Bühne und im Film und auch in der Musik, aber auch die Aggression, die sich seit Zerstörung des Orchestrions in ihm nie mehr beruhigte. »Was er anpackte«, schrieb der österreichische Theaterautor und Regisseur Arnolt Bronnen über Valentin, »zerfiel in seine Bestandteile, waren es nun Worte, Geigen oder Stühle. Oder Menschen«. Und auch die Musik verschonte er nicht.

»Mister Valentin, musikalischer Clown«: Erste Bühnenabenteuer

»Existenzlos 1907«, notierte Valentin, »beziehe ich eine Wohnung in der Sendlingerstrasse [in München] beim Stiefelwirt, im Rückgebäude im 3. Stock als Schlafgänger 2.- Mk pro Woche.« Das kleine Zimmer teilte er sich mit dem Scheurer Hansl, einem Pianisten. Ab etwa Ende April 1907 verdiente er dann Geld, zunächst als Zitherspieler in Gaststätten und als Salonkomiker, wie er mitteilte. »Ich wurde Zitherspieler in einem Teesalon in München und erhielt die Prominentengage von einer Rm. 1.– (einer Mark) täglich. 30 Pfennige davon gingen für das Bett ab, das ich in einem Handwerksburschenkasino bezog.« Er trat in der Bierwirtschaft »Stubenvoll« im »Tritschverein«, einer geselligen Männerrunde, auf und trug unter dem Namen »Die rote Feder« Trommelverse und Couplets vor, wie »Der Franzl« und »Der Säpi«. Auftritte mit seiner Zither hatte er auch in anderen Wirtschaften und Kaschemmen.

»Gastspiel von Haus zu Haus«, so Valentin, »gaben wir auch öfters, mein Kollege Bartany ein angehender Tenor und ich. Wir studierten Wienerlieder mit Zitter-

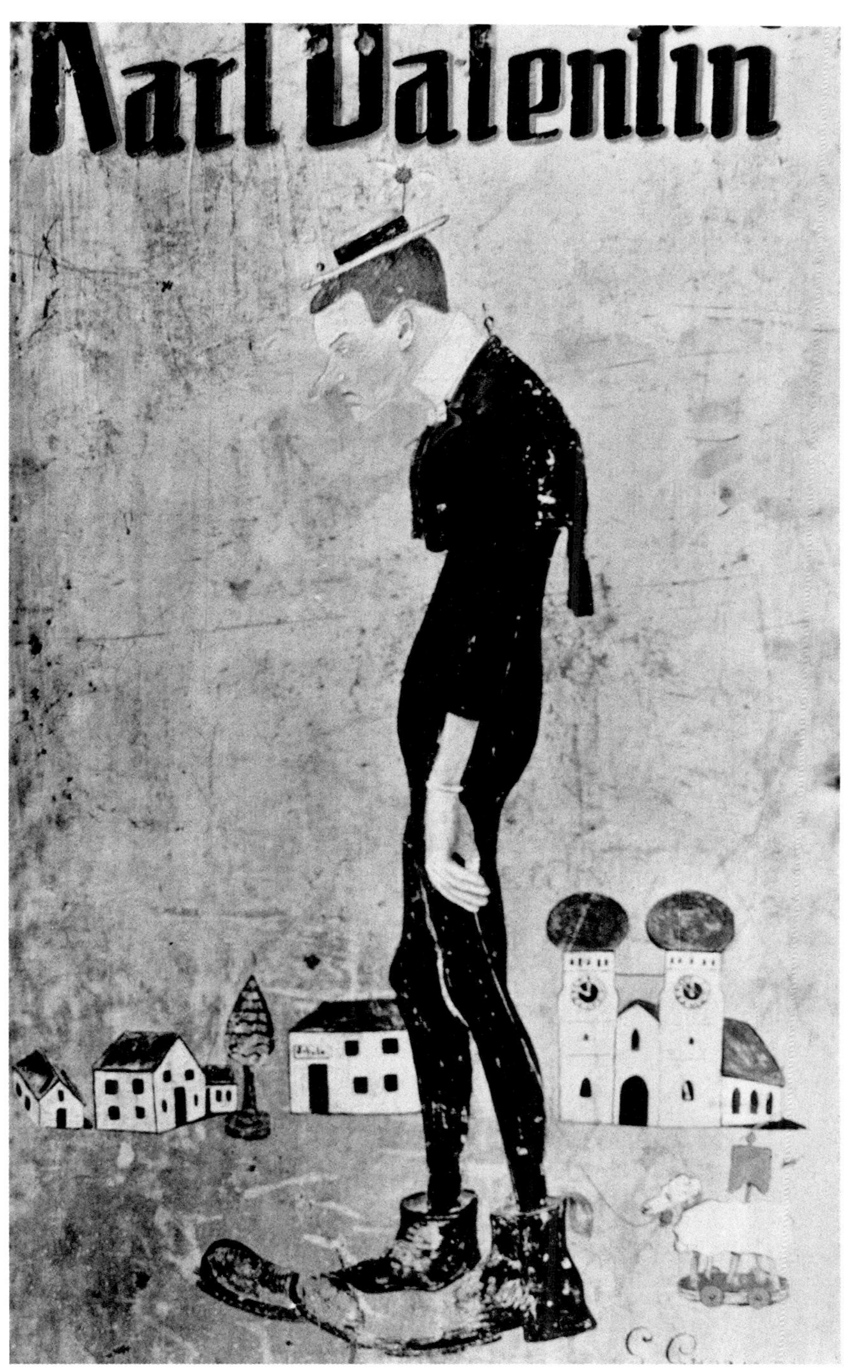

Das erste von Ludwig Greiner für Karl Valentin entworfene Plakat
als »Armer magerer Mann«, 1909 / 1910

begleitung ein und zogen los.« Nach den Auftritten sammelte er, verschämt von Tisch zu Tisch schleichend, ein wenig Geld. Mühsam, immer wieder von Misserfolgen beeinträchtigt, arbeitete er sich langsam hoch.

> »Als Mitglied des Zitherklubs ›Nix G'naus‹ trat ich als Salonhumorist anläßlich eines Stiftungsfestes im Theatersaal der ehemaligen Klosterbrauerei im Lehel auf. In einem überlangen, taubengrauen Gehrock sang ich die Couplets ›Der Königsmord in Serbien‹, ›Giron und Luise‹. Ich hatte großen Erfolg.«

Valentins »erstes Bühnenabenteuer«, von dem er in seinen Erinnerungen berichtet, ereignete sich bei einem gemeinsamen Auftritt mit dem Vereinshumoristen Oskar Huber in Westerham bei Holzkirchen im Nebenzimmer des »Gasthofs zur Post« zum 25-jährigen Geschäftsjubiläum eines reichen »Marmor-Industriellen«. Der Auftritt verlief chaotisch. Statt einer Bühne gab es nur eine Maggi-Kiste als Podium. Nachdem sich das Nebenzimmer mit Firmenangestellten des Marmor-Barons und einigen Bauern aus der Umgebung gefüllt hatte, sollte die Vorstellung beginnen. Doch der Klavierspieler fehlte, weshalb der Jubilar die beiden Künstler Huber und Valentin kurzerhand in die Schule zum Lehrer schleppte, der ein Klavier besaß. Doch die geplante Probe scheiterte daran, dass der Lehrer als Wagnerianer nur Wagnermusik auf dem Klavier spielen wollte, sich aber weigerte, Couplets zu begleiten. Da erschien der Kommerzienrat völlig aufgelöst und teilte mit, im Gasthof sei ja gar kein Klavier vorhanden, weshalb das Couplet a cappella gesungen werden müsse, was Huber aber strikt ablehnte. Im Publikum rumorte es: »Ofanga, auf geht's, laßt'n aussi den Komiker!« Jetzt erklärte Valentin, er könne Huber ja auf der Zither begleiten, wenn eine da wäre. Nach 15 Minuten erschien der schwitzende Kommerzienrat mit einem schwarzen Zitherkasten, zu dem aber der Schlüssel fehlte. Als die Gäste zu pfeifen begannen, sprengte der entnervte Jubilar den Kasten mit seinem Messer auf, doch der Kasten war leer. Schnell wurde von dessen Besitzer die Zither herbeigeschafft und nach kurzer Probe begann Hubers Couplet-Vortrag mit Valentins Zitherbegleitung auf der Maggi-Kiste. »So eine Gaudi wie vor dem leeren Zitherkasten«, so Valentin, »haben wir aber in der ganzen Vorstellung nicht gehabt.« Und eine ähnliche »Gaudi« produzierte Valentin bei seinen Auftritten künftig regelmäßig.

Der künstlerische Durchbruch gelang ihm aber erst, als er auf den Rat seines Freundes Ludwig (»Wiggerl«) Greiner hörte, er solle doch mit seiner dürren Figur in extrem enger Kleidung auftreten. Valentin befolgte den Rat und hatte als »Karikaturkomiker« plötzlich auf Anhieb Erfolg. Ein passendes körperenges Trikot schneiderte ihm Greiners Ehefrau Therese. Am 14. April 1908 erregte Valentin als »armer, magerer Mann« im Restaurant »Baderwirt« an der Dachauer Straße in München Aufsehen. Er trat auch als »Mister Valentin, musikalischer Clown« mit »Blödsinns-Versen« auf, außerdem mit seinem berühmten Stehgreifsolo »Das Aquarium«, spielte Zugharmonika – und kam beim Publikum an. Die Folge war im Sommer 1908 sein erstes festes Münchner Engagement in der renommierten Volkssängerbühne Josef Durners, dem Besitzer des Hotels »Frankfurter Hof« in der Schillerstraße beim Hauptbahnhof. Die Anfangsgage betrug 5 Mark pro Abend, doch es dauerte nicht lang und der »Blödsinnkönig Valentin« war einer der populärsten Komiker in München. Er war jetzt 26 Jahre alt. »Bei seinen Auftritten«, so erinnerte sich Valentins Assistent Thomas Herrmann, »standen die Texte immer auf jedem Instrument vorne, als ob er nach Noten spielen würde. Er sagte dabei auch zum Publikum: ›Wissen S', dö Sachen konn i net lerna, i hab dazua koa Zeit, und da hab i mir's da vorn mit der Maschin aufgschriebn, aber dös merkan Sie ja do net, wann i da hinschaug.‹«

Aufgrund der verbesserten finanziellen Situation konnte Valentin seine Mutter nun auch aus Zittau nach München zurückholen. Zunächst wohnten beide noch in der Vorstadt Au, ab November 1909 dann in der Kanalstraße im Lehel. Mit den Worten »Singen im Stadtbezirk« meldete sich Valentin im September 1908 amtlich als »Volkssänger« und Mitglied der Komikergesellschaft »Die Irrlichter« an.

Keine Musik – keine Stimmung! Ohne Stimmung kein Erfolg!

Valentin wusste, welche Bedeutung Musik bei Veranstaltungen hat, zu denen sich Menschen einfinden. Manche Gäste sind noch nicht in Stimmung, wenn sie den Saal betreten, in dem zudem noch Unruhe herrscht. Einige sind nach einem langen Arbeitstag müde oder gestresst. Musik hat eine beruhigende, entspannende, aber auch aufputschende Wirkung und kann mit Energie aufladen. Was Valentin Musik bedeutete und wie wichtig sie ihm war, demonstrierte er 1911 bei einem geplanten Auftritt im Münchner »Hofbräuhaus«, worüber Thomas Herrmann berichtet, der ihn dorthin begleitete, da er für die Requisiten zuständig war.

> »Als wir den Saal betraten, merkte Valentin, dass hier alles so ruhig war wie bei einer Totenfeier. Der Vorstand des Vereins grüßte Valentin sehr erfreut und sagte: ›Herr Valentin, Sie können jederzeit mit Ihren Vorträgen beginnen. Alle warten schon auf Sie. Mit unserer Versammlung sind wir fertig, jetzt kommt der humoristische Teil und das sind Sie.‹ Da Valentin die unheimliche Ruhe nicht gefiel, fragte er den Vorstand, wer schon alles aufgetreten sei. Darauf der Vorstand: ›Niemand, denn wir haben nur Sie für den heutigen Abend ausersehen.‹ Als Valentin dies hörte, fragte er nochmal: ›Hat denn die Musik schon gespielt?‹ Auch das verneinte der Vorstand: ›Es wurde nur auf Sie gewartet, wir wollen sonst niemand, denn wir wissen ja, dass wir bei Ihnen lachen können.‹ Da meinte Valentin: ›Keine Musik – es war überhaupt noch nichts los. Drum is da koa Stimmung. Des geht aber ned mid mia, da konn i ned auftretn. Denn wenn koa Stimmung da is, dann wollns mir nix, da stink i ab, denn es lacht neamads ohne Stimmung.‹ Darauf der Vorstand: ›Für die Stimmung da sorgen Sie schon, die kommt bei Ihren Vorträgen.‹ ›Nein‹, sagte Valentin, ›wenn

ich auftret, miassn die Leid scho a Stimmung habn, denn ohne Stimmung, da wollns mir nix.‹ Der Vorstand konnte einfach nicht glauben, dass Valentin ohne Stimmung nicht arbeiten konnte. ›Ihre Vereinsmitglieder wollen doch lachen‹, meinte Valentin, ›aber so geht das nicht. – Thomas, nehmas wieda ois mid und deama wieda ois ins Auto nei. Nacha fahr ma in ›Serenissimus‹ [ein anderes Münchner Auftrittslokal].‹

Als wir wieder im Auto waren, sagte Valentin zu mir: ›Thomas, was hättst jezd du gmachd? Wenn i da auftretn wär, dann hätt ich 100 Mark kriegt für den Abend, aber i wär ja doch abgstunka, denn es war ja koa Stimmung da.‹ Ich gab zur Antwort, um 100 Mark hätte ich schon gearbeitet: ›Und gfoin hädn Sie scho, wenn Eana da Verein extra ghoid hod. 100 Mark is vui Geld.‹ Wenn ich 100 Mark in der kurzen Zeit, die er auftrat – vielleicht 1/2 Stunde – verdienen kann! Zur damaligen Zeit hatte ich noch nie so viel Geld zusammen gesehen. Der Verein wird auch länger gespart haben, bis er 100 Mark beisammen hatte.

Valentin: ›I glaubs Eahna scho, dass Sie auftretn warn, … aber ich weiß ganz bestimmt, wenn koa Stimmung da is, hättn meine Sachen ned gfalln und glacht hättens aa ned richtig. Die hätten also 100 Mark zahlt und wären dann doch ned zfrieden gwesn, und in so einem Verein, da san nacha so viele Vereinsmeier beinander, die wo no in andere Vereine san, und wenn dann so ein Verein auch einmal eine Feier hat und sie stelln a Programm zsamm – eventuell sagt oaner: Nehma doch an Valentin, der is guad.‹ Dann sagt a andrer, der im Hofbräuhaussaal war: ›Der Valentin, der is bei unsrer Feier im Hofbräuhaus abgstunka. Den nehma ned. Koana hod eahm was wolln und der kost no dazua an Haufa.‹«

»Deshalb«, sagte Valentin, »›muass ma a bisserl weiter denkn. Ned wegn 100 Mark die Gefahr auf sich nehma abzustinken‹.«

Valentin kannte also bereits zu seiner Zeit die Bedeutung von Stimmungsmachern vor dem Auftritt des eigentlichen Stars einer abendlichen Vorstellung. Heute sind etwa bei Konzerten Vorgruppen oder Vorbands längst üblich, die dazu dienen, das Publikum »aufzuwärmen«, also aufzulockern und in Stimmung zu bringen. Während die Vorband spielt und die Zuhörer »anheizt«, erhält der Hauptkünstler oder die Hauptband außerdem einen Eindruck davon, wie das Publikum gelaunt ist.

Wie sich Valentin sein Auftreten vorstellte, schildert ein Zeitungsbericht über eine Vorstellung 1927 im Münchner Apollotheater in der Dachauer Straße, nahe dem Hauptbahnhof. »Karl Valentin«, so heißt es darin, »tritt gegen 1/2 11 Uhr abends auf. Vorher spielt ein bärtiger und viel trinkender Mann auf vielen Instrumenten nacheinander oder zur gleichen Zeit; ein Stimmungssänger spendet Rheinweinstimmung zum Bier; ein ›Parterre-Akrobat‹ ist freundlich und ganz vorzüglich; ein ehemaliger Solo-Hoftänzer des Perserschahs rätselvoll im violetten Licht.« Erst nach diesem vierteiligen Vorprogramm trat Valentin mit Liesl Karlstadt auf und traf deshalb auf ein bereits gut gelauntes Publikum, das bereit war, seinen Darbietungen begeistert zu folgen. Valentin kannte die Gefahr, vor einem Publikum aufzutreten, das nicht, vor allem mit Musik, schon in positive Stimmung gebracht worden war, weshalb er sogar eine verlockende Gage ausschlug.

»Ich will ja nur, dass d'Leit lacha!«: Der Volkssänger

Von Anfang seiner Bühnenlaufbahn an fühlte sich Valentin als Volkssänger, debütierte als »lebende Karikatur« auf Münchens Volkssängerbühnen und sah sich in einer Reihe mit seinen Zunftkollegen. Sein großes Vorbild war der Salonhumorist Karl Maxstadt (1853–1930). »Als ich ungefähr vierzehn Jahre alt war«, notierte Valentin in seinen Erinnerungen, »durfte ich einmal mit meinem Zitherlehrer das Kolosseum in München besuchen. Dort trat damals der Gesangshumorist Karl Maxstadt auf, ein besonderer Liebling des Münchner Publikums. Ich war so begeistert von ihm, daß ich beschloß, die

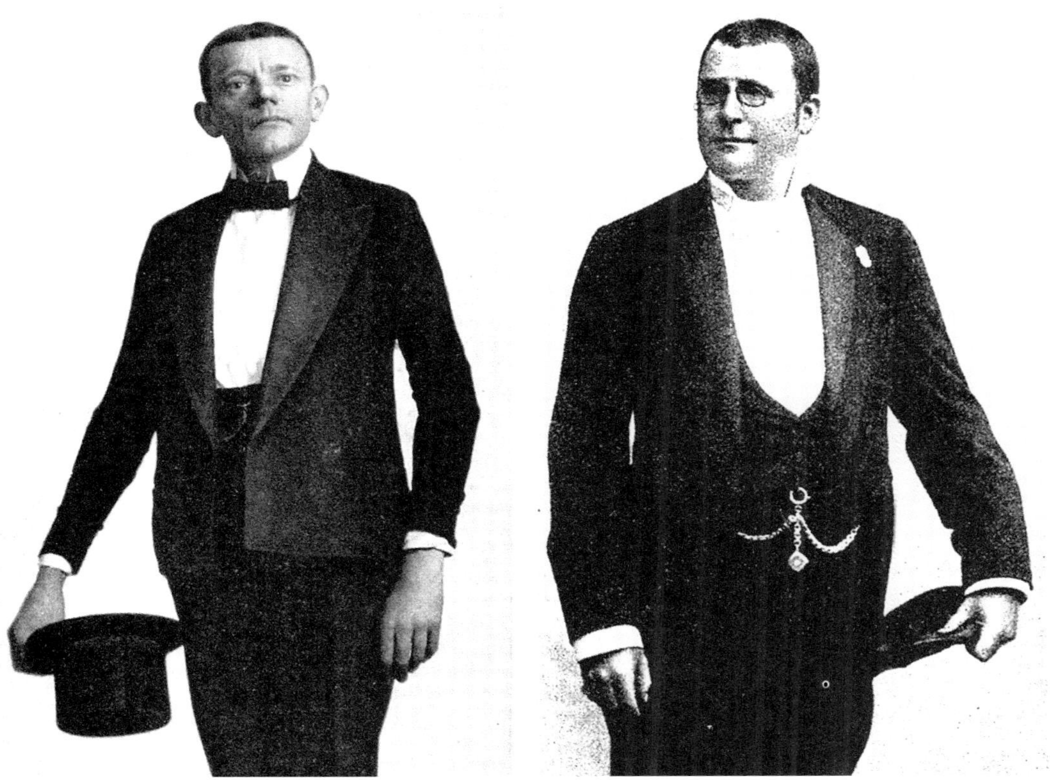

Der erfolgreiche Volkssänger Karl Maxstadt (rechts) war Karl Valentins großes Vorbild.

Schreinerei an den Nagel zu hängen und in seine Fußstapfen zu treten. Bei Max Hieber kaufte ich mir gleich die Sammlung der Couplets von Karl Maxstadt und übte fleißig.«

Maxstadt schrieb rund 600 Couplets und gab auch vor Queen Victoria und sogar dem russischen Zaren Gastspiele. Die Popularität dieses Volkssängers, der Gagen bis zu 4000 Goldmark kassierte, veranlasste Valentin, seinen Geburtsnamen Valentin Ludwig Fey in Karl Valentin umzuwandeln und für Elisabeth Wellano den Künstlernamen Liesl Karlstadt zu basteln. Es schien so, als wolle er mit dem Namen gleichsam auch den Erfolg Karl Maxstadts für sich und seine Partnerin buchen.

»Als Volkssänger hat er sich lebenslang bezeichnet«, so urteilt der Schriftsteller Jürgen Kolbe. »Und das bedeutet erst einmal handfestes Kleinbürger-Entertainment aus Liedern, Solonummern und Einaktern, mit ›Anwärmern‹ aus Musik- und Artistennummern vor dem Auftritt von Valentin und Karlstadt, derentwegen man natürlich eigentlich gekommen war. In Dampf und Mampf fand statt, was heute als einzigartiges, jedenfalls kaum wiederholbares Stück Vorstadtkultur gilt.«

Valentin trat also in denselben Lokalen auf wie die Volkssänger, verwendete deren übliches Bühneninventar, orientierte sich an deren Repertoire und spielte auch gemeinsam mit einigen Kollegen aus dieser Gruppe, so mit Karl Flemisch oder Georg Rückert. Er schätzte diese Zunft derart, dass er ein Volkssängeralbum mit 660 Namen aus dem Zeitraum von 1780 bis 1928 anlegte und die Absicht hatte, die Volkssängerbewegung in einem eigenen Buch vorzustellen. Und in seiner Sammlung »Münchner Originale« finden sich kuriose Musikanten wie Maximilian Wörl, genannt »der narrische Maxl« mit seiner Ziehharmonika, Joseph Sulzbeck mit dem dreisaitigen Kontrabass oder der Klarinettist Anton Zaska. Wie die Volkssänger wollte Valentin vor allem auch mittels Gesang, also mit Couplets, Gstanzln und Liedparodien, mit Vorträgen wie komischen Monologen und Blödsinnsreden und mit Unterstützung einiger Partner in Szenen und kleinen Stücken für komische Unterhaltung sorgen. »Ich will ja nur, dass d'Leit lacha«, so seine Aussage.

Doch bereits nach kurzer Zeit wuchs Valentins künstlerische Qualität, seine facettenreiche Kunst weit über die der Volkssänger hinaus. Bis heute mühen sich Kritiker und Verehrer mit fortwährend neuen Beschreibungen vergeblich, seine künstlerische Besonderheit und Genialität zu erfassen. »Er ist kein Komiker, sondern ein Tragiker, der lachen macht«, schrieb etwa Franz Blei und: »Er ist weniger als ein Schauspieler, denn er spielt keine Rollen. Er ist mehr als ein Schauspieler, denn er ist das, was er ›spielt‹, immer er selbst. [...] Wenn er wo hingehört, dann unter die Philosophen.« Kleinlaut gestand Alfred Polgar: »Er ist ein Phänomen und spottet der Analyse. Er ist ein Gespenst und doch ein Münchner.« Letztlich sind alle fassungslos, weil sich Valentins Einzigartigkeit nicht in Worte fassen lässt. Begriffe wie »Linksdenker«, »Humor-Auster« oder »unfasslicher Selbstdarsteller menschlicher Unzulänglichkeiten« werden seiner Genialität nicht einmal ansatzweise gerecht.

Über alle Urteile wunderte sich Valentin immer nur: »Was die immer alles über mich schreiben und reden.« Er war sich sicher, doch nur ein einfacher Volkssänger zu sein. Aber er überragte sie hinsichtlich der von ihm aufgegriffenen Themen, des Sprachstils, seiner Körperkunst, des geistigen Spaßes, aber auch einer gewollten Geistlosigkeit und mit seiner Musik. Ohne dass dies von ihm beabsichtigt war, erblühte aus dem Humus des Volkssängertums mit seiner Person ein moderner Dramatiker, dessen Zugehörigkeit zur modernen Literatur und Kunst heute nicht mehr bestritten wird.

Dabei erkannte Valentin frühzeitig auch die bedrohliche Konkurrenz, die den Volkssängern durch das neue Medium Film drohte, wie er in seinem Couplet von 1933 mit dem Titel »Geht zu den Volkssängern!« ausführte:

> »Da tauchte auf vor 30 Jahren / ein gross' Gespenst mit viel Gefahren, / und streckte seine knoch'ge Hand / ganz grausam über'n Sängerstand. / Da ist die Zeit ganz anders word'n, / die G'müatlichkeit hat sich verlor'n, / ›der Kino‹ hiess die Konkurrenz, / wollt' töten uns're Existenz. [...] Und heute es niemand mehr wundert, / hat München Kinos, ich glaub' hundert, / die Volkssänger hat man indessen/ des Kinos wegen *fast* vergessen.[...] drum Publikum, mach uns die Freud', / besuch auch uns in schwerer Zeit. / wir bleiben halt in ›unser'm Rahmen‹ / und bieten Dir für Aug' und Ohr / den *echten Münchner Volkshumor*!«

Es verwundert nicht, dass sich Valentin angesichts dieser Entwicklung schon frühzeitig dem neuen Medium Film zugewandt hatte, hoffte er doch, damit auch Elemente des von ihm hochgeschätzten Volkssängertums in verwandelter Form in die moderne Zeit hinüberzuretten. Bereits 1912 richtete er ein Filmstudio in München ein und drehte seinen ersten Stummfilm »Karl Valentins Hochzeit«.

»Die kleine Lisi ist sehr musikalisch«: Valentins Frau Musica

Neben männlichen Volkssängern, die das Publikum mit humoristischen Beiträgen unterhielten, belebten stets auch Soubretten, Jodlerinnen, singende Tirolerinnen oder Tänzerinnen im Dirndl das Programm auf ganz besondere Weise und kamen damit vor allem bei männlichen Besuchern bestens an. Das blieb auch Valentin nicht verborgen. Nachdem er mit seinen Solovorträgen und Couplets zunehmende Erfolge einfuhr, überlegte er, wie und wodurch er diese noch steigern könnte. Bald war ihm klar, dass sich dies zweifellos mit einer geeigneten Partnerin an seiner Seite bewerkstelligen ließe. Und eine solche Frau, die für ihn zur Inspirationsquelle und Muse werden sollte, entdeckte er 1911 im »Frankfurter Hof«. Sie hieß Elisabeth Wellano und trat als Soubrette auf. In den folgenden drei Jahrzehnten wurde diese Künstlerin für ihn unverzichtbar.

»Wie sehr Du mir nicht ans, sondern ins Herz gewachsen bist, wirst du wohl *nie* erfassen. Ohne Dir ist die Welt für mich völlig inhaltlos.« Das schrieb Valentin am 2. Oktober 1935 an die »Liebe, gute einzige Lisi!« Ja, Liesl Karlstadt war Valentin ins

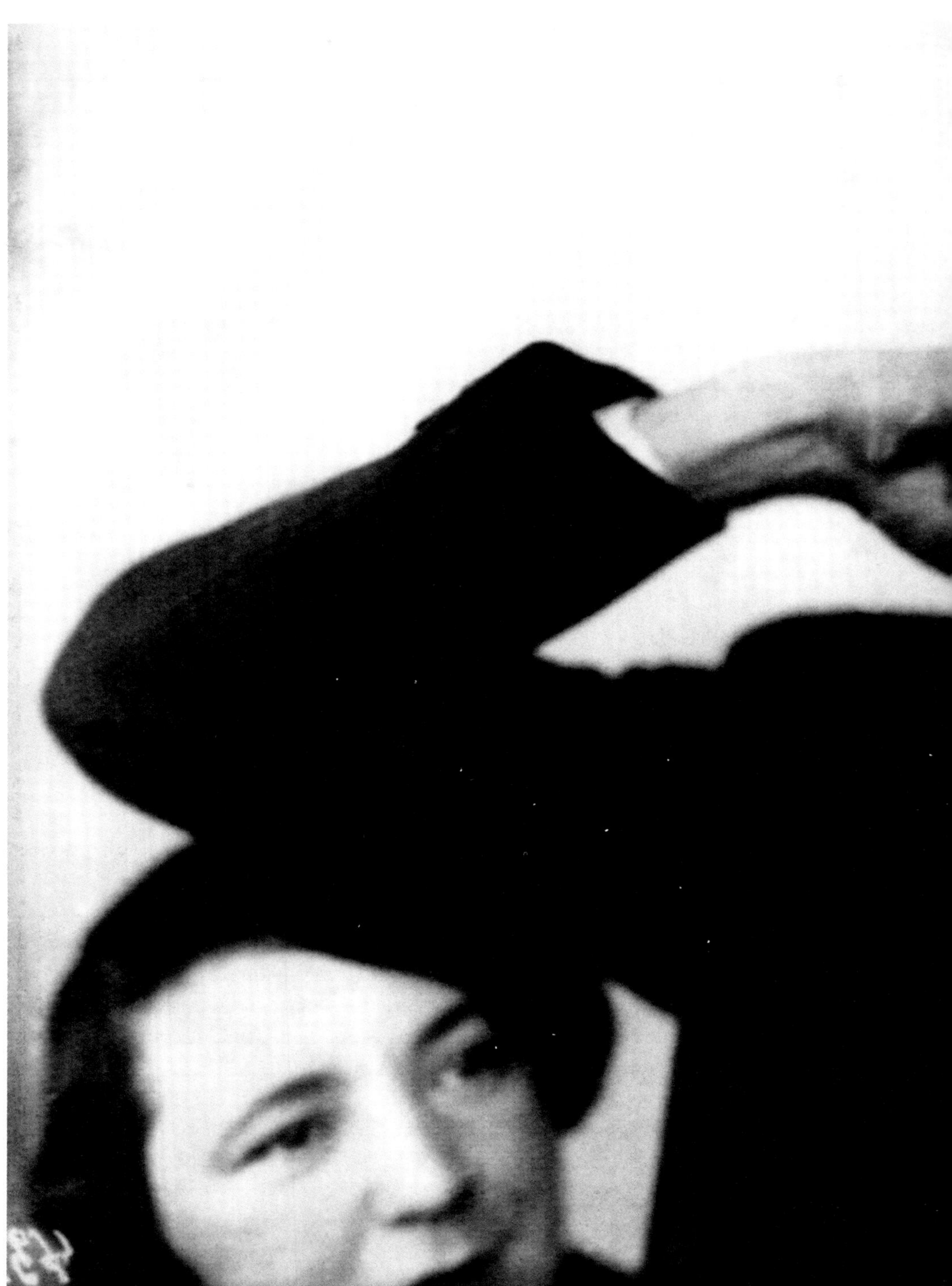

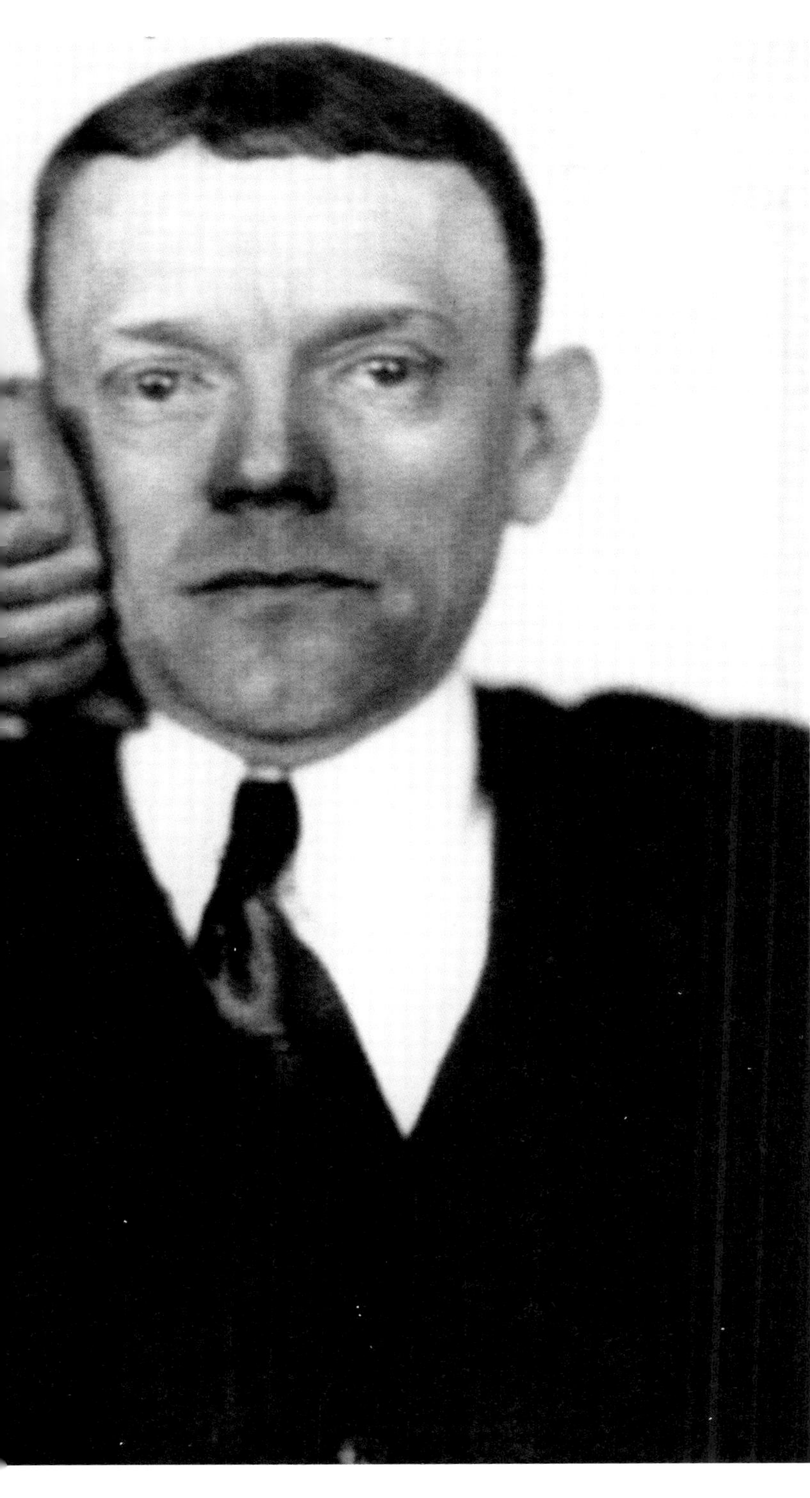

Liesl Karlstadt,
Valentins immer-
währende Stütze.
Fotografie von Lotte
Jakobi, Berlin 1928

Herz gewachsen, als Bühnen- und Filmpartnerin, als Mensch und auch als »Frau Musica«, wenn sie ihm bei seinen Auftritten mit Instrumenten oder singend zur Verfügung stand.

Wie Valentin begann auch die 1892 geborene Elisabeth Wellano, zehn Jahre jünger als er, ihre Komikerlaufbahn mit Musik. Ob sie diesbezüglich von ihrem Großvater mütterlicherseits, dem Orgelbaumeister Ludwig Edenhofer aus Regen, inspiriert war, ist nicht auszuschließen. Südländisches Temperament erbte sie sicher von ihrem Vater, dem italienischstämmigen Bäckermeister Ignaz Wellano. Liesl wollte eigentlich Lehrerin werden, arbeitete dann zunächst als Verkäuferin im Kaufhaus »Hermann Tietz«. Aber ab 1909 fühlte sie sich mehr und mehr zur Bühne hingezogen und wurde 1911 mit 19 Jahren Mitglied der »Dachauer Bauernkapelle und Singspielgesellschaft Adalbert Meier«, einer Gruppe, die auch im »Frankfurter Hof« gastierte, wo sie Karl Valentin kennenlernte. Dort trat sie als Chorsängerin, Jodlerin und Schauspielerin auf und als »jugendliche Soubrette«. Sie »stand in einem grellfarbenen Flitterkostüm jeden Abend auf der Bühne und sang«, wie sie sich später erinnerte, »recht mittelmässig: ›Ein jeder ruft Hipp Hipp Hurrah, die fesche Mitzi die ist da — und Jubel schallt durch's ganze Haus, ein Jeder spendet mir Applaus!‹ Im Schlusscouplet sang ich die Männer im Parkett an: ›Ach Du lieber süsser guter braver Mann – hast mir diese Liebesschmerzen angetan u. s. w.‹ und ich war stolz auf meine Leistung.«

Valentin, der sie 1911 bei solch einem musikalischen Auftritt erlebte, sagte ihr unverblümt: »Sie, Fräulein, Sie sind als Soubrette aufgetreten, heut hab ich Sie zum erstenmal gesehen. Des is nix. A Soubrette muß ganz keß sein, die muß an Busen habn. Des is nix für Sie. Aber Sie sind sehr komisch, Sie müssen sich aufs Komische verlegen.« Liesl Karlstadt war zunächst beleidigt.

Schließlich aber folgte sie Valentin, der ihr versprach, »ein komisches Soubrettencouplet« mit dem Titel »Das Gretchen« zu schreiben. Beim Vortrag ging die Liesl zu einem Herrn im Publikum und sang: »Dieser schöne, junge, stramme Mann / Schaut mich so liebend an, / O nimm mir diesen Stein vom Herzen, / Bereite mir nicht so viel Kummer, Sorg' und Schmerzen …« Bei diesen Worten nahm sie einen kleinen Isarkieselstein aus ihrem Ausschnitt und warf ihn zum Vergnügen der Zuschauer krachend auf die Bühne. Die jeweils von ihr so angesungenen Männer waren verdutzt, weshalb das Couplet mit den Worten endete: »Warum bist du denn gar so grantig, du machst a G'sicht wie da Wuhwuh, / Mach' keine Geckerl, / Du süßes Schneckerl, / Warum besinnst du dich so lang? / Willst du mich nicht, dann läßt du's bleiben, / Dann pack' ich halt ein'n andern z'samm.« Und das tat die Liesl mit diesem ersten Couplet dann auch, indem sie Valentin und er sie »z'amm'packt« hat, auch wenn sie erst 1913 gemeinsam mit dem parodistischen »Alpensängerterzett« Erfolg hatten.

Nun standen beide regelmäßig auf der Bühne, aber Valentin bezog sie auch in seine Filme ein, so etwa 1913 als poussierendes Dienstmädchen in dem Stummfilm »Der Kuss«. Die Karlstadt schlüpfte aber in alle Rollen, spielte Trommlerbuben und Elektrikerlehrlinge ebenso wie Vorstadtganoven, Apothekerinnen, Feuerwerker und

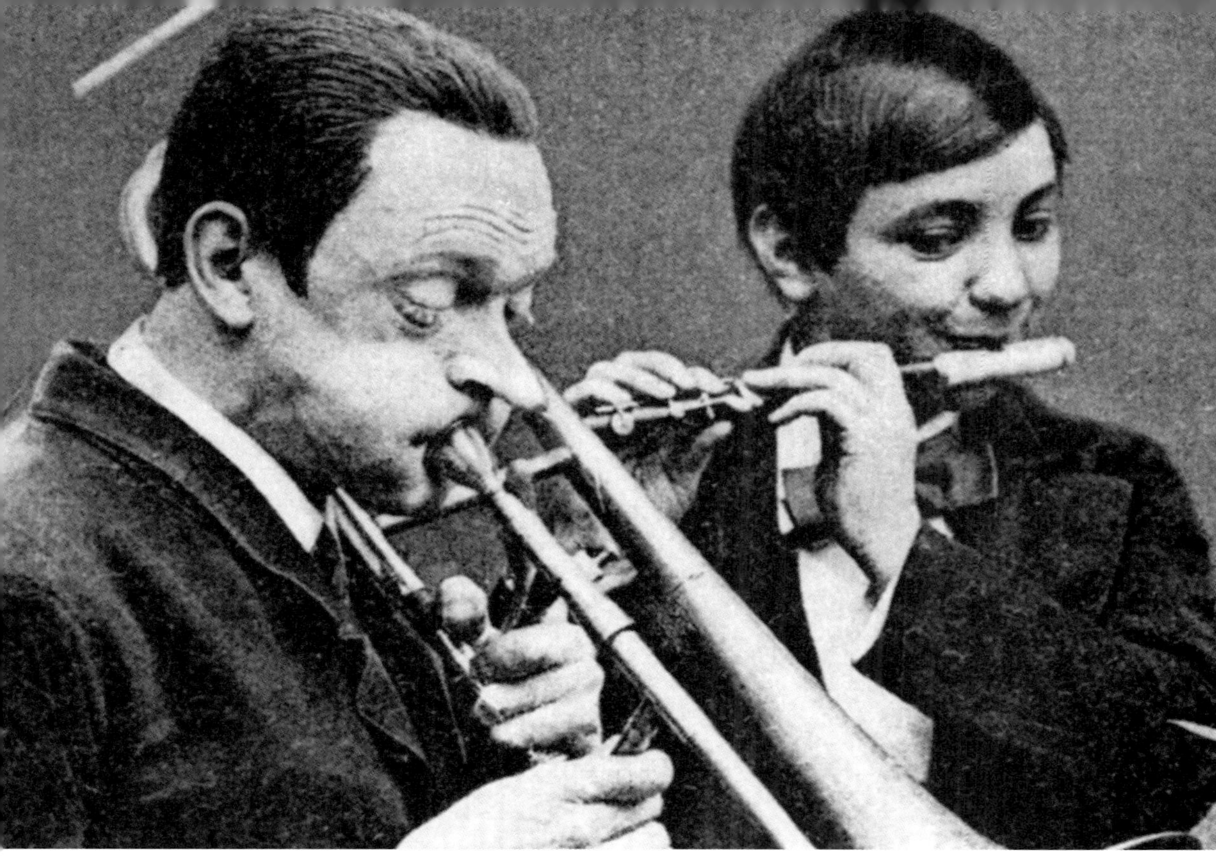

Karl Valentin mit Posaune und Liesl Karlstadt mit Piccoloflöte – vereint beim Duett

Nervenärzte und entlarvte dabei die grotesken Seiten des starken Geschlechts. Eine ihrer Paraderollen wurde die des »gwamperten« Dirigenten in der »Orchesterprobe«. Aber auch bei Aufführungen der Moritaten wirkte sie mit, bei denen er die Drehorgel bediente, während sie zur eintönigen Melodie mit leidender Miene die Strophen vortrug und mit einem Zeigestab auf einer Bildtafel, die in der Moritat beschriebenen Szenen bildlich zeigte. »Die kleine Lisi Karlstadt ist sehr musikalisch, spielt nett Althorn – Trommel und Klarinett«, schrieb Valentin 1917 über sie. Ihr Lieblingsinstrument war die Klarinette, aber auch Gitarre spielte sie und ebenso musizierte sie auf der Querflöte und der Mundharmonika.

Im September 1919 fanden im Festsaal der Münchner »Paulanerbräu«-Gaststätte im sogenannten Trichterverfahren auch die ersten gemeinsamen Schallplattenaufnahmen bei der Schallplattenfirma Polyphon statt, der zahlreiche weitere folgten und die bald etliche Rundfunkaufnahmen nach sich zogen. Damit war die Karlstadt nicht nur auf der Bühne, sondern in allen Medien seine Partnerin. Mit den Jahren nahmen nicht nur die Erfolge des Komikerduos zu, sondern auch die Spannungen, denn Valentin war kein leicht zu händelnder Partner.

Nachdem sie in »Karl Valentins Panoptikum«, dem zunächst kein Erfolg beschieden war, fast ihr gesamtes Vermögen investiert hatte, erlitt sie im April 1935 einen Nervenzusammenbruch und wollte sich in der Isar das Leben nehmen, konnte aber gerettet werden. Valentin war geschockt. Ein Brief vom 2. Oktober 1935 begann ausgerechnet mit den Worten eines Marschliedes: »Halte aus! Halte aus! Halte aus im Sturmgebraus!« Auch wenn sich Liesl Karlstadt nur langsam erholte, trat sie mit Valentin weiterhin in Filmen, auch musikalischen, auf, so im März 1936 in »Das verhängnisvolle Geigensolo«, im April in »Straßenmusik« und in »Musik zu zweien«. Auch im Musikfilm »Du bist mein Glück« wirkte sie mit und im August / September 1936 drehte sie mit Valentin unter Engels Regie »Donner Blitz und Sonnenschein«. Valentin versicherte ihr mehrfach, dass alle Menschen sie lieben. »Bei Dir stimmt das Lied überhaupt nicht in welchem es heißt ›Verlassen bin i.‹« Im Gegenteil. Vor allem er bestand energisch auf die weitere Existenz der »Firma Valentin-Karlstadt«.

Ab August 1937 stand sie schon wieder für eine Reihe von Schallplattenaufnahmen mit Valentin-Szenen zur Verfügung und ab September für weitere gemeinsame Auftritte im »Kabarett Benz« sowie für Dreharbeiten zu dem Kurzfilm »Der Antennendraht / Im Senderaum«. 1938 wirkte sie bei Rundfunkaufführungen mit. Bei einem Gastspiel in Augsburg, im April 1939, erkrankte Liesl Karlstadt allerdings erneut so schwer, dass sie sich zurückziehen musste. Und auch Valentin trat ab 1940 nicht mehr öffentlich auf und zog sich in sein Haus in Planegg, einen Vorort von München, zurück. Liesl Karlstadt erholte sich ab 1941 bei Reutte in Tirol auf der Ehrwalder Alm, wo sie sich bei einer Gebirgsjägereinheit als Muli-Betreuerin unter dem Namen »Gefreiter Gustl« betätigte. Erst im Januar 1948 trat sie noch einmal zusammen mit Valentin in der Münchner Kleinkunstbühne »Der Bunte Würfel« auf.

Doch Valentin wünschte sich zu Weihnachten 1947 mehr von seiner Liesl: »Aber das schönste Geschenk«, so schrieb er ihr, »ist doch, daß mir die letzte Zeit wieder so schön zusammen gespielt haben, und wenn es Gott will, wieder weiter spielen werden, verlernt haben wir nichts, das hat sich gezeigt.« Und »nächstes Jahr im Frühling sitzen Lisi und ich im Caffee Botanischen Garten. Das wäre mein einziger Wunsch auf Erden.« Denn, so versicherte Valentin seinem zweiten ICH ein paar Wochen vor seinem Tod:

»Wer da je geliebt hat, wie ich dich
der trägt solche Liebe innerlich
Als Geheimniß seiner tiefsten Seele
daß Sie ihm an keinem Orte fehle
Daß Sie ihm an keinem Orte fehle
trägt er Sie in seiner tiefsten Seele
Ewig wird Sie ihm Gefährtin sein
Und so ist er nirgends ganz allein.
– . –
Karl Valentin«

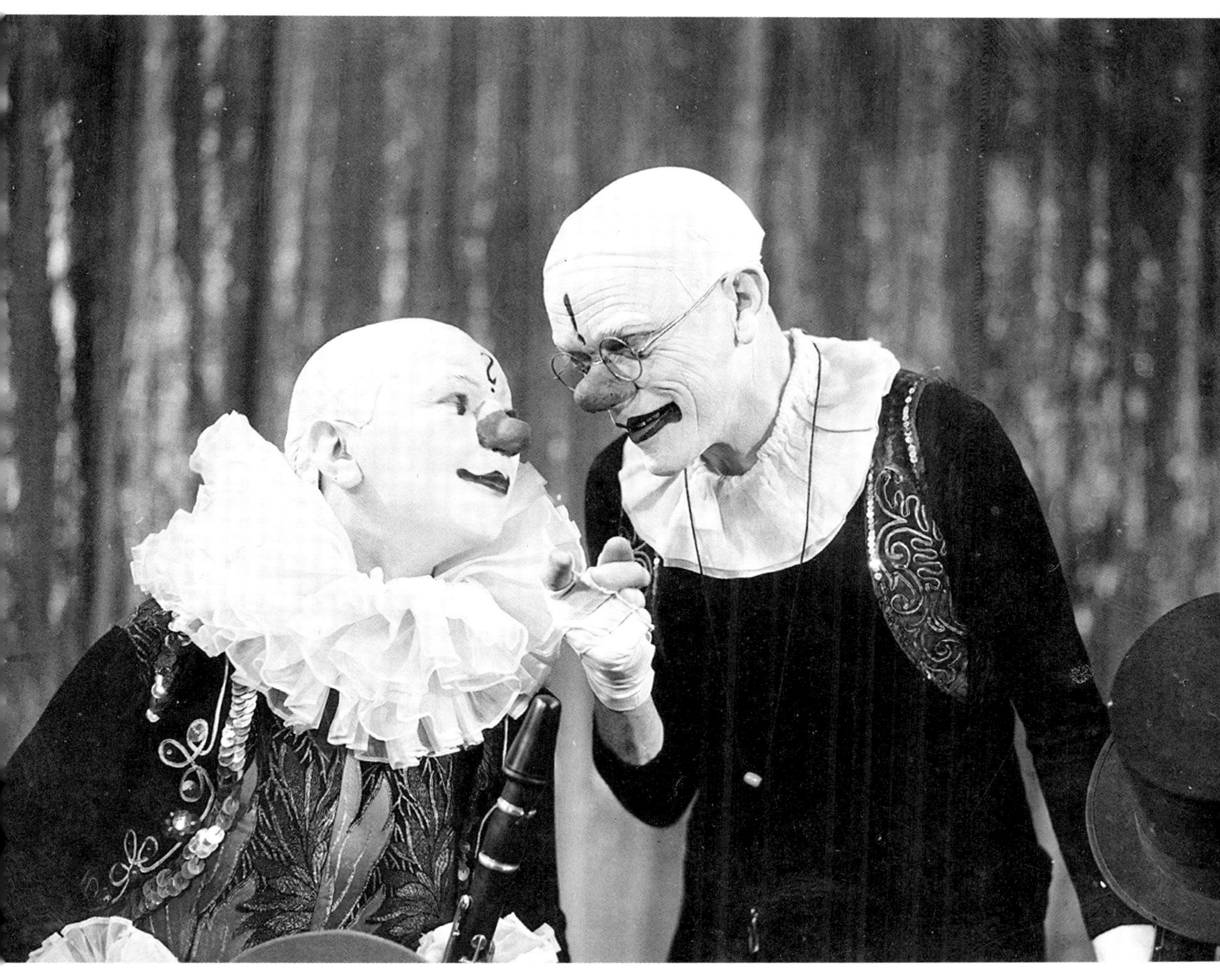

Liesl Karlstadt und Karl Valentin als Clowns im Film »Musik zu zweien«, 1936

KAPITEL 2

Valentins Liedertruhe

Als nach Valentins Tod 1948 München seinen Nachlass nicht haben wollte, da der Stadt die dafür geforderten 10 000 Mark zu teuer waren, meldete sich der Kölner sammelwütige Theaterwissenschaftler Prof. Carl Niessen bei Frau Valentin. Die 10 000 Mark könne er als Privatmann leider auch nicht aufbringen, aber 7 000 Mark würde er ihr zahlen – in Raten: 1 000 DM bei Erhalt des Nachlasses, 1 000 DM Ende 1953 und die restlichen 5 000 DM in 25 Monatsraten zu je 200 DM. Er erhielt den Zuschlag und brachte nach Unterzeichnung des Vertrags am 28. August 1953 den gesamten Nachlass nach Köln. »Habe ich jetzt auch wirklich alles?«, so fragte Niessen Frau Valentin, nachdem er alle Objekte in seinen Wagen verladen hatte. Darunter war auch, wie Valentins Tochter Bertl Böheim später erzählte, »Valentins Liedertruhe« mit den Couplets, Liedparodien, Moritaten und Gstanzln, also der gesamte musikalische Schatz, den sich München hatte entgehen lassen.

»Kanapee glüht Meeresfreiheit«: Die Couplets

Valentins Karriere begann nach seinen Aussagen mit seinem erfolgreichen Start in Josef Durners bekannter Volkssängerbühne im »Frankfurter Hof« in der Schillerstraße in München im Juli 1908. Zur Aufführung kamen vor allem Soloszenen und Couplets, die er zur Zither- oder Gitarrebegleitung vortrug. Mit 115 Beispielen (Varianten nicht einberechnet) nehmen die Couplets in Valentins Werk eine herausragende Stellung ein. Ein Couplet – französisch »Zeilenpaar« – ist ein humorvoll-witziges, mitunter zweideutiges Lied, oft auch mit politischem, satirischem Inhalt, das aus mehreren Strophen und einem einprägsamen Refrain besteht. Couplets gehörten zum Repertoire der Volkssänger und Valentin hatte in seiner Privatbibliothek zahlreiche, mit seinem Stempel gekennzeichnete Hefte mit zeitgenössischen Liedern und Couplets aus der Zeit um 1900. Valentins Enkelin Anneliese Kühn zeigte mir [dem Autor dieses Buches] mehrere derartige Liederhefte, die sie bei sich in Planegg aufbewahrte. Vier davon seien hier genannt:

- »Die Gigerlkönigin beim Souper, sowie viele andere neue Couplets und Lieder«
- »Zur Erinnerung an das Oktoberfest 1899«

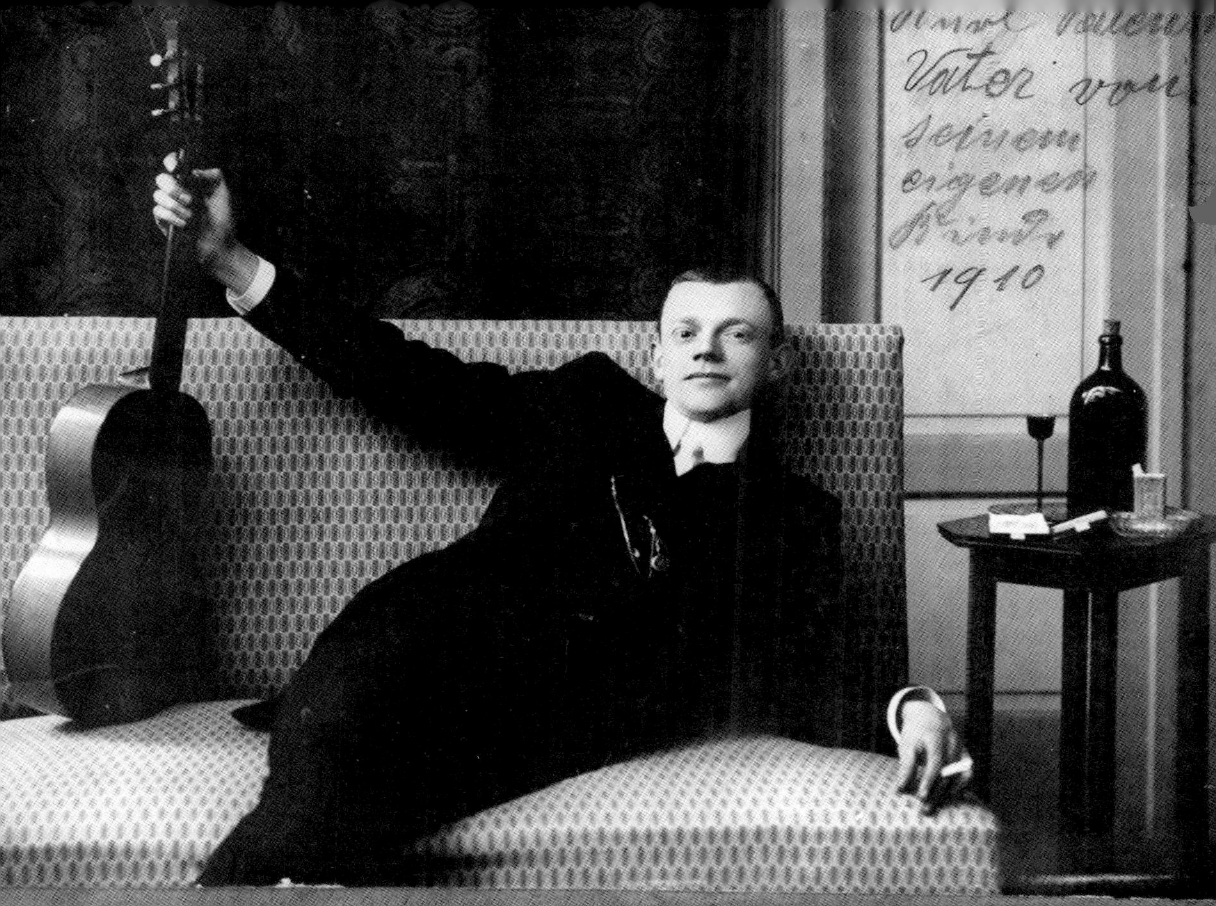

Karl Valentin mit Gitarre. Aufschrift der Fotografie: »Karl Valentin, Vater von seinem eigenen Kinde 1910«. 1910 wurde seine Tochter Berta geboren.

- »Jesses, jesses welch Malheur, gibt's denn keine Jungfrau mehr – sowie viele andere Couplets und Lieder«
- »Münchner Oktoberfest Heft 1903 – Sepp der Mayer«

Vielleicht regte ihn die »Gigerlkönigin« zu seinem Couplet »Das kleine Gigerl« (entstanden um 1900) an. Zu Beginn seiner Bühnenlaufbahn trat Valentin auch als »Skelett-Gigerl« auf. Der Begriff »Gigerl« meint »Geck«, also eine närrische, verrückte, eitle Person. Um die Jahrhundertwende war das Gigerltum in Mode, was sich in etlichen »Gigerl-Couplets« niederschlug. Bekannt waren »Die Gigerl-Königin« von Paul Lincke, »Der Gigerl-Franz« von A. Frankl. Auch in Johann Nestroys Posse »Das Mädl aus der Vorstadt« tritt die Figur des »Gigl« auf. Valentin parodierte den eitlen Geck, indem er besonders seine leptosome Gestalt zur Schau stellte.

Bei Auftritten der Volkssänger hatten Couplets stets einen festen Platz. Valentin zeigte von Beginn seiner Karriere an, dass er sich in der Volkssängertradition beheimatet fühlte, weshalb auch er regelmäßig Couplets zum Vortrag brachte. Passte er sich anfänglich in Inhalt und Ausdrucksform noch den althergebrachten Mustern an, entwickelte er mithilfe seiner Körperkunst und seiner Mimik jedoch schon bald eine ganz eigene Qualität, die sich dann auch auf die sprachliche Gestaltung und Inhalte dieser Lieder auswirkte. Dabei zitierte er Volkssänger, montierte vorgefundenes Material neu und scheute sich auch nicht, die Scheingemütlichkeit und Gefühlsduselei üblicher Volkssängercouplets zu verspotten, indem er den Unsinn auf die Spitze trieb. Etliche seiner Couplets wurden zu Evergreens, wie etwa »Ja so warn's die altn Rittersleut« mit seinen 16 Strophen, die bis heute bekannt geblieben sind.

Für seine ersten Auftritte im »Frankfurter Hof« erhielt Valentin vom Wirt als Gratifikation zwei angeblich »gute Zigarren«, von denen jede aber nur 2 Pfennige kostete und die alles andere als gut waren. Valentin verfasste hierauf das Couplet »Karre rauch doch nicht diese Zigarre!«, in dem er den Wirt verspottete. Den Refrain: »Karre, Karre, / Rauch doch nicht diese Zigarre, / Karre, Karre denke d'ran, Du hast a weiße Hose an« sang das Publikum begeistert mit, vor allem auch nach der letzten Strophe, in der es heißt »[...] Mir scheint, ich werde blaß, / Der Stengel ist mir viel zu stark, / Ich merk es ohne Spaß [...]«, worauf Valentin die Beine zusammenzwickte und Übelkeit markierend, mit angedeuteten vollen Hosen die Bühne verließ. Auch Liesl Karlstadt trat in der Rolle des »Karre« auf.

In seinem so benannten »Instrumental-Couplet«, mit dem er ab 1909 als »Instrumental-Karikatur-Komiker« auftrat, produzierte Valentin sein Können an mehreren Instrumenten, wobei er verschiedene Personen »kopiert«, wie er sagte, so ein Fräulein Adelheid, die ein Lied zur Pianobegleitung singt, den Klarinette blasenden Lochner Sepp, auf Volksfesten ertönende Blasmusik, einen Posthorn blasenden Postillion, eine Klampfn zupfende, also Gitarre spielende Jodlerin, den Geigenschüler Franzl sowie einen »Fotzhobel«, also Mundharmonika spielenden Soldaten und einen die Trommel schlagenden Tambour.

In etlichen seiner Couplets karikierte Valentin Volkslieder und entlarvte durch Verzerrung der ursprünglichen Inhalte deren romantisierende Verlogenheit. In den politischen Couplets räsonierte er vorrangig über die Ursachen von Kriegen und das durch sie verursachte Leid, ohne jedoch eine Antwort geben zu können, was ihn schließlich resigniert – etwa in einem seiner letzten Couplets »Wenn ich einmal der Herrgott wär« – von Gott die Vernichtung der »Sippschaft Mensch« erflehen lässt, die ohnehin, so seine pessimistische Überzeugung, dem Untergang entgegentreibt.

Auch »Alte Volksliedtexte – wieder ›zeitgemäß‹« brachte er zum Vortrag. 1943 erhielten, angesichts der damals gigantischen Zahl von Kriegstoten, der zunehmenden Zerstörung der Städte und der sich ausbreitenden Flüchtlingsnot die von ihm zitierten ursprünglich harmlosen Volkslieder wie »Vater, Mutter, Schwestern, Brüder hab ich auf der Welt nicht mehr«, »Was kommt dort von der Höh'« oder »Wandern, ach wandern, von einem Ort zum andern«, eine makabre Umdeutung.

Alle Couplets, auch jene, die inhaltlich eher einfach gestrickt sind, begannen erst durch Valentins Vortrags- und Improvisationskunst zu leben. Oft besuchte das Pu-

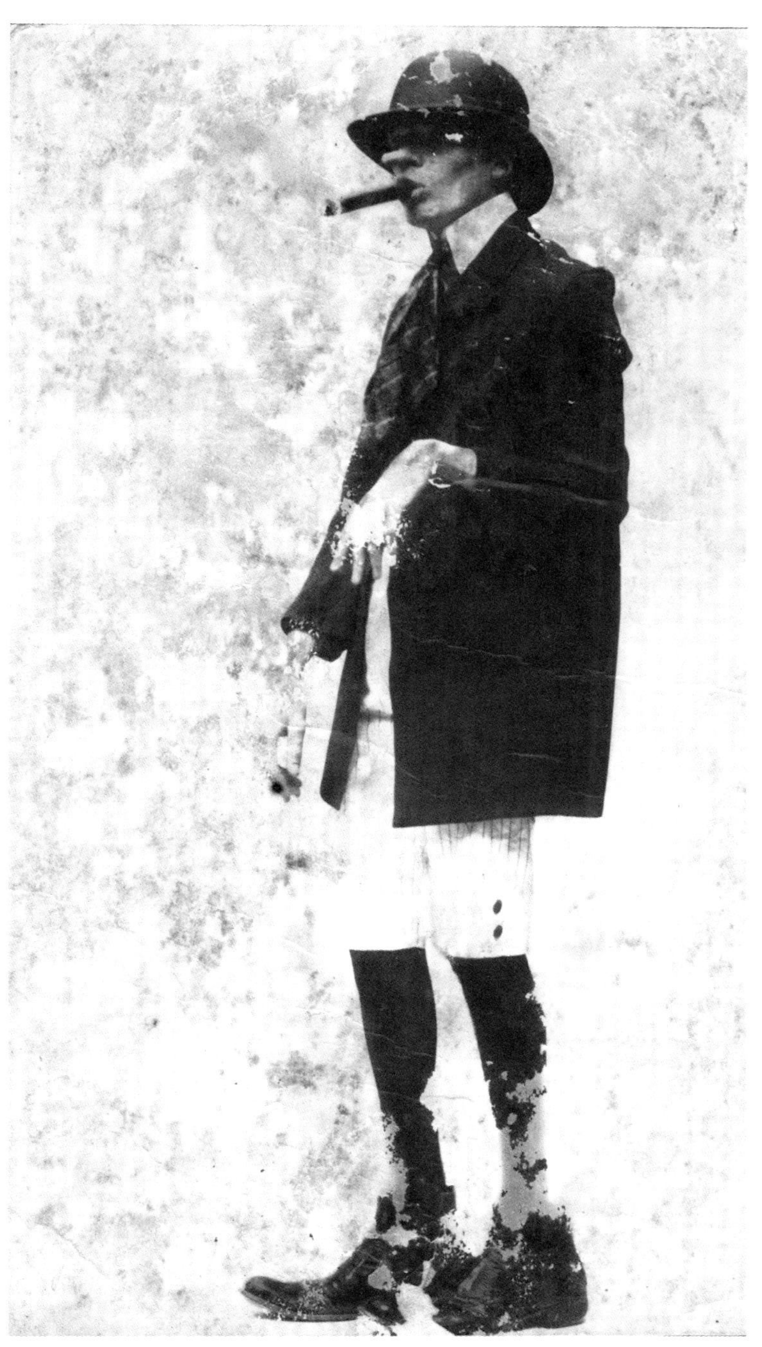

Karl Valentin beim Coupletvortrag »Karre, rauch doch nicht diese Zigarre!«, 1908 / 1909, aufgeführt im »Hotel Wagner« im Dezember 1915

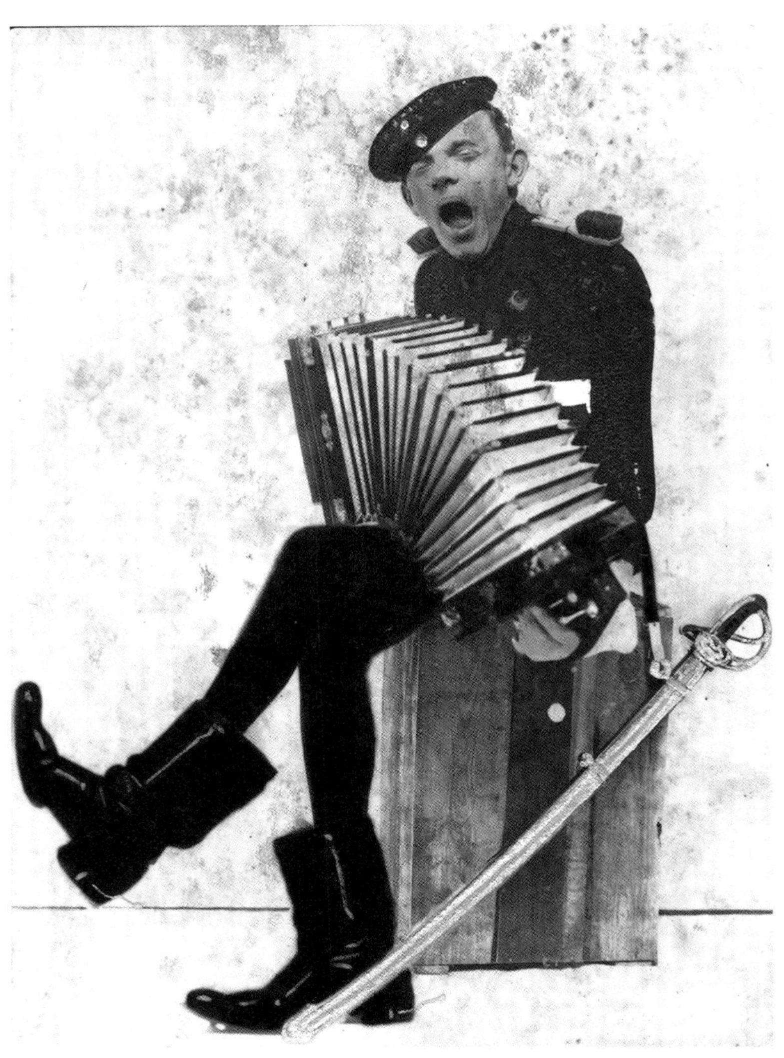

Karl Valentin, sich selbst mit der Ziehharmonika beim Couplet »Soldatenlieder« (1911) begleitend. Handkolorierte Aufnahme vor 1915. In der ersten Strophe heißt es: »Wenn's in der Kasern recht traurig is, / bring ich a Leben eini g'wiß, / ziag i d'Zugharmoni daher, / los geht 's Geplärr.«

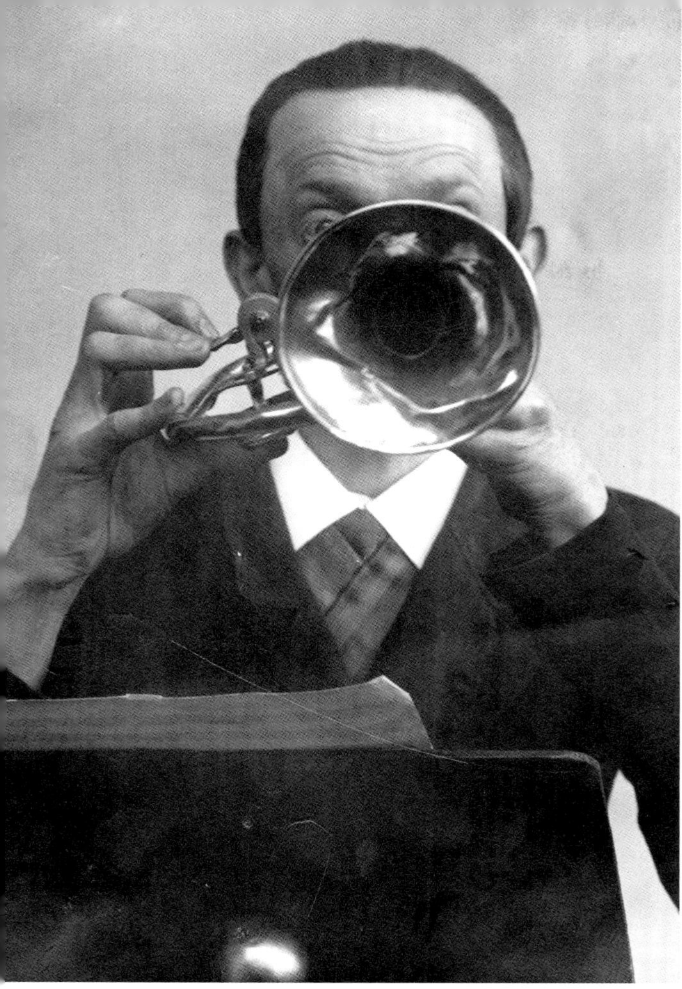

Als Trompeter im »Vorstadttheater«. Im Juli 1915 spielte Karl Valentin im »Hotel Wagner« eine Soloszene mit dem Titel »Trompetensolo«, vermutlich basierend auf dem »Trompeten-Couplet« aus dem Jahr 1909

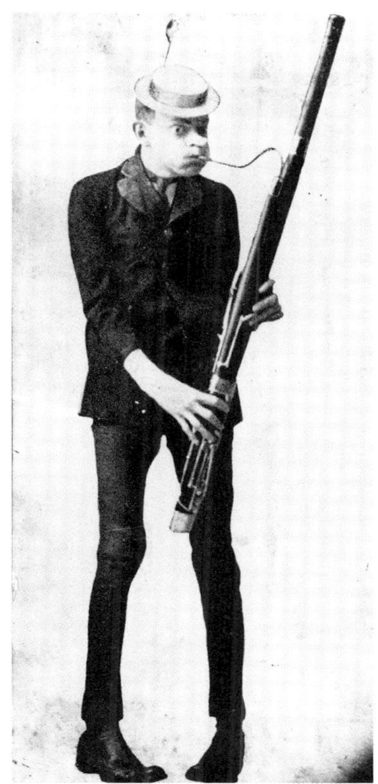

Karl Valentin als Fagottspieler. Frühe Soloszene um 1910 mit dem Couplet »Blödsinn«-Verse

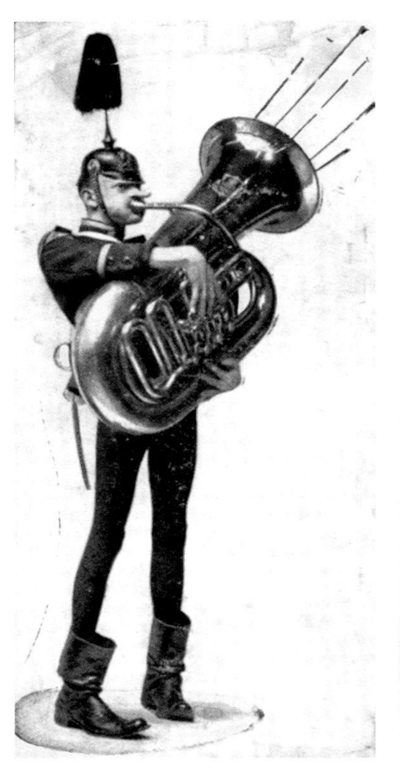
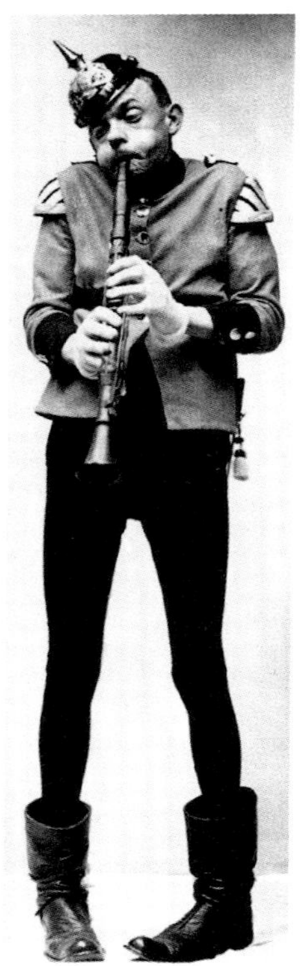
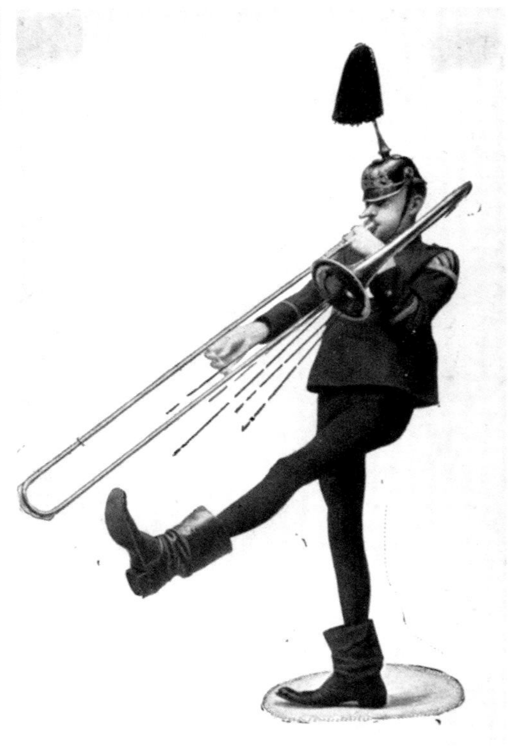

Karl Valentin trat als »Schwerer Reiter« mit der Tuba auf, aber auch mit Trompete, Posaune, Klarinette, Flöte und Waldhorn, um 1912 / 1913

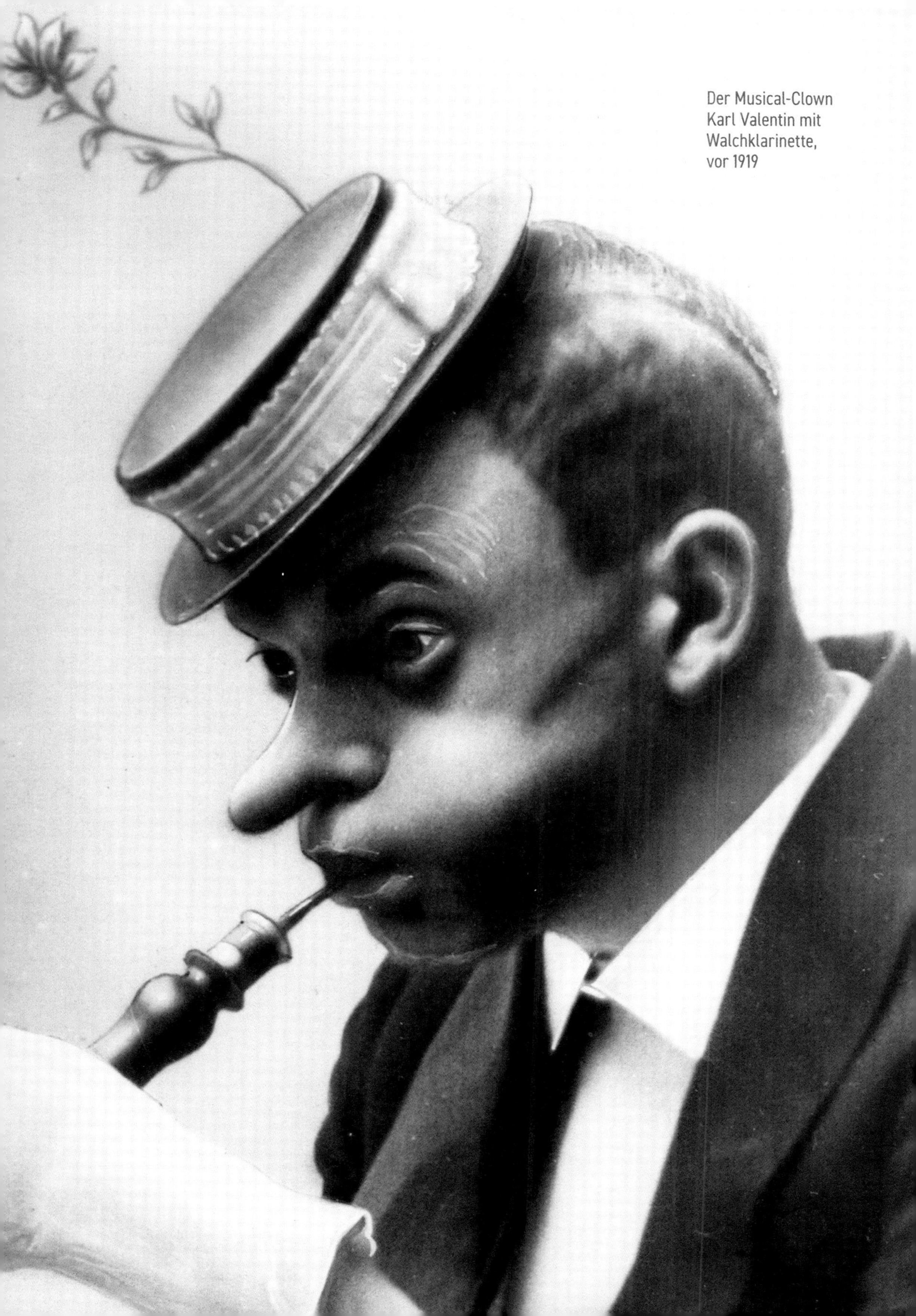
Der Musical-Clown
Karl Valentin mit
Walchklarinette,
vor 1919

blikum mehrfach die Vorstellungen nur wegen seiner spontanen, immer wieder veränderten Einfälle und entwaffnenden Späße aus dem Stegreif, wie dies auch Oskar Maria Graf in seinem Essay »München verlor etwas Unwiederbringliches« bestätigt: »Als geborener Komödiant im höchsten Sinn überspielte er seine Stücke bis zum äußersten, und es gab Leute in München, die solche Aufführungen oft mehr als zehnmal besuchten und immer wieder überrascht wurden von den hinzugekommenen humorvollen Einfällen. Er war unerschöpflich im Improvisieren.«

Besonders überzeugend bis heute, sind Valentins klanglyrische Couplets mit der von ihm allerdings nicht angestrebten Nähe zu dadaistischen Sprachexperimenten. Während er diese lediglich zu parodieren gedachte, kreierte er mit Wortketten, Wortneuschöpfungen und allerlei anderen Sprachexperimenten im »Rezept zum russischen Salat« (1902), in »Die Versteigerung« (1912) und im »Chinesisches Couplet« (1916) eigenständige Nonsensprodukte.

»Das futuristische Couplet« (1919) stellt, so der Untertitel, »ein Gegenstück zu der modernen Malerei« dar. Worte werden darin ohne Zusammenhang aneinandergereiht, so etwa: »Wer allzulange sind ist / Ob arm, geht sich bei dem, / Das einmal es oft lieber sein, / Drum wird ja ohnedem, [...].«

In »Die vier Jahreszeiten« (1937), nach Valentin »ein blödsinniger Gesang«, schwärmt der Sänger mit immer denselben Worten in vier Strophen nacheinander vom Frühling, dann vom Sommer, Herbst und Winter. Das Lied muss, so die Anweisung, recht eintönig vorgetragen werden, was nach und nach den Protest des Publikums provoziert.

In dem von Valentin im Untertitel als »Ueberliterarischer Gesang« bezeichneten »Expressionistischen Gesang« (1942), werden unzusammenhängende Bilder entworfen, was sich so anhört:

> »Kanapee glüht Meeresfreiheit / Lippen blau aus Abendrot / Stille Nacht in Marmelade / Edle Kunst, behüt' dich Gott. // A – b – c – d – e – f – g – h / I – k – l – m – n – o – p / Qu – r – s – t – u – v – w – x / Ypsilon – z – f – f – f (*drei Pfiffe*)«

Es folgen danach noch 13 weitere Strophen mit ähnlichen Wortcollagen.

In dem Couplet »Die Umtauschstelle« (1945), ebenfalls »ganz schnell zu singen«, wird alles Mögliche und Unmögliche aneinandergefügt, was sich umtauschen lässt und am Ende des Zweiten Weltkriegs wohl auch umgetauscht wurde.

Ein besonderes Vorbild für Valentin war der zehn Jahre ältere Berliner Humorist und Sänger Otto Reutter, ein Meister des Couplets, dessen Namen Valentin in einem Brief vom 23. April 1920 als »unverwischlich in der teitschen Geschichte und Heimatkunde« bezeichnete. Diese Verehrung bestätigt auch O. E. Hasse, der von einem Besuch bei Valentin und Liesl Karlstadt berichtet, bei dem Otto-Reutter-Platten gespielt wurden, »den er [Valentin] über alles bewunderte«. »Den mog i«, meinte Valentin, »des is a ganz a Großer!« Reutter gelang es, die Form des Couplets zu einer humorvoll-kritischen Tages- und Zeitbetrachtung zu machen und mit seinen zahlreichen, bis heute berühmten Couplets wie »Der Überzieher«, »Mit der Uhr in der Hand« oder »In hundert Jahren ist alles vorbei« menschliche und gesellschaftliche Misslichkeiten und Torheiten auf den Punkt zu bringen. Ein Einfluss auf Valentins Couplet-Schaffen ist nicht zu leugnen.

Schon 1917 hatte Valentin vor, wie er an Ludwig Ganghofer schrieb, 64 Solo- und Couplet-Vorträge als eigenes Buch zu veröffentlichen. Dieses Buchprojekt kam zwar nicht zustande, aber zwischen 1918 und 1926 veröffentlichte er in seinem eigenen Verlag eine Anzahl seiner komischen Vorträge in kleinen vier Seiten umfassenden Blättern und in Heften, darunter folgende Publikationen:

- Valentin, Karl: Originalvorträge, München, o. J. Selbstverlag (ca. 1918). Einzelausgaben: Hupf, mei Mädl! (Drei Blödsinns-Verse), Still ruht der See, Versteigerung, Die Barfußtänzerin, Stumpfsinn, Magerer Mann, Der Landgendarm, Hochpolitische Rede, Der Chinese
- Münchner Blut, Humoristische Sammlung, München o. J. (ca. 1918). Einzelausgaben: Erste Narrenrede, Die Frau Funktionär, Unpolitische Käsrede, Der Liebesbrief, Der Feuerwehrtrompeter, Rezept zum russischen Salat, Das Aquarium, Im Gärtnertheater in München, Versteigerung!
- Valentin, Karl: Blödsinnvorträge. Zum Kranklachen. (Zwei Hefte), München, o. J. Selbstverlag (ca. 1920). Einzelausgaben: Humoristische Zeitungsannoncen, Die neue Villa, Quo vadis, Neue Klapphornverse, Die Frau Funktionär, Loreley, Drei Pfund Äpfe 27 Pfennig!
- Valentin, Karl: Originalvorträge, München 1926. Karl Valentins Selbstbiographie, Das Theater muß sich ändern, Die Schlacht bei Ringelberg, Eine fidele Stadtratssitzung, Kragenknopf und Uhrenzeiger, Der Menter Xaver – ein an Zahnweh leidender Bauernsohn aus Ilching, Hänschen als Sportsmann, Das futuristische Couplet – Ein Gegenstück zur modernen Malerei, Hochwasser, Das Aquarium – Eine botanozoologische Viecherei, Im Gärtnertheater.
- Liesl Karlstadt: Original Vorträge von Karl Valentin, München 1926 – Drei Pfund Äpfe 27 Pfennig, Quo vadis?, Die Hausmoasterin, Ich suche eine neue Köchin, Die Frau Funktionär, Die Loreley, Auf der Wohnungssuche im Jahre 1915, Die neueste Hutmodenschau, Im Kino

Valentins Solovorträge und Couplets – zum Teil mit Noten – dienten etlichen Volkssängerkollegen als Vorlage für ihre Auftritte. Da sie oft ohne Erlaubnis vorgetragen und sogar plagiiert wurden, schützte sie Valentin durch Herausgabe im Selbstverlag. Außerdem bedeuteten der Verkauf der Hefte und die Erteilung von Aufführungsrechten, die schriftlich bei ihm eingeholt werden mussten, eine bescheidene zusätzliche Einnahmequelle.

»Doch etwas Neues bringen ist sehr schwer«: Die Liedparodien

Heutige Comedians, die sich an Parodien versuchen, rutschen auf schnellen Kalauern meist aus und werden rasch aus der Pointen-Ausfahrt getragen. Einem Valentin aber gelangen parodistische, überdrehte Text-Tanz-Nummern ohne Ruckeln, ständig umweht von einem kühlen Wind von Vergänglichkeit und Untergang. Valentin beherrschte die Kunst der Parodie. Indem er den Inhalt bekannter Lieder und Texte stilistisch veränderte und beim Vortrag gestisch und mimisch veralberte, erzielte er komische Effekte. Er ahmte das Liedoriginal karikierend, satirisch zuspitzend oder ironisierend nach. Die Melodie der originalen Stücke blieb dabei erhalten, während er die Lieder mittels neuer Texte in einen neuen Zusammenhang brachte und die Instrumentierung nach seinen Vorstellungen variierte. Das Original überzog es dabei nur insoweit, dass seine Darstellung die Vorlage entlarvte.

Das Couplet »Ein Prosit der Gemütlichkeit« beginnt mit den Worten: »Couplets und Lieder gibt es eine Menge, / Doch etwas Neues bringen ist sehr schwer, / Drum nehm' ich heute für meine Gesänge / Jetzt als Refrain etwas Bekanntes her.« An diesen Vorsatz hielt sich Valentin als Liedparodist, wobei er aber nicht nur bekannte Beispiele aus dem Liedgut der Volkssänger benutzte, um die Unzulänglichkeiten der Originale zu verspotten und der Lächerlichkeit preiszugeben.

Valentin parodierte unter anderem Lieder wie »Margarethe«, das er seiner gleichnamigen Cousine zum Geburtstag widmete. Sie sei zwar brav und schön, aber keinesfalls ein Engel, weshalb sie nicht in den Himmel kommt. Ein künftiger Ehemann bekäme mit ihr ein Teufelsweib, das nicht einmal in der Hölle geduldet wird, weshalb sie besser für immer auf der Erde bleiben möge, was ihr alle wünschen.

Während im Original des Liedes »Still ruht der See«, über den See »der heilge Odem Gottes weht« und »die Blümlein fromm ihr Nachtgebet sprechen«, spielt Valentin in der Parodie auf dieses Lied nicht nur mit Begriffen wie »Manschetten / Frauschetten« oder »Kissen / Küssen«, sondern zerstört das Original gründlich mit groteskem Nonsens.

In der Parodie auf das Lied »Hupf mei Mädel« ist »Hüpfen« statt ein Zeichen für Lebensfreude die Ursache für einen Unfall, da der Fahrgast beim »Hupfen« von der Trambahn in einer »Drecklacha« landet. Aus dem gefühlvollen Volkslied »Am Brunnen vor dem Thore / Da steht ein Lindenbaum: / Ich träumt' in seinem Schatten / So manchen süßen Traum« wird in Valentins »Parodie auf den Lindenbaum« aus Franz Schuberts Liederzyklus »Winterreise« ein Spottlied, bei dem am Ende ein Vogel vom Lindenbaum herab die Bluse des Mädchens und das Gesicht ihres Geliebten beschmutzt.

Von seiner »Parodie auf Still ruht der See« liegen drei Varianten vor, so »Still ruht der Schnee« und »Die bayerischen Seen«, in denen Valentin das Publikum bittet: »Ich ersuche Sie, bei diesem Couplet nicht zu lachen, weil ich da selber lach.« Nach jeder Strophe, die einen jeweils neuen unsinnigen Inhalt hat und womit sich Valentin gleichsam selbst parodierte, lacht er »natürlich nimmer so von Herzen«, wie er erklärt, sondern

»mechanisch«. Sein »Ha-ha-ha-ha« wirkt zunehmend gequälter, was das Publikum nur anfänglich zum Lachen anregt, das allen zunehmend jedoch im Hals stecken bleibt. In einer Version von 1941 heißt es in Anspielung an die bereits tobenden Seeschlachten des Zweiten Weltkriegs: »Still ruht der See, die Schifflein schwimmen / da macht es öfter bum – bum – bum / da gehen viele Schifflein unter, / und manche kehren schleunigst um, / von diesem vielen bum – bum – bum«. Und für das bekannte Studentenlied »Im tiefen Keller sitz ich hier« erfand Valentin die Verszeilen: »Im Luftschutzkeller sitzen wir / bei keinem Faß voll Reben [...].«

Besonders berühmt bis heute sind auch das »Lied vom Sonntag«, mit dem er den hehren Liedvortrag durch ein nach jeder Strophe eingefügtes Hundejaulen zerstört und ebenso seine Parodie »Die Uhr von Löwe«, bei der er mimisch, gestisch und akustisch die »Dummheit in der Musik« regelrecht zerblödelt. Es bereitete ihm in seinen Liedparodien sichtlich Vergnügen, vorgefundenes Volksliedgut, aber auch von Volkssängern vorgetragene Lieder zu verspotten, indem er die Originale in die Abgründe seines Unsinns stürzen ließ, aus denen dann überraschend etwas unerwartet Neues erwuchs. Es machte ihm Spaß, das Publikum zu irritieren und dessen hoch gestimmte Erwartungshaltung auf den akustischen Genuss eines Kunstliedes mit neuen Texten und seinem grotesken Vortrag zu untergraben.

»Nichts als Blödsinn, Blödsinn, Blödsinn«: Die Operettenparodien

Operetten, vor allem jene von Jacques Offenbach und Johann Strauß, waren im 19. bis zur ersten Hälfte des 20. Jahrhunderts recht beliebt, reizten aber mit ihren walzerseligen Melodien und vielfach banal und süßlich kitschigen Texten, in denen die »gute alte Zeit« wieder auflebte, Satiriker dazu, sie zu parodieren, so auch Karl Valentin, der mehrere seiner Couplets diesem Musikgenre widmete und bekannte Operettenschlager nach seinen Vorstellungen umdichtete.

In seinem Monolog »Riesenblödsinn« spottet er über den damals bekannten Hit »Und der Himmel hängt voller Geigen« aus Leo Falls Operette »Der liebe Augustin«: »Einen noch größeren Blödsinn hab ich in einem Theater singen hören bei der Operette – ich weiss nicht mehr wies heißt. Da kommt das schöne Lied vor ›Und der Himmel hängt voller Geigen‹ – also das tät ich mir noch g'fall'n lass'n, dass der Himmel voller Geigen hängt – aber den möcht ich kennen, der wo die vielen Nägel in Himmel 'nei'g'schlag'n hat, wo die Geigen alle dran hängen! --- Na, da seh'n Sie doch ganz deutlich,/ Hochverehrtes Publikum, / Nichts als Blödsinn, Blödsinn, Blödsinn,/ Nehmens mir die Sach' nicht krumm!«

Während in der Szene »Wie heißt der Notenwart« ein »Saudummdaherreden« die vier Mitglieder einer Blasmusikgruppe daran hindert, Musik zu machen, will Valentin in der Szene »Wer uns getraut« das Lied aus der Operette »Der Zigeunerbaron« von Johann Strauß zum Vortrag bringen. Doch der ihn begleitende Klavierspieler hat die Noten vergessen. »Die Noten brauch ich nicht«, so Valentin, »nur den Text.« Aber den hat der Pianist auch nicht dabei. »Dann sing ich halt lalalala.« Doch »des hört sich aber saudumm an« und er schlägt deshalb vor, einen anderen Text auf die Melodie von »Wer uns getraut« zu singen und zwar den vom »Verlorenen Glück« (einem Liedtext von Leopold Sprowacker). »Da hab ich den Text da.« Als dem Klavierspieler Zweifel kommen, meint Valentin: »Kümmern Sie sich nicht um mich, ich sing vom ›Verlornen Glück' den Text, das harmoniert ganz gut.« Und schon montiert er beides zusammen und demontiert den Kitsch von Herz-Schmerz-Schmonzetten. Der Versuch, eine Operettenmelodie mit den Worten eines Gassenhauers zu mischen, mündet in einem schauerlichen Zerfallsprozess, da beides metrisch partout nicht harmonisiert, aber Valentin presst die Worte gnadenlos in die musikalische Zwangsjacke und reißt die Textzeilen des »verlorenen Glücks« mit falscher Betonung sadistisch mitten im Wort auseinander, was sich so anhört:

»Sooft der Früh ling durchdas off/ ne Fen steram Sonn tagmorgen / unshat an gelacht, da zogenwir/ durch Hain und grü neFel dersag // Lieb chen hat dein Herzda drange / dacht, wenn a bendswir die Schrit/ te heim wärtslenk ten. Dein / Händ chenruh tesanft in mei / nem Arm, so oftder Wie denrau schen / Dicher schreckte, da hieltich Dich / so fest, so in nigwarm zuje ner Zeit …«

Noch durch zwei weitere Strophen quält er sich mit dem unpassenden Text vom »Verlornen Glück« zur Melodie von »Wer uns getraut« und vergewaltigt dabei weiterhin Wort für Wort, wodurch jeder Sinn zerrüttet wird und verdampft. Endlich erlöst ihn der Pianist mit der Ankündigung: »Da wäre jetzt wieder der Originaltext …« Valentin seufzt erleichtert: »Ja, dann sing ich den Schluss« und aus voller Brust singt er wenigstens den rührseligen Schlussvers: »Die Liebe, die Liebe ist eine Himmelsmacht« passend zur Melodie. Doch der »Himmelsmacht Liebe« gelingt es nicht, den Verlust des Glücks zu verhindern.

Mit dem bekannten Lied »Grüß euch Gott, alle miteinander« aus Carl Zellers Operette »Der Vogelhändler« begrüßte Valentin in seinem »Zeitgemäßen Liederpotpourri 1941« die »Volksgenossen«, denen er dann zur Melodie des Liedes »O Straßburg, o Straßburg« unverfroren seinen für die damalige Zeit höchst provokativen Liedtext präsentierte: »O Dachau – o Dachau, du wunderschöne Stadt, dort drinnen wohnt gar mancher, der Witz erzählet hat«, womit er an das dortige Konzentrationslager anspielte, das bereits 1933 als erstes im Deutschen Reich errichtet worden war.

Aus dem Lied »Glühwürmchen, Glühwürmchen« aus Paul Linckes Operette »Lysistrata«, das flimmernd und schimmernd die Liebesseligkeit eines verliebten Paares schützend begleitet, wird bei Valentin ein »flimmerndes Glühlämpchen«, das in der verdunkelten Stadt gerade noch leuchten darf, nachdem bei Kriegsausbruch 1939 wegen möglicher Bombardierungen die nächtliche Verdunkelung befohlen worden war.

Aus »Heimlich, still und leise kommt die Liebe wie ein kecker Dieb in dunkler Nacht« aus Paul Linckes Operette »Frau Luna« wird bei Valentin das Wunschlied »Heimlich still und leise kommt der Friede […] hoffentlich auf 1000 Jahr.«

Hört man im Original des berühmten Liedes »Leise, ganz leise klingt's durch den Raum« aus der Operette »Ein Walzertraum« (1907) von Oscar Strauss' lieblichen Walzermelodien, bei deren Klang sich der Sänger an die verflossene Liebe zurückerinnert, verzerrt Valentin in seiner Parodie auf diesen Ohrwurm die Aussage des Originals auf höchst ordinäre Weise. Nach einem opulenten Mahl, so teilt er singend mit, verspürt er das dringende Bedürfnis, eine Toilette – Valentin schreibt »Scheißhaus« – aufzusuchen. Doch die einzig freie Kabine ist besetzt und wird erst frei, als es zu spät ist. Valentin benutzt in dieser Parodie reihenweise Fäkal- und Analbegriffe. Da bei Auftritten in Singspielhallen der Vortrag derartiger obszöner Lieder strikt verboten war, ist anzunehmen, dass er diese »Walzertraum-Parodie« nur in kleinem Kreis bei sogenannten Herrenabenden vortragen konnte. Darauf weist auch Valentins Notiz auf einem Typoskript dieser Parodie hin, das er 1939 dem Bankdirektor Xaver Baumgarten mit Widmung zusandte: »Text vor Damen und Kindern schützen / Gut Einsperren!«

Der Mord in der Eisdiele: Der Moritatensänger

Von Bänkel- und Moritatensängern, in alter Zeit ein Wanderberuf, war auch Karl Valentin fasziniert. Diese zogen früher von Ort zu Ort, um auf Straßen und Marktplätzen den Menschen neueste Nachrichten zu bringen, wobei vor allem spektakuläre Ereignisse wie Mord, Unglücksfälle oder Naturkatastrophen auf großes Interesse stießen. Dabei kamen nicht ausschließlich tragische, sondern auch skurrile Ereignisse zur Sprache. Der Erfolg eines Bänkelsängers beruhte vor allem auf drei Dingen: Erstens auf seinem komödiantischen Talent, zweitens auf einem spannenden Vortrag zu einprägsamer Musik und drittens auf der Tafel, auf der die »schröcklichen Ereignisse« auch bildlich zu sehen waren. Erfolgreiche Bänkelsänger hatten immer ein Instrument bei sich, meist einen Leierkasten, dessen Melodien den Gesang der Partnerin begleiteten, die ihrerseits mit einem Zeigestab auf die Abbildungen der geschilderten Szenen zeigte.

Karl Valentins Begeisterung für Katastrophen und monströse Gräuel ließen ihn ein Dutzend Moritaten fabrizieren. Der Vortrag einer Moritat spielte sich auch bei ihm jeweils in einer tristen Hinterhofszenerie ab. Nicht er trat dabei als Sänger in Erscheinung, sondern er zeigte sich als alter, bärtiger Vagabund in abgerissener Kleidung – einem schäbigen Mantel und mit verbeultem Hut – und bediente den Leierkasten, der oft nur auf einer Mülltonne stand. Seine jeweilige Partnerin – entweder Liesl Karlstadt oder später auch Annemarie Fischer – trug die Strophen der Moritat in klagendem Ton singend vor. Auch ihre Erscheinung war ärmlich. Bekleidet war sie mit einem einfachen Kittel, um die Schultern eine schäbige Stola geschlungen und den Kopf in ein Kopftuch gehüllt. In der einen Hand hielt sie den Sammelteller, in den die Zuhörer Geld legen konnten, in der anderen Hand den Zeigestab, mit dem sie

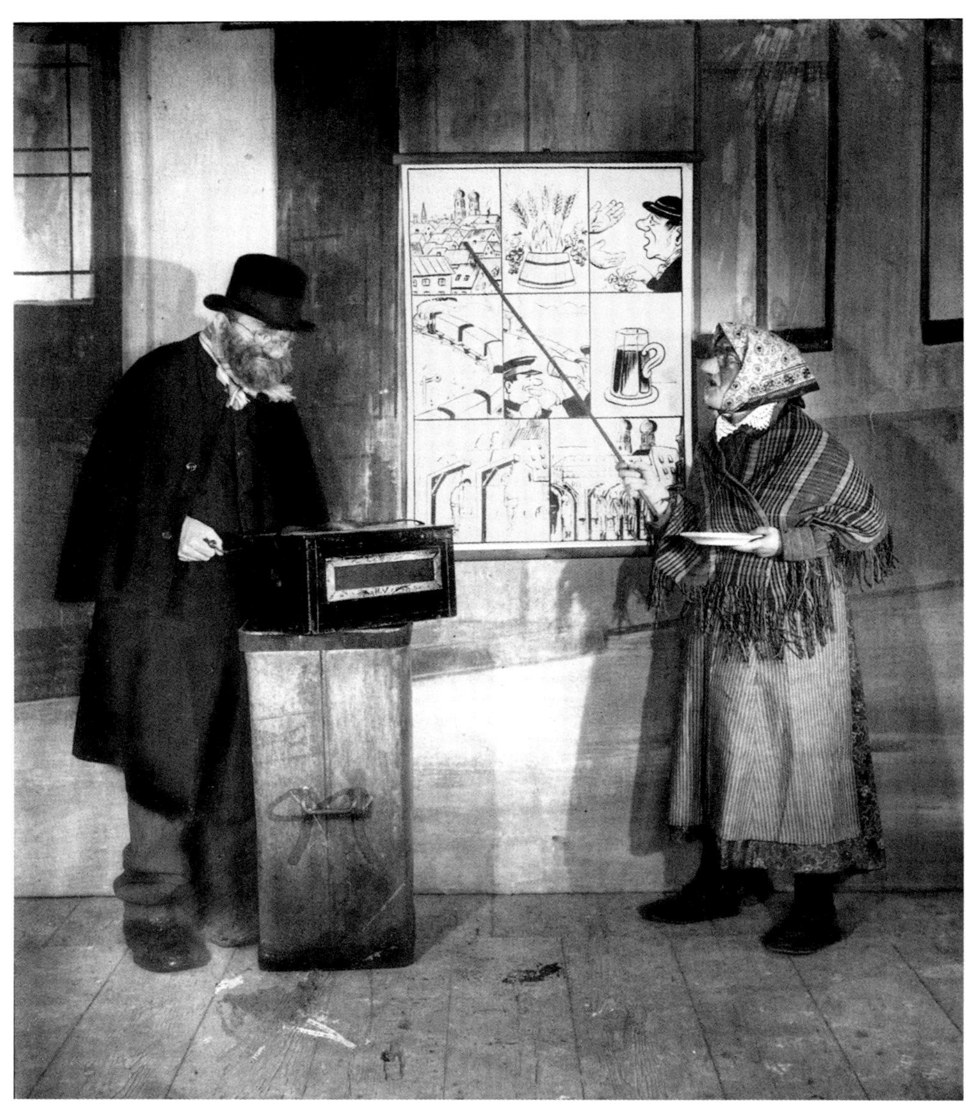

Karl Valentin trat sowohl mit Liesl Karlstadt (Abb. oben, Moritat »Malzschieber (Weltkrieg 1917)«) als auch mit Annemarie Fischer (Abb. rechts, Moritat »Margarethe in der Straßenbahn«) als Moritatensängerduo auf.

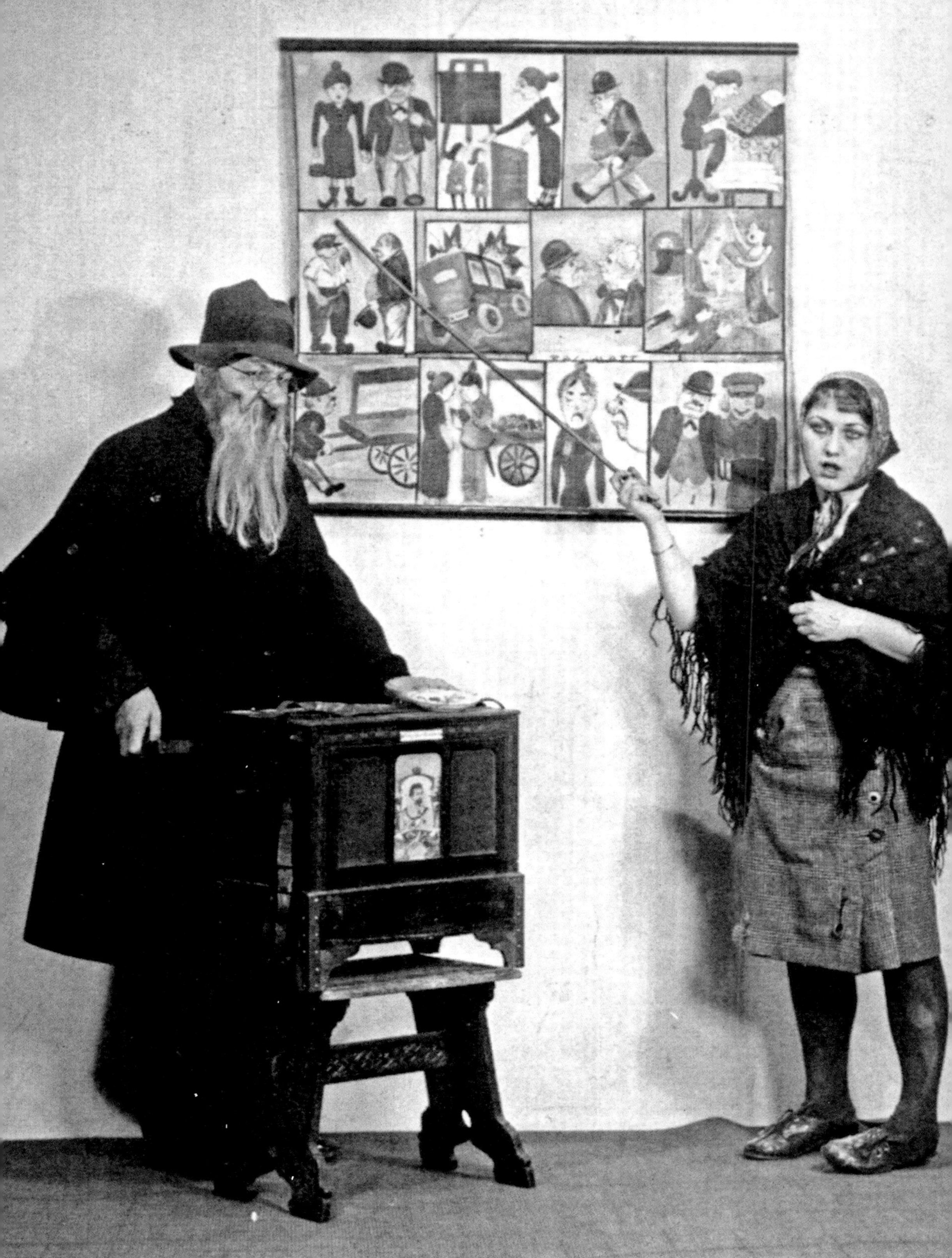

auf die einzelnen Bilder auf der Moritatentafel zeigte. Zu jeweils einer Strophe passte ein naives Farbbild, gemalt von Valentins Freund Wiggerl Greiner, auf dem die gerade besungene Szene dargestellt war.

Dass es auch ein Drehorgelspieler nicht einfach hat, zelebrierte Valentin mit einem umständlichen Soloauftritt als Drehorgelmann. Weil das Rad am Wägelchen wackelt, muss er erst einen anderen Standplatz suchen, dann gibt die Drehorgel keinen Ton von sich. Bei der Reparatur der Walze hindert ihn Mantel, Hut, die dicke Joppe, die Weste und der Regenschirm. Nach endloser, umständlicher Reparatur will er mit dem Drehorgeln beginnen, da erscheint ein Schutzmann und schnauzt ihn an: »Das Musizieren ist hier verboten«, worauf Valentin resigniert mit seiner Orgel weiterziehen muss.

Zwölf Moritaten Valentins sind überliefert. In der »Kriegsmoritat ... von 1914« wünscht er die Feinde Deutschlands zum Teufel. »Eine Moritat im Gross-Stadtdunkel« erzählt von der vergeblichen Jagd der Polizei nach einem Mann, der seine Frau zu ermorden versucht. Doch statt ihn, findet sie am Ende nur einen Zettel und »das war der Polizei dann doch zu barsch – Da stand geschrieben – dreimal unterstrichen: ›Die Polizei – – – sie lebe dreimal hoch!‹«

1915 sang Valentin die Moritat von »Margareta bei der Straßenbahn«, die in sieben Berufen erfolglos ist, bis sie schließlich bei der Straßenbahn dann doch noch eine Anstellung findet. In der Moritat vom »Andreas Papp« will sich ein vom Krieg heimkehrender Soldat umbringen. Alle Versuche scheitern, doch zu schlechter Letzt kommt er durch das kriegsbedingte »starke Gift der ›Lebensmittelnot‹« zu Tode.

In »Hänschen als Sportsmann« führt Valentin drastisch vor Augen, dass Sport Mord ist. Auch »Architekt Sachlich« darf zu den Moritaten gezählt werden, verspottet Valentin in diesem Bänkelsang mithilfe von Lichtbildern doch die abstrusen monströsen Umbaupläne Hitlers für das neue München. Im »Taucherlied« steht am Ende die Witwe des Tauchers am Ufer und erkennt, dass der Beruf ihres Mannes, der nicht mehr auftaucht, vor allem Schattenseiten hat. In der Moritat »Das Volksauto« rast ein junges Ehepaar im neu gekauften Wagen an einen Baum. Der Mann wird dabei geköpft, die Frau kommt ins Witwenheim, das Auto auf den Autofriedhof. »Und die Moral von der Geschicht' / Ich offen sagen muss: / Ihr Leute fahrt's nicht Auto, / Geht's lieber – z'Fuß!«

Im »Mord in der Eisdiele« versucht ein Mann vergeblich, seine Frau mit Gift, Revolver und Beil umzubringen. Erst als er »sein Opferlamm« in eine Eisdiele führt, wo sich die Frau derart mit Eis vollstopft, bis sie »erfroren ist«, gelingt endlich »des Mörders List«. In der Ballade vom »Malz-Schieber« beklagt sich Valentin über jene Gauner, die im Weltkrieg 1917 durch ihre dubiosen Geschäfte für das Dünnbier verantwortlich waren und die deshalb alle aufgehängt gehörten. In der »Moritat von Franz & Lotte« hat Franz als »Ausgeher« nur am Sonntag frei, während Lotte als Kinoplatzanweiserin sonntags bis in die Nacht hinein arbeiten muss. Franz löst das Kontaktproblem, indem er kurzerhand das Kino anzündet, dafür aber ins Zuchthaus kommt, wodurch der Kontakt des Liebespaares erst recht unmöglich geworden ist, doch »Liebe ist nur echt

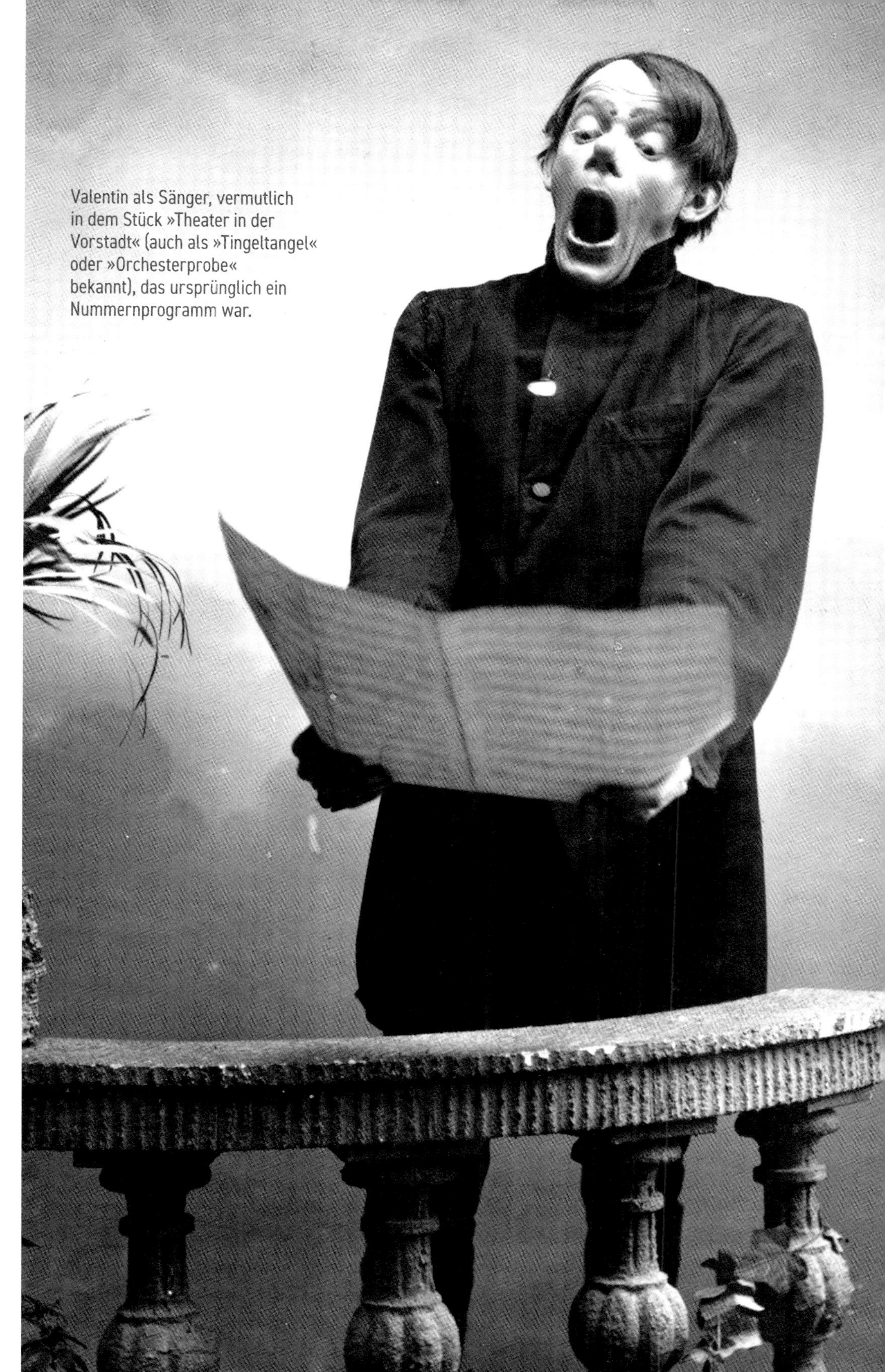

Valentin als Sänger, vermutlich in dem Stück »Theater in der Vorstadt« (auch als »Tingeltangel« oder »Orchesterprobe« bekannt), das ursprünglich ein Nummernprogramm war.

in Freud und Leid«. Besonders beeindruckend ist »Die Moritat vom kleinen P. G.«, die Valentin nach Ende des Zweiten Weltkriegs verfasst und in der er an der Figur eines kleinen Partei-Genossen zeigt, dass man die kleinen »Nazis« hängt, die großen aber laufen lässt.

In der Szene »Der Moritatensänger« von 1939 kolportierten Valentin und Liesl Karlstadt das Scheitern eines Moritatensängerpaares, indem sie die Moritat vom »Volksauto« zum Vortrag bringen, aber die Drehorgel versagt dabei leider. Vielleicht ein Hinweis Valentins auf das nahende Ende des Bänkelsangs, dem auch er mit seinen zwölf skurrilen Moritaten eine ganz persönliche Huldigung erwies.

»Der echte Humor – der echte Volkshumor«: Gstanzl und Schnaderhüpfl

Auch im Verfassen von Gstanzln versuchte sich Valentin. Als »Gstanzl« – Verkleinerung des italienischen »stanza« = »Strophe« – bezeichnet man einen Spottgesang in bairisch-österreichischer Mundart. Valentin kannte die achtzeilige Form der Stanza und den Vierzeiler des bayerischen Gstanzl, der statt mit einem Refrain mit einem Jodel abgeschlossen wird. Statt »Gstanzl« gebrauchte Valentin auch das Wort »Schnaderhüpfl«. Diese derb-lustigen und meist im Dreivierteltakt intonierten Gesänge werden vor allem bei geselligem Zusammensein im Wirtshaus vorgetragen und gehören auch zu jeder Bauernhochzeit. Dabei treten bisweilen zwei Sängerinnen oder Sänger mit ihren abwechselnd gesungenen humoristischen Spottversen oftmals in einen Wettstreit. »Jetzt kimmt a Portion alte Schnaderhüpfl von mir. Musiker ziagt's o«, ruft Valentin beim »Alpensängerterzett«:

»Und s' Schnadahüpflsinga, das hörn die Leut gern,
Drum könnas von uns jetzt glei mehrere hörn,
duuuh – duliöh – dulli dulli jeh – dull dull – jeh.
Vater: Wenn zwoa beinad stehn, s'kummt no oana san Drei
Geht oana wieda fort, nacha san's wieda zwei.
Alle: Duuuh – dulli dulli jeh – dull dull jeh – dull dull jeh.«

Zur Zeit, als Valentins Couplets »D' Sennerin auf der Alm«, »Die schöne Zille« und »A Mädchen vom Land« entstanden, also etwa um 1908, dichtete er auch einige »Neue Neubayerische G'stanzl«. Ein sprachspielerisches davon lautet:

»Mei' Mutta hat am Kopf hint an Schopf
Und an diesem Schopf hat s' an Zopf,
An Kropf hat s' hinterm Kopf,
Hint am Kopf an Schopf,
Und am Schopf an Zopf

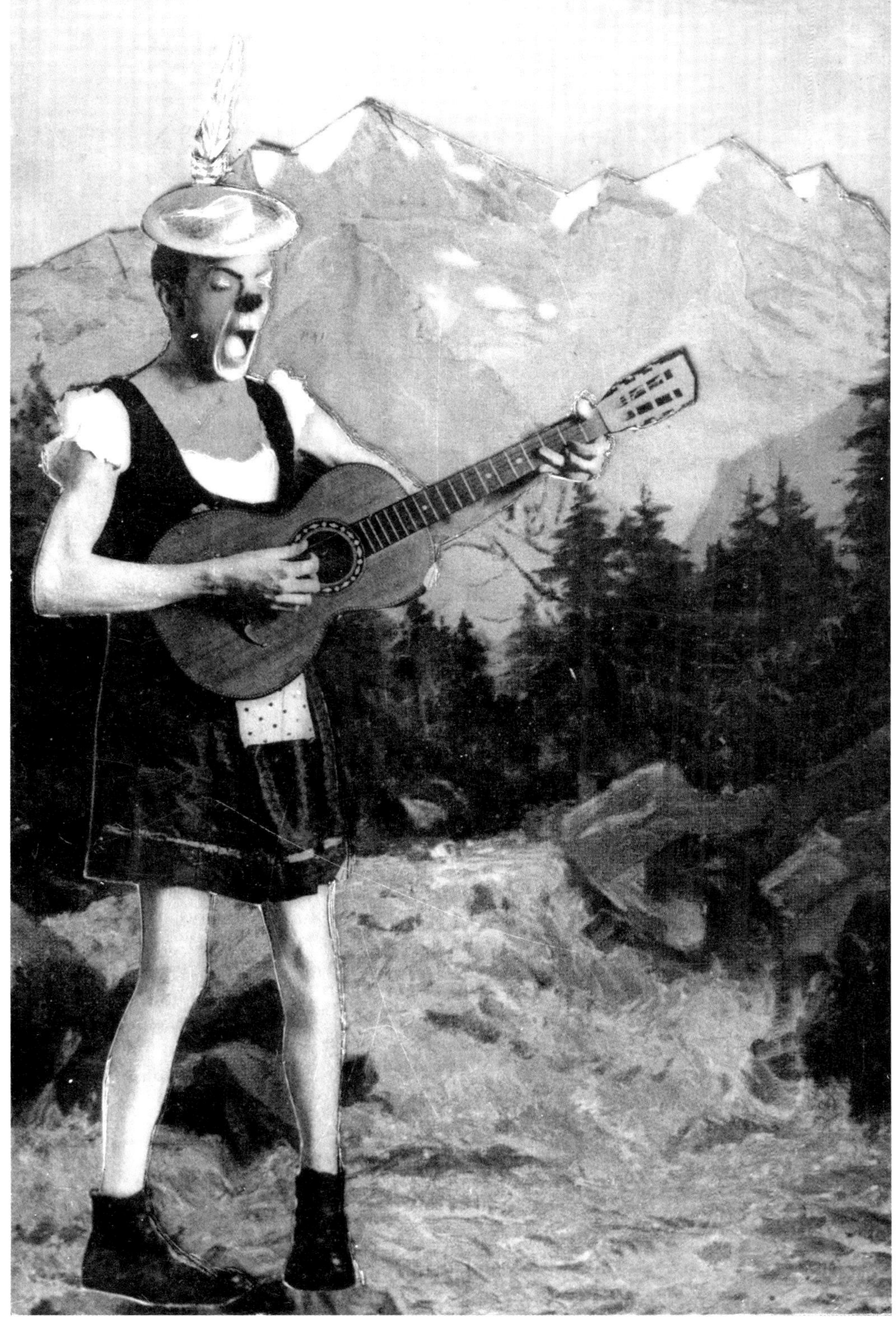

Karl Valentin im Kostüm einer Sennerin, trägt das Couplet »Neubayerische G'stanzln« vor, um 1908.

Und an Zopf am Kopf.
Und mei' Mutter hat alles am Kopf,
An Kropf und an Schopf und an Zopf.«

Ausgerechnet 1945, als der Zweite Weltkrieg endete, verfasste Valentin fast »ein halbes Hundert« von »Echt Hagelbuachane und teils ungereimte Schnaderhüpfl«. Fast scheint es, als wollte er in den unheilvollen Monaten, als die Welt in Trümmern lag, mit diesen harmlosen Versen an die gute alte Zeit erinnern. Der Begriff »haglbuachan«, abgeleitet vom Hartholz der Hagebuche bedeutet »zäh, derb«. Seine 48 zum Teil recht derben Schnaderhüpfl leitete Valentin mit folgendem Vers ein:

»D' Schnaderhüpfl san gspassige Sachen
Ueber d' Schnaderhüpfl, da muass ma oft lachen;
Ausserdem is' das Lachen sehr gesund
Wer aber net lacht, is a fader Hund.«
Einer der wortspielerischen Verse aus dieser Sammlung lautet:
»Da Wastl hot am Huat a Quastl,
den Huat mit'n Quastl hat verlorn der Wastl,
find der Wastl den Huat wieder mit dem Quastl,
freut se übern Huat mit'n Quastl, der Wastl.«

Valentin bewunderte auch einen der begabtesten bayerischen Gstanzlsänger, den Roider Jackl (1906–1975), der ein Meister des »Derbleckens«, also des Verspottens war. Was Valentin von Gstanzeln und Schnaderhüpfeln hielt, geht aus einem Brief hervor, den er am 21. Juni 1947 an den Roider Jackl schrieb. Seine Gstanzl, so Valentin, seien »der echte Humor – der echte Volkshumor [...] Es ist nicht damit abgetan, Ihre Verse mit ›gescherte Gstanzl‹ zu betiteln – sie sind sogar tiefe Philosophie, unterlegt mit einer bäuerlichen Melodie – und so ist es richtig. Eines nur bedauern viele und auch ich: statt 10 sollten es 20 Gstanzl sein! Aber ich weiß, wie schwer es ist, jede Woche 10 zu liefern.«

»Ja so war'ns die altn Rittersleut«: Rittergstanzl und -lieder

Etwas Besonders waren jene Gstanzl, in denen mittelalterliche Ritter, insbesondere Raubritter, die Valentin von klein auf faszinierten, im Mittelpunkt standen. In seiner Begeisterung für die gute alte Zeit reizte es ihn, satirisch und mit Sprachwitz darauf einzugehen. An der Gestalt des »damischen Ritters« konnte er sein komisches Talent voll entfalten.

Sein Lieblingsstück war »Die Raubritter vor München«. Die Uraufführung fand 1924 statt. Valentin spielte darin die Rolle des Wachtposten Bene und Liesl Karlstadt die des Trommlerbubn Michl, der Valentin wegen heranrückender Raubritter weckt

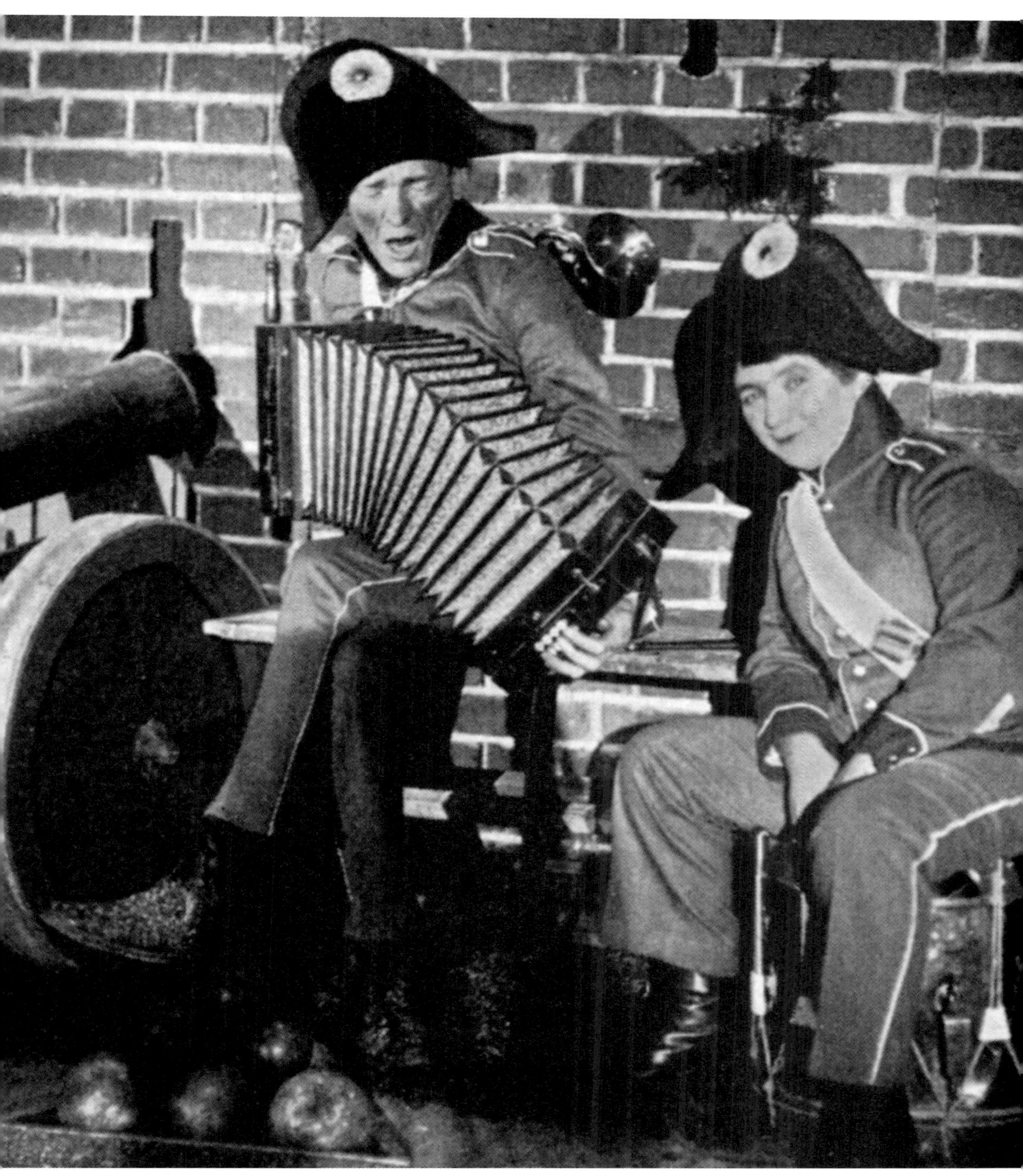

Karl Valentin beim Vortrag des Liedes »Morgenrot, Morgenrot« – Szene aus »Raubritter vor München«

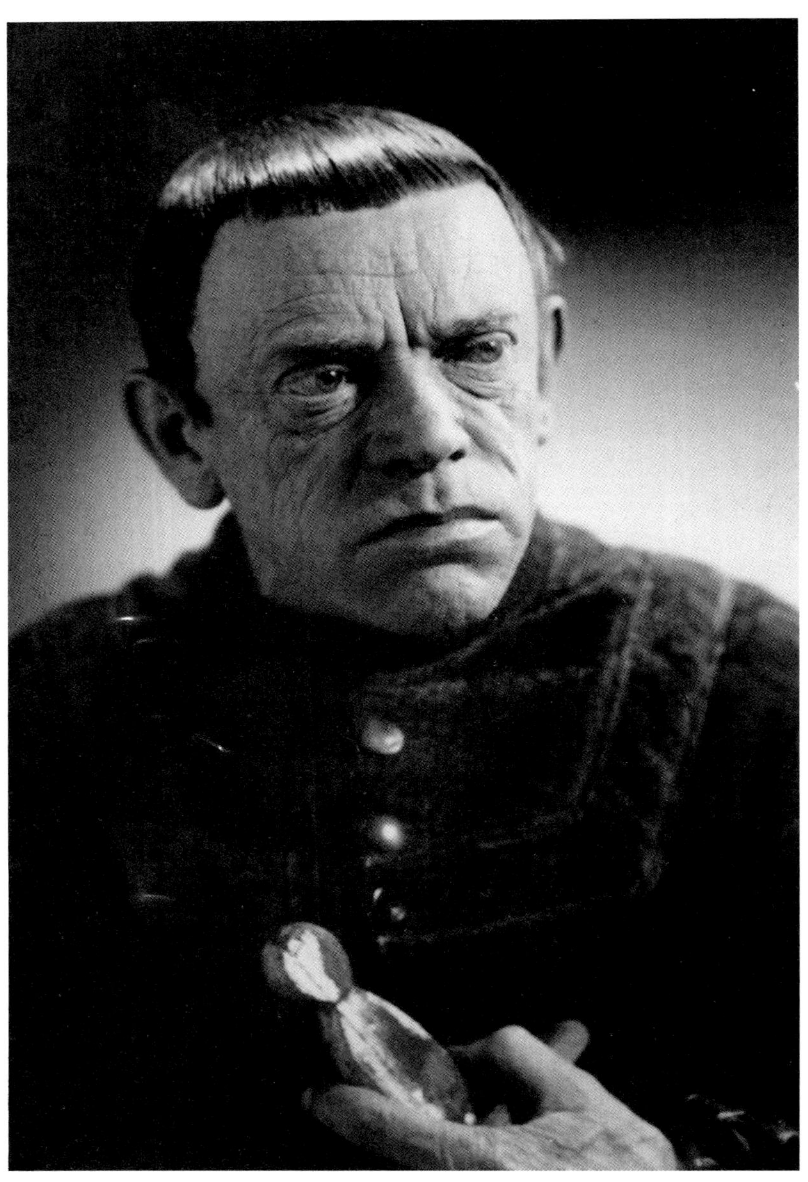

Karl Valentin als Recke
Heinrich in seinem Stück
»Ritter Unkenstein«

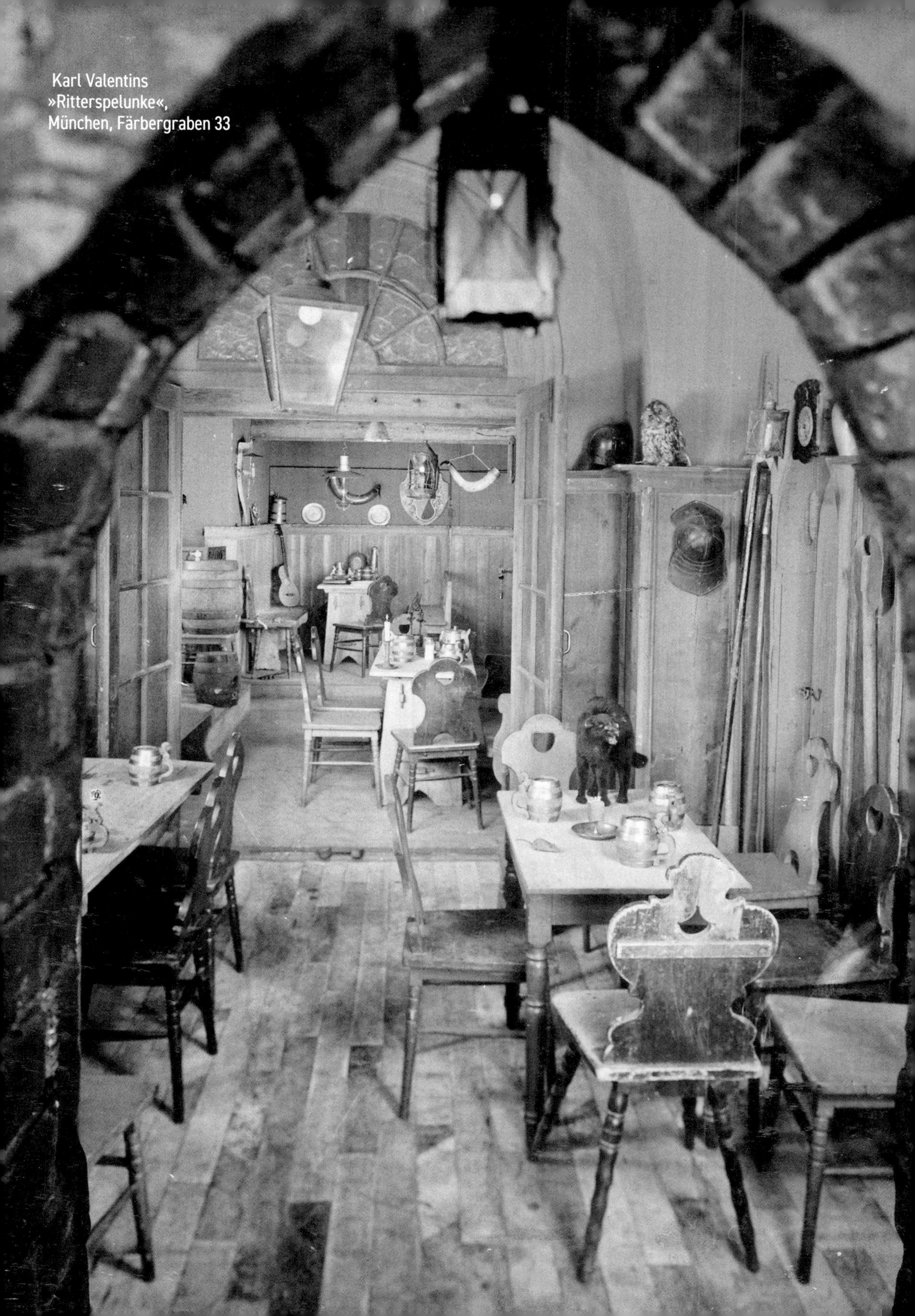

Karl Valentins
»Ritterspelunke«,
München, Färbergraben 33

und ihn aus einem wunderbaren Traum herausreißt, in dem Valentin als Ente eben einen Wurm verspeisen will. Doch wer den Wurm eigentlich fressen will – die Ente oder der träumende Valentin – darüber entbrennt zwischen beiden ein kurioser Streit.

In diesem Stück ließ Valentin das lachende Publikum jedoch plötzlich verstummen, als er sich auf der Ziehharmonika zu dem Lied »Morgenrot, Morgenrot, leuchtest mir zum frühen Tod«, begleitete, das er in Erwartung des Kampfes mit der heranrückenden Raubritterbande und eines nahenden Endes vortrug. »Bei diesem Lied wurde es«, wie Kurt Horwitz berichtet, »im Publikum langsam merkwürdig ruhig, nachdem man noch kurz vorher Tränen gelacht hatte. Dann kam die Stelle:

Heute noch auf stolzen Rossen
Morgen durch die Brust geschossen
Übermorgen in das kühle –

An dieser Stelle ließ Valentin seiner Ziehharmonika sozusagen die Luft ausgehen. Es kam kein Ton mehr, sondern nur ein lang gezogener Hauch aus Grabestiefen, ein Seufzer der Ewigkeit – und im Publikum hätte man den Fall einer Stecknadel hören können. Dann kam erlösend das Schlußwort: … Gra – ab! Und das Lachen stieg wieder befreit herauf.« Hermann Hesse, der diese Szene auch erlebte, äußerte dazu: »Dieser Valentin hat die erregendste Stimme, die tief beeindruckt und übergangslos vom Blödsinnstext mit einem Lied ›Morgenrot, Morgenrot‹ an den Abgrund tiefster menschlicher Trauer führt.« Es sei »zum Schluchzen traurig« gewesen, »wie er in der kühlen Dämmerung an der Stadtmauer saß, die Ziehharmonika spielte und an sein junges Leben, an den Krieg und an den Tod denken mußte.« Auch bei anderen Auftritten Valentins wurde es im Publikum oft plötzlich still, wenn sich hinter dem Komödianten Valentin unerwartet der Tragikomiker, der er in seinem tiefsten Wesen war, zeigte.

Neben den »Raubrittern« verehrte Valentin vor allem seinen »Ritter Unkenstein« und in der Ritterkomödie »Auf der Burg, da gibt's koa Sünd« ist er völlig »per-plex«, als er erfährt, dass seine Tochter Kunigunde, die Ehefrau Agathe und die Köchin Walburga seit 20 Jahren »ein heimliches Möchteltöchtel« mit dem Recken Heinrich haben.

Natürlich durften auch niemals Ritterlieder und -gstanzln im Repertoire Valentins fehlen, wie etwa das folgende:

»Und der Ritter drunt von Eulenbach
hat mit seiner Gattin öfters einen Krach
Sie ist ein Mistvieh ein ganz derfeist's
Mit dem Weib hat der Mo sei Kreuz.«

Hinter jedem der Verse singt der Chor: »Holaradio – holaradio/'s'Deandl steht knieweit da.«

Und sein Ritter Unkenstein hat vor nichts und niemandem Angst, wie er stolz singt:

»Ich fürchte gar nichts um mich her – zwilli – willi – wum – bum – bum
Ich fürchte nicht des Feindes Heer – zwilli – willi – wum – bum – bum
Nur wenn die Schwiegermutter spricht,
Lauf ich davon ich feiger Wicht«

Bei dieser Strophe verschwand Unkenstein jeweils zitternd und ängstlich von der Bühne.

Besonderen Erfolg hatte Valentin aber, wenn er in der »Ritterspelunke« am Färbergraben 33 mit dröhnendem Bass alle 16 Strophen des Liedes »Ja so war'ns die altn Rittersleut« vortrug, begleitet von ein paar Sängern. Er selbst trat dabei als Ritter mit dicker Nase und Schnauzbart auf und war mit Wams und Ritterhelm kostümiert. Der schaurige Hall bei diesem Lied versetzte die Zuhörer in die modrigen Kellergewölbe und düsteren Verliese alter Ritterburgen.

Erzählt wird in den Strophen dieses »uralten Rittersongs« von Recken, die aus »Eimern Wein und Bier soffen« und wegen ihrer Eisenrüstung gelegentlich auch vom Blitz erschlagen wurden. Ihren Frauen seien sie niemals »drei«, sondern höchstens nur »halberdrei« gewesen und »die Geister von densölben spuken nachts in den Gewölben« ihrer verfallenen Burgen. Jede Strophe endete mit dem Refrain »Ja, so war'ns, ja so war'ns, / Ja so war'ns die alten Rittersleut, / Ja so war'ns, ja so war'ns, die alten Rittersleut«, den das Publikum schon damals jeweils gerne mitgrölte, aber ebenso auch heute noch.

Das Interesse für Ritterstücke ließ Valentin nie los. Im Sommer 1930 führte er im Kolosseum eine neue Fassung der »Raubritter« auf. Und nach seinem Lieblingsstück »Ritter Unkenstein« (1939) schrieb er elf weitere Ritterstücke und -szenen, so »Die Ahnfrau« (1939), »Eine Hinrichtungsszene« (1939), die Ritterkomödien »Eine Schlamperei« (1942) und »Auf der Burg, da gibts koa Sünd« (1942). Auch Ergänzungen zum Stück »Ritter Unkenstein« kamen hinzu, so »Ritter Unkenstein – Hinrichtung von Ritter Lenz« (1942), »Besuch bei Ritter Unkenstein« (1942) und »Ritter Unkenstein – Musterung in alter Zeit« (1942), letzteres Stück entstand wenige Monate vor der Schlacht von Stalingrad. In seinen Ritterstücken wollte Valentin, der den zeitgenössischen deutschen Militarismus und Kriege ablehnte, Hierarchien unterminieren und entmachten sowie Autoritäten in ihrer Scheinhaftigkeit attackieren und entlarven.

Vor allem lag Valentin ein großer Ritterfilm am Herzen, den er unbedingt inszenieren wollte. Wie wichtig ihm das war, zeigte er bei seinem Aufenthalt von Ende 1941 bis zum Herbst 1943 im Schlosshotel Grünwald bei München, direkt bei der alten Ritterburg Grünwald gelegen, also gleichsam dort, wo ehedem die alten Rittersleut hausten. Dort betätigte er sich als »Burghausmeister« und schien nach möglichen Überresten der hier ehemals hausenden alten Ritter zu suchen.

KAPITEL 3

Vom Zerreden der Musik

Nicht nur in seinen Couplets, Liedparodien, Moritaten und Gstanzln brachte Valentin Musik auf die Bühne, auch in seinen Monologen, Soloszenen, Dialogen und Stücken, in denen er sich mit Musik befasste und in die er Musik einband. Dabei kündigt er Musik häufig zwar an, kommt aber nicht dazu oder beginnt und endet seinen Vortrag allenfalls mit ein paar Liedzeilen oder einer Liedstrophe, schweift dann aber ab und zerredet Musik schließlich so, dass sie auf der Strecke bleibt. Sogar in seinem »Panoptikum« bringt er Musik zur Sprache, untermalt von einem absurden Klangteppich.

Riesenblödsinn: Musik in Monologen und Soloszenen

Wie Valentin verbal mit Musik verfuhr, demonstriert er etwa im Monolog »Auf dem Flugfeld«, den er mit dem kleinen Spottlied einleitet: »Es ist im Leben herrlich eingerichtet, / Daß man jetzt wie ein Vogel fliegen kann. / Und wenn sich auch noch mancher dabei s'Gnick bricht, / Das hat er für die Wissenschaft getan«, um dann über den Besuch auf einem Flugplatz und über das Fangen von Fliegen zu schwadronieren oder wie man eventuelle Abstürze mit einem Kissen abfedern kann, worauf er abschließend einen Rundflug durch den Saal ankündigt und in der abschließenden Liedstrophe verspricht: »Du brichst Dirs Genick auf keinen Fall – Ein Hoch der Fliegerei«.

Als »Feuerwehrtrompeter« trat Valentin Trompete blasend im gleichnamigen Monolog von 1913 / 1914 auf, um dem Publikum zu erklären, dass er Trompeter bei der Feuerwehr, aber kein Feuerwehrmann sei. Mit dem Trompetensignal 1 »Zum Angriff« gebe er das Zeichen zum Spritzen und mit Signal 2 »Gefahr vorüber« das Zeichen zum Abrücken. Da er einmal versehentlich »Gefahr vorüber« blies, rückte die Feuerwehr zu früh ab, weshalb ein Haus niederbrannte.

In dem Solovortrag »Auf der Wohnungssuche im Jahr 1915« singt er eingangs in einem Klagelied »[...] für zwei Zimmer hint im Rückgebäud, / des is a bisserl stark, / verlangens sag und schreibe, / heutzutag schon 40 Mark.« Hierauf folgte eine Suada über Wohnungssuche mit acht Kindern und den maroden Zustand überteuerter Wohnungen – »da flack i mi lieber in an Sautrog nei!« – und dass es »gar nimmer schön auf der Welt ist« oder wie er in dem kurzen Schlussgesang betont: »Ja das Leben ist sehr schwer.« So bettet Valentin seine Vorträge mehrfach in einen Anfangs- und Schlussgesang ein.

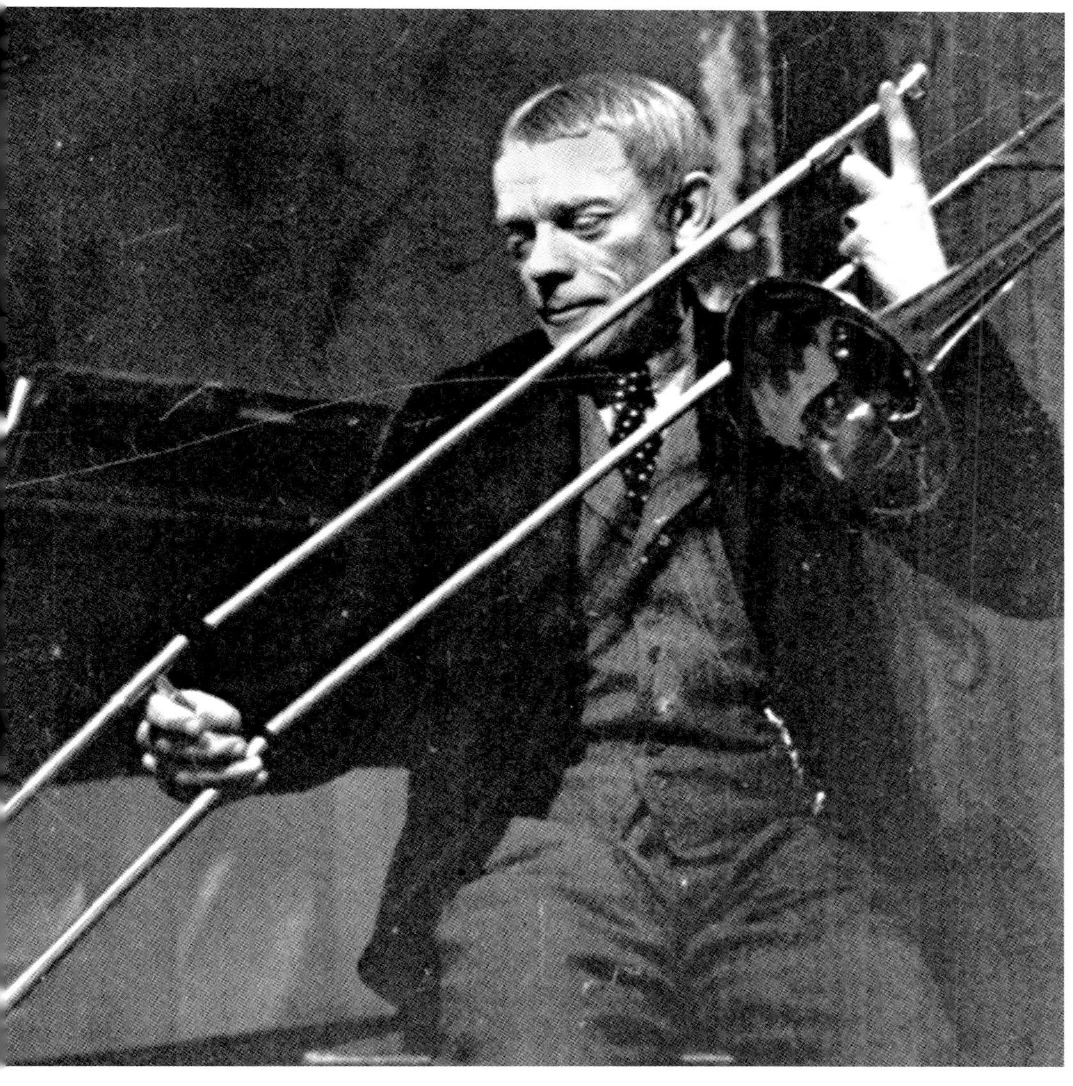

Von der Schwierigkeit, die Löcher in der Posaune zu treffen.

In dem Monolog »Riesenblödsinn« will er mit einer Gitarre »ein Lied mit Gesang zum Vortrag bringen«, aber leider fällt ihm der Anfang des Liedes nicht ein, nur der Schluss. Da er aber nicht mit dem Schluss beginnen kann, beschießt er dem Publikum solange etwas zu erzählen, bis ihm der Liedanfang wieder einfällt. Er berichtet, wie er um ein Loch eine Gitarre gebaut hat und kritisiert das Lied »In einem kühlen Grunde, da geht ein Mühlenrad / Mein Liebchen ist verschwunden, das dort gewohnet hat [...].« Aber ein Liebchen kann doch nicht in einem Mühlenrad wohnen. Auch andere Lieder strotzen vor ähnlichem Blödsinn, aber das Lied, das er zu Beginn des Monologs jeweils vortragen will, fällt ihm partout nicht ein.

Zu Beginn des Posaunensolos »Pilgerchor aus Tannhäuser« erklärt Valentin dem Publikum, warum er aus der Posaune zuerst das beim Blasen darin gesammelte Wasser ausgießen muss, was bei einer Geige nicht erforderlich sei. Überhaupt sei »Gitarre spielen leichter und bei der Gitarre kann man beim Spielen zu gleicher Zeit dazu singen. – Bei der Posaune nicht, man kann in die Posaune auch hineinsingen, aber Posaunensänger hat es nie gegeben.« Nachdem er aus dem Posaunenrohr in ein bereitgestelltes Gefäß ungefähr einen Liter Wasser gegossen hat, versucht er, das Rohr wieder in den Lauf des anderen Rohrs einzufügen, zittert aber und ist so nervös, dass ihm das nicht gelingt, »genauso wie beim Winterfenster einhängen, wenn man ob'n drinn ist, rutscht ma unten wieder raus«. Da fällt ihm ein, dass er ja das Beruhigungsmittel Nervosan dabeihat, kramt aus der Tasche eine Blechschachtel, doch der Deckel klemmt. Erst nach verzweifelten Versuchen springt er plötzlich mit einem Ruck auf und alle Pillen kullern auf den Boden. Wütend hebt er eine Pille auf, schiebt sie in den Mund – da, mit einem Mal ist er die Ruhe selbst. Er nimmt das Rohr der Posaune und schiebt es ohne Probleme ins andere und will mit dem »Pilgerchor-Posaunensolo aus der Operette ›Der Dannheiser‹« beginnen. Doch leider kann er zeitbedingt nur noch den letzten Ton blasen.

Den eigenartigen Titel der Soloszene »O Tannenbaum … Nur einmal blüht im Jahr der Mai« erklärte Valentin so: »Ich habe ein gutes Couplet gemacht und zu dem Couplet finde ich absolut keinen Refrain – bis ich den richtigen Refrain gefunden hab, sing ich statt dem Refrain immer das alte Lied drauf: ›Nur einmal blüht im Jahr der Mai, nur einmal im Leben die Liebe‹. Das Lied passt zwar gar nicht dazu, aber besser is' doch als gar nichts.«

Auch das bekannte Weihnachtslied trägt er mit etwas verändertem Text vor:

»O Tannenbaum, o Tannenbaum, wie grün sind deine Blätter!
Das Lied, das ist schon ziemlich alt, drum kennt es ja ein jeder.
Du grünst auch in der Winterszeit, wenn sonst gar nichts gedeihet.
Doch da sieht man dein Grünes nicht, denn da bist du verschneiet.
[…]
Nur einmal blüht im Jahr der Mai, nur einmal im Leben die Liebe.«

An dieser Stelle unterbrach sich Valentin dann mit den Worten: »Hams den Refrain g'hört? Der passt doch gar nicht dazu – den sing ich nur, weil das Couplet sonst zu kurz ist. Außerdem g'fallt mir das Wörtchen ›Nur‹ so gut, dass ich es tagelang singen könnt.«

Auch nach jeder weiteren Strophe, die sich gar nicht mehr mit Weihnachten befasst, sondern mit den Themen »Sommerfrische«, »Wachhäuschen am Marienplatz«

und »Baukunst, die gegenwärtig keine mehr ist«, entrüstet er sich bei jeder Refrain-Wiederholung, dass dieser ja überhaupt nicht zum Lied passt.

Mehrfach mischt Valentin Couplets mit Monologen, so etwa das Couplet »Klapphornverse«. Einleitend spielt er einen »Ländler von Göthe« und startet dann den Vortrag »Die elektrische Zug-Harmonika«. Dabei »setzt er sich auf einen Stuhl in der Mitte der Bühne, nimmt seine Harmonika und fängt zu spielen an, spielt in Wirklichkeit aber nicht, imitiert es nur; währenddessen spielt für ihn eine andere Person hinter einer spanischen Wand. Plötzlich unterbricht er seine Spielbewegungen, doch die Harmonika spielt allein weiter – er legt dieselbe voller Staunen auf den Stuhl und ist über diesen geisterhaften Spuk völlig starr. Nachdem die Harmonika aufhört zu spielen, sagt Valentin zum Publikum! »›Haben Sie das gehört? – – elektrisch!‹ – – –Valentin drückt mit dem Finger auf die verschiedenen Tasten der immer noch auf dem Stuhle liegenden Harmonika und ein Ton nach dem andern erklingt. *(In Wirklichkeit spielt aber der Musiker hinter der spanischen Wand)* Valentin probiert nun an den Knöpfen seines Anzugs – auch da erklingen die Töne nach der Tonleiter. Valentin geht ins Publikum mit den Worten: ›Probieren Sie einmal mein Herr und drücken Sie auf den Knopf *(der Gast macht das, aber es kommt kein Ton)* Valentin ist darüber erstaunt, geht wieder auf die Bühne, legt die Harmonika wieder auf den gleichen Stuhl, drückt mit dem Finger darauf und die Harmonika geht wieder. Erneut begibt er sich ins Publikum, macht dasselbe Manöver nacheinander mit dem gleichen Misserfolg wie zuvor. Es leuchtet ihm gar nicht ein, dass die Harmonika nur auf der Bühne ertönt und nicht im Zuschauerraum. Plötzlich geht ihm ein Licht auf und gerade im Moment, als wieder ein Herr auf die Taste drückt, ohne Erfolg, sagt Valentin: »›Ja – jetzt weiss ich warum – da sieht der net rüber!‹ – *(Der Musiker geht hinter der Wand hervor und betont dasselbe):* ›Da hab i net hi'gsehng.‹ – Valentin: ›Auweh! – Jetzt san ma aufkomma!‹«

Bei den nun folgenden Klapphornversen begleitet sich Valentin selbst auf der Zugharmonika, wobei er aber jede Strophe mehrmals unterbricht mit Informationen über den Kauf der Zugharmonika, obwohl er sich eigentlich doch ein Fahrrad kaufen wollte, über eine englische Königshymne, etc.

So boykottiert Valentin in Monologen und Soloszenen geradezu masochistisch seine Absichten, eine Melodie zu spielen oder ein Lied zu singen, schweift regelmäßig zu anderen Themen ab, denen er nicht entkommt, provoziert und quält das Publikum, indem er sich in allerlei unsinnige Gedanken verstrickt und wird seiner selbst gestellten Aufgabe, Musik zu machen, einfach nicht gerecht. Sobald er das Thema Musik aufgreift, schlittert er unerbittlich in die Verhinderung der von ihm beabsichtigten Produktion von Musik und oft genug »tritt am Ende des Vortrags plötzlich der Schluß ein«.

»Das bin ich Mozart schuldig!«: Musik in Dialogen

Fünf Dialoge widmet Valentin allein dem Musikunterricht. In allen scheitert das Vorhaben jedoch, entweder an der Unfähigkeit des Lehrers oder der Schüler. Zur »Zitherstunde« kommt ein Schüler zu spät, entschuldigt sich, er habe nicht üben können, verwickelt den verständnisvollen Lehrer in ein Gespräch über Angelegenheiten seiner Familie, sodass der Musikunterricht letzten Endes nicht stattfindet.

In dem Dialog »Lehrer und Schüler« weiht Valentin als Lehrer den kleinen Maxl in alleEinzelheiten der Funktion einer Klarinette ein und erklärt ihm, was die Noten bedeuten. Maxl begreift alles erstaunlich schnell. Im Vergleich zu dessen raschen »Auffassung ist ein Blitzstrahl nur ein Güterzug«, erkennt der verblüffte Lehrer, weshalb er Max am Ende beschämt anfleht, er möge doch ihm künftig Musikunterricht erteilen.

In »Bum bum bum« missglückt der Trommelunterricht hingegen für den absolut unbegabten Herrn Rommel. Außerdem beschwert sich der Hausherr über den entsetzlichen Lärm, wie das auch im Dialog »Trompeten-Unterricht« geschieht, worauf jeder der Schüler Valentin schließlich bittet: »Lernen Sie mir lieber das Dirigieren.«

In Dialog »Mozart« eskaliert die Wut des hochgradig nervösen Professors über seine völlig talentlose Schülerin, das schüchterne Fräulein Liselotte, die ein kleines Mo-zart-Stück nicht zart, sondern viel zu laut spielt, worauf ihr Lehrer aufschreit: »Lauter, noch lauter«, was Lieselotte völlig verunsichert auch macht. Wütend über diese Verhunzung von Mozarts Musik demoliert der Herr Professor zu schlechter Letzt außer Rand und Band den Flügel, denn, wie er sagt: »Das bin ich Mozart schuldig!«

Dass Geräusche musikalische Qualität haben können, zelebriert Valentin in seinem Dialog »Geräusche«. In einem Restaurant regt sich ein Herr Zissbibeldip über die ungehörigen Laute auf, die Valentin beim Essen von sich gibt. In dem entstehenden Geräuschekonzert entbrennt zwischen beiden Streit, was unappetitlicher ist: Valentins Schmatzen, Schlürfen, sein Schluckauf und Rülpsen oder Zissbibeldips »Nasengeräusche« wie Niesen und Schnäuzen oder nicht doch vielmehr Straßen- oder Fluglärm. Längst haben in die moderne Musik Alltagsklänge und Geräuschhaftes als selbstverständlich musikalisches Material Eingang gefunden. Schon 1929 postulierte der Regisseur Walter Ruttmann: »Alles Hörbare der Welt wird Material« und auch die Komponisten Arnold Schönberg, Helmut Lachenmann oder Karlheinz Stockhausen widmeten sich der »Geräuschkunst«.

In dem Dialog »Mischi-Maschi« betont Valentin als Professor für Unsinniologie: »Mischi-Maschi, gefisele, gefusele – abschimoschi! – Das ist alttürkisch und heißt ungefähr deutsch: Alles auf unserer Erde und auch ausser der Erde, die Welten und Weltenräume, die Planeten, die Sphären u. s. w. entstehen und bestehen weiter in alle Ewigkeit aus Mischung – Und die Türken haben darin recht. […] Könnte der Komponist eine Oper schreiben, wenn er nur die Noten zur Verfügung hat c-d-e-f-g-a-h – cis-dis-eis-fis-gis-ais-his? Nein, mischen muss er die Noten untereinander, und dann entsteht daraus die wunderbare Musik — nicht immer, – wenn er schlecht mischt, kann keine schöne Musik daraus entstehen! – Richard Wagner – ein guter Mischer.«

Doch in dem Dialog »Die Vogelausstellung« widerspricht Valentin seiner »Mischi-Maschi«-Theorie, denn in dieser Ausstellung ertönt Vogelgezwitscher aller Art, worauf Valentin sofort an die Kasse zurückgeht:

»Valentin: ›Bitte geben Sie mir mein Eintrittsgeld wieder zurück – das ist keine Vogelausstellung – das ist ein Saustall und keine Vogelausstellung – die Vögel singen und zwitschern ja alle durcheinander.‹

Fräulein: ›Ja, einzeln werden die Vögel Ihnen nichts vorsingen, das können Sie nicht verlangen.‹

Valentin: ›Verlangen kann ich das nicht – da fehlt es an der Organisation – da gehört alle Tage nur *ein* Singvogel ausgestellt, dann ist das Dazwischengezwitscher ausgeschlossen.‹«

In weiteren Dialogen befasst sich Valentin mit dem schönen Münchner Brauch, dem »Schäfflertanz«, der damit endet, dass es bei dem Gedränge zum Streit zwischen den Zuschauern kommt, wüste Beleidigungen fliegen hin und her, Kinder plärren, ein getretener Hund winselt jämmerlich und die Gemütlichkeit ist gründlich zerstört, nur nicht für die Schäffler, die »die gemütliche Stadt München dreimal hochleben lassen«.

»Wer war eigentlich ›Der Trompeter von Säckingen‹?«, fragen sich Valentin und die Karlstadt in dem gleichnamigen Dialog. War das der Rattenfänger von Hameln oder eher der Rübezahl? Und war der Trompeter nicht ein gelernter Trommler, dessen Frau sein Trompetenspiel singend mit dem Lied »Behüt dich Gott, es wär so schön gewesen« – aus Viktor Nesslers Oper »Der Trompeter von Säckingen« – begleitet hat? Das hat man aber nicht verstanden, weil der Trompeter so laut geblasen hat. Wer aber »Der Trompeter von Säckingen« wirklich war, wird nicht geklärt.

Konfus geht es auch in dem Dialog »Der zweite Tenor fehlt« zu. Die Rundfunkaufzeichnung eines Liedes steht bevor, aber nur ein Sänger ist anwesend, der zweite Tenor aber fehlt. Kann man als Einzelner nicht den fehlenden Tenor ersetzen? Lässt sich die erste und zweite Stimme wirklich nur nacheinander singen oder nicht doch gleichzeitig von einer Person? »Alles geht doch, wenn man will.« Als nach langem Hin- und Hergeschwätz schließlich der zweite Tenor eintrifft, sind gerade noch 15 Sekunden Sendezeit übrig, weshalb die beiden Sänger leider nur noch die beiden letzten Zeilen des ursprünglich geplanten Liedes vortragen können und die lauten: »Wann sich zwoa tean busserln gern, brauchas koa Latern.«

Das, was die Titel in Valentins musikalischen Dialogen ankündigen, ist entweder rätselhaft oder geht am Ende nie in Erfüllung. Alle Vorhaben tragen von Beginn an den Keim des kläglichen Scheiterns in sich und die ehrenwerten Absichten der Protagonisten zerstören sich gleichsam von selbst. Es gelingt Valentin einfach nicht, sich aus den Zwängen des schicksalhaften Ablaufs zu befreien. Die Musik bleibt stets auf der Strecke und dem Publikum das Lachen im Halse stecken.

Das verhängnisvolle Geigensolo: Musik in Szenen und Stücken

Alles begann 1912 mit dem legendären Einakter »Alpensängerterzett«, der auch unter dem Namen »Alpenveilchenterzett« bekannt wurde. In dieser Parodie führt Valentin bösartig-genüsslich die zu seiner Zeit längst zur Farce erstarrte oberbayerische Bühnenvolkstümlichkeit und rührselige Unterhaltung von Volkssängern vor und demontiert die Sentimentalität der damals auch in München populären Tiroler Sängervereinigungen.

Das Trio – Karl Flemisch als »Andreashoferdenkmalerinnerungsgestalt«, dessen Tochter Vroni, eine begriffsstutzige Bauerndirn, gespielt von Liesl Karlstadt und Valentin als spindeldürrer Bua – nimmt sämtliche Klischees üblicher Volkssängeraufführungen aufs Korn. Nach dem umständlichen Aufstellen eines kitschigen Gebirgsbildes stimmt die Vroni stockfalsch und viel zu tief das schöne Lied »'s Edelweiss« an, worauf ihr der »Bua« Valentin »höcher« zuflüstert, was sie jedoch falsch auffasst

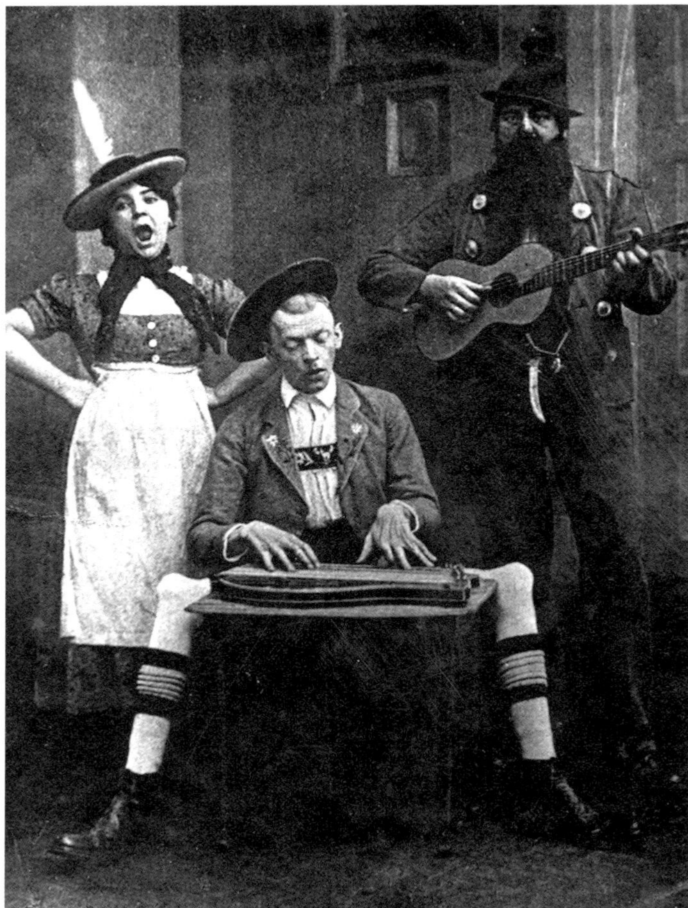

Das »Alpensängerterzett« war das erste Stück, in dem Karl Valentin gemeinsam mit Liesl Karlstadt auftrat. Die Uraufführung fand 1911 im »Frankfurter Hof« statt. Von links nach rechts: Liesl Karlstadt, Karl Valentin und Karl Flemisch.

und das langstielige Edelweiß »höcher« in die Luft hält. Schließlich steigt sie noch auf einen Stuhl, weil der »Bruada« »noch höcher« fordert. Unverfroren mischt das Trio Schnaderhüpferlgesänge mit Tangomusik, intoniert läppische Liedtexte wie »Almarausch, Almarausch, bist a schöns Bläämerl!« und »I bin a Steirer-Bua, i hab a Kernnatur«. Mit ihrem laienhaften, unbeholfenen Auftreten und mit der Präsentation einer albernen Dekoration frönen die drei ungebremst der Spottlust und erheben das Triviale erstmals zur Kunst der Groteske. Als die Truppe vom aufgebrachten Wirt schließlich aus seinem Lokal gewiesen wird, brüllt ihn Valentin drohend an: »Sie san auf uns net angewiesen, aber mir auf Eahna! Merken Sie sich das!!!« Dann kleinlaut: »Vatta! Nimms Gebirg! Mir genga, in des Lokals lass'n s' uns sowieso nimma!!«

In der Szene »Petersturmmusik« steigen vier Musiker – zwei Trompeter, ein Althorn- und ein Bombardon-Bläser – auf den berühmten Münchner Petersturm und spielen zunächst »sehr schön das alte Lied vom ›Tag des Herrn‹«. Doch unten auf dem Marienplatz hört ihnen kein Mensch zu. Ja, wenn sie oben ein Fußballspiel oder einen Boxkampf aufführen würden, dann würde das die Leute interessieren, und vielleicht statt traditioneller Musik moderne Schlager wie »Was macht der Meier am Himalaja?« und »Valencia«. Kaum ertönen diese Schlager, siehe da, schon strömen »ein Haufen Leute« herbei und tanzen »mitten auf dem Marienplatz« dazu. Aber mit den schönen alten Volksliedern, dessen sind sich die Petersturm-Musikanten sicher, können sie sich »einsalzen lassen«.

Auch in etlichen anderen Szenen spielt Musik, zumindest dem Titel nach, eine Rolle, auch wenn es zu musikalischen Darbietungen dabei entweder überhaupt nicht oder nur am Rande kommt. Als Valentin in der berühmten Szene »Zithersolo – Die Rasenbank« nach zahlreichen und umständlichen Vorbereitungen endlich den geplanten Vortrag des Zitherstücks »Rasenbank« aus der Operette »Kunigunde weint Zuckerwasser« starten möchte, spielt er nicht nur falsche Töne, sondern findet nicht mehr aus der Musik heraus, dessen Ende er an die zehn Mal wiederholt, bis ihn das Orchester mit einem kräftigen Schlussakkord endlich aus seinem Spielzwang erlöst.

Im als »Drama« bezeichneten »Mitternachtsständchen« tritt er auf »mit eigenen Requisiten und eigenen Dekorationen, Kostüme und Dekorationen aus der Brockensammlung, München, Kohlstrasse 2. Das Stück spielt zwischen Karfreitag und Römerschanze bei Grünwald Ende des vorigen Jahrhunderts, nachmittags gegen 1/3 Uhr. Die Rollen liegen in den Händen des Herrn Ich und – also – ist vielleicht jemand da, der als Gast mitwirken möchte? – Geh sag'n s' die Frau Ding soll reinkommen, die hat schon öfters Theater g'spielt! – Bitte, tragen s' meine Kostüme herein und eine spanische Wand dazu!« Doch »Das Mitternachtsständchen« misslingt am Unvermögen des Beleuchters und dem Auftritt von »Frau Ding«, die ihm beide die schöne dramatische Szene verpatzen. Wie Thomas Herrmann, Valentins Mitarbeiter, berichtet, musste er die Szene mit verschiedenen Farben beleuchten, wozu ein »Scheinwerfer, sehr klein natürlich, an der Türe« befestigt war. »Ich stieg auf einen Stuhl und beleuchtete den Vortrag immer mit falschen, dh. mit anderen Farben als Valentin gerade sagte.« Hieß es, »ich sterb hier auf grüner Au«, wählte Herrmann eine gelbe Beleuchtung.

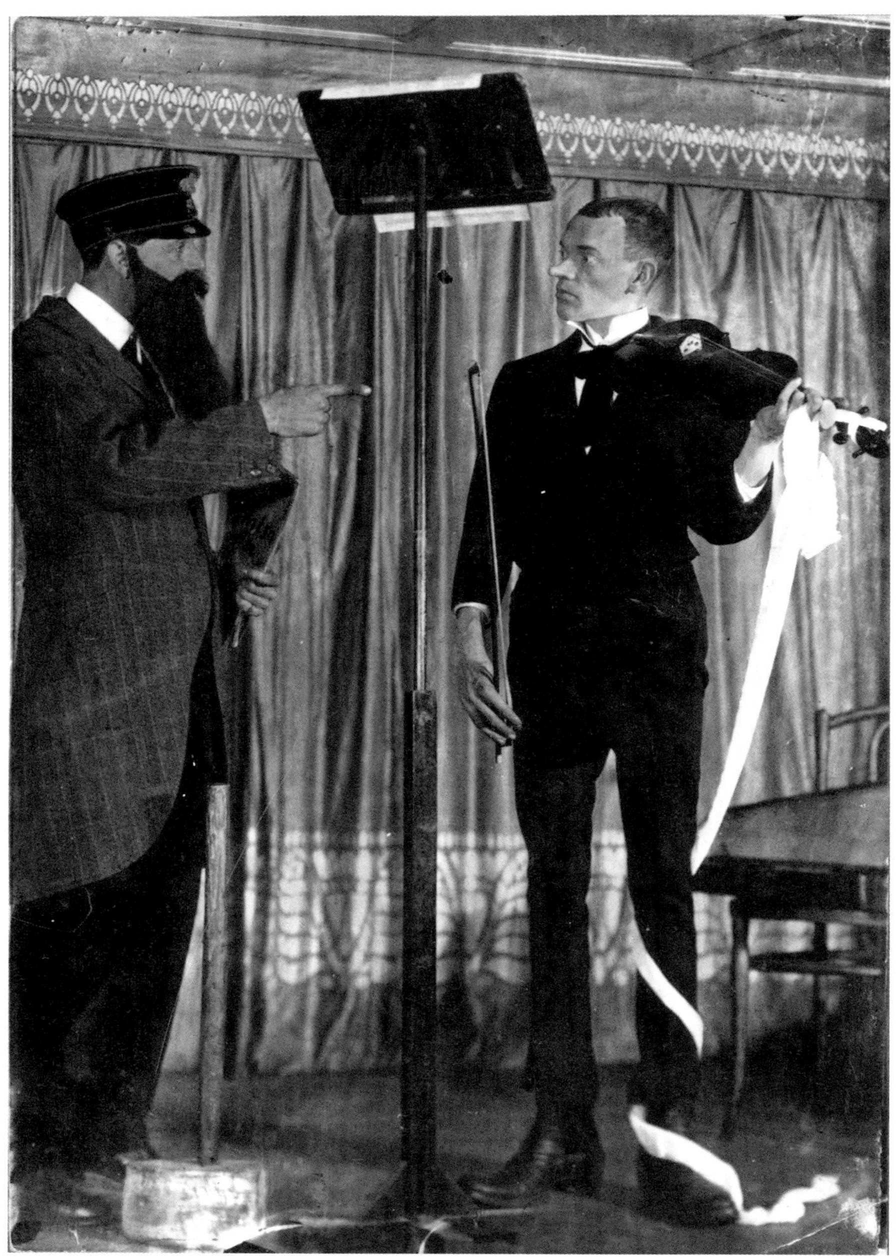

Karl Valentin als Stehgeiger, vor einem viel zu hohen Notenständer. Handcolorierte Fotografie, vor 1920

In der Szene »Ein verhängnisvolles Geigensolo« wollte Valentin als berühmter Violinvirtuose ein Konzert auf die Bühne bringen, das von Beginn an sabotiert war. Was dabei passierte, schilderte der Schriftsteller Wilhelm Hausenstein, der Valentin 1912 oder 1913 bei dem Auftritt im »Hotel Wagner« in der Sonnenstraße erlebte: »Die Ankündigung, von ihm selbst in unbeschreiblich geschämiger Verlegenheit, in unnachahmlichem Stil der Beiläufigkeit, ja der bescheidensten Unterordnung vorgetragen, enthielt schon etwas von der für Valentin so charakteristischen Manie, Namen zu verwechseln und an den Worten herumzudrechseln: er setzte ›Schuckert‹ für ›Schubert‹. [...] Da stand er also, ein Vorstadt-Paganini, zaghafter Violinen-Ritter von der traurigen Gestalt. [...] Er stand und stolperte in seinem ganzen Jammer: unendlich lang, über alle Proportion hinauf und hinab gestreckt, spindeldürr, fadendünn – wie mittels einer schauerlichen Folter, mittels eines imaginären Prokrustesbettes überdehnt. [...] Nun, wer je den Namen gehört oder den Mann gar einmal erblickt hat, der kann sich denken, wie es ging: Valentin kam, sich auf die eigenen Füße tretend – kam und wartete, wartete. Er hatte den Schlüssel zum Geigenkasten vergessen. Stand und stand ... Mit den leeren Armen wußte er nichts anzufangen – so fuhr er mit der einen Hand über die Zunge und pappte, indes ohne das mindeste Possenhaft-Grobe in der Geste, mit geradezu delikat nebenhergehender Mimik, die aus einem viel zu kurzen Ärmel chimärisch vortastende Pfote durch ›Spucke‹ an der Hüfte fest, welche von dem schäbigsten Frack wie ein Stück Skelett bedeckt war. Nach schrecklich beklemmenden, schrecklich leeren, dennoch wiederum faszinierenden Minuten wurde ein Riesenschlüssel dahergebracht. [...] Zwar fand sich weiterhin der rechte Schlüssel – doch siehe da, er wäre nicht nötig gewesen, denn der Kasten war gar nicht verschlossen. [...] Nun aber begannen erst die eigentlichen Schwierigkeiten. Das Notenpult war nicht in Ordnung, wurde mit einem Hammerschlag zertrümmert, der es hätte reparieren sollen, und mit dem Notenpult war der Daumen zerquetscht. Es kam die endloseste aller Mullbinden, der Daumen wurde zusammen mit dem Geigenbogen eingewickelt – und so fort. [...] Endlich entwirrten sich die Verschlingungen so weit, daß der Unselige ›Das Meer‹ von ›Schuckert‹ hätte beginnen können – da trat der Gerichtsvollzieher über die Schwelle, die Geige zu pfänden. Und nun vollends mußte man den Ausdruck der Scham auf dem Gesicht, in der Haltung des verhinderten Virtuosen gewahren [...], mußte hören, wie Valentin mit der halb unterdrückten Stimme einer tödlichen Gène zum Publikum entschuldigend hinmurmelte: ›A Blamasch is' – jetzt wär's g'rad so schee' ganga ...‹«

Die Valentin-Biografin Monika Dimpfl erwähnt, dass »Valentins verzögerndes Timing, seine Technik der eskalierenden Verhinderungen und die ungewöhnliche Minimalisierung aller theatralischen Mittel auf ein Publikum, das vom Komiker Tempo, Lautstärke und mimische Übertreibung erwartet, wohl ziemlich irritierend wirkte«.

Im Mittelpunkt des Dialogs »Wo die Alpenrosen blühn – Mit 2 Trompeten« (1941) zwischen Valentin und Liesl Karlstadt steht »das Trompetenblasen im sogenannten halben Quartett«, das »ein nachträgliches Ständchen anlässlich des Umzuges des

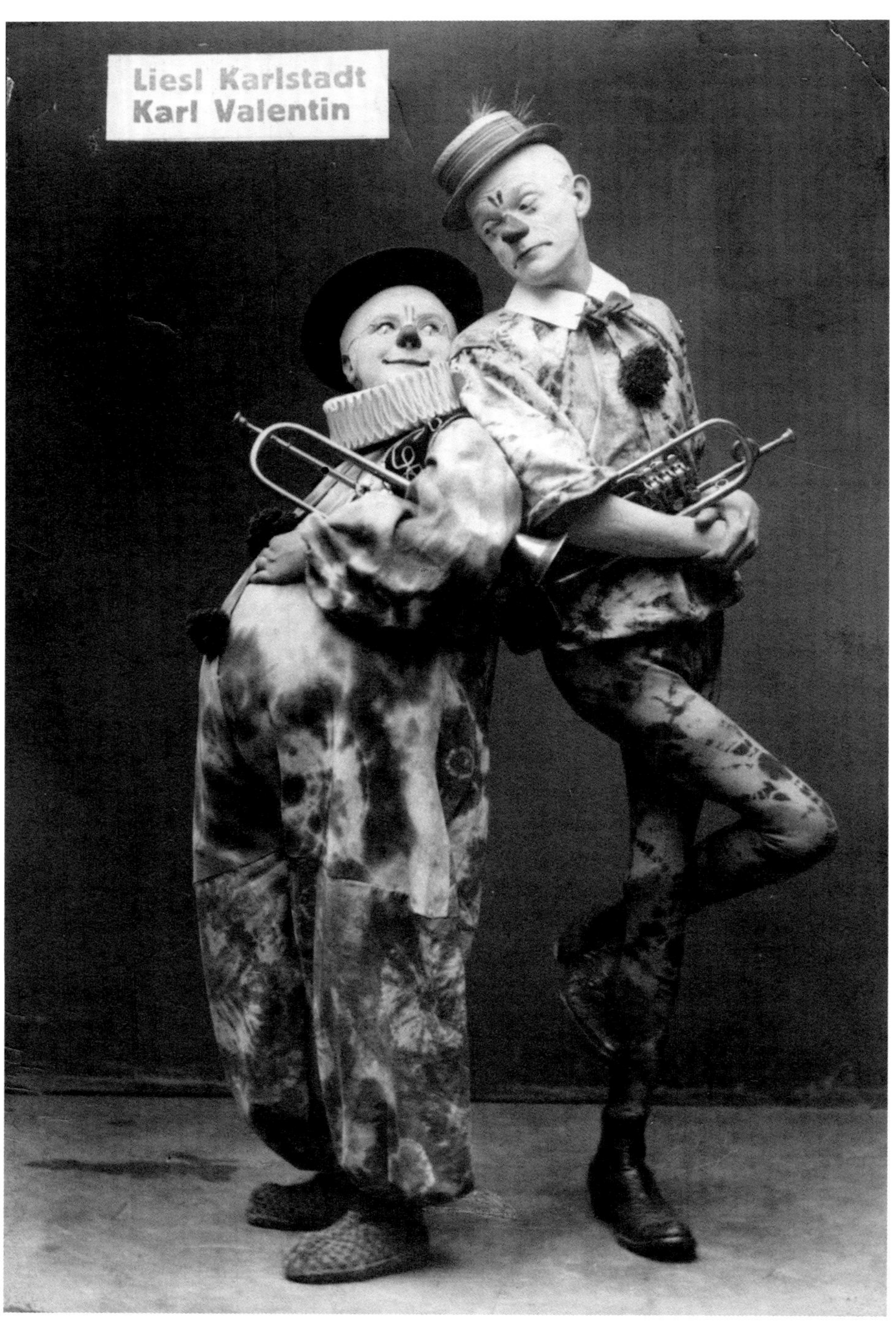

»Die verhexten Notenständer«. Originalszene von Karl Valentin, Uraufführung im »Germania-Brettl« zusammen mit Liesl Karlstadt am 16. September 1922

Einzuges Kaiser Ludwig des Bayern in München im Jahr 1312« sein soll. Schon 1919 war das Streitgespräch in den beiden Szenen »2 musikalische Clowns« und »Die beiden Musikal-Clowns« enthalten und fand sich später ebenso im Bühnenstück »Das Clownduett oder die verrückten [auch verhexten] Notenständer«, das mit 18 Takten Musik des »Fridericus Rex Marsches« auf der kleinsten Mundharmonika »für 60 Pfennig« und der größten Trommel der Welt »für 600 Mark« endet. 1936 wurde das Stück unter dem Titel »Musik zu zweien« auch verfilmt. Bei dem kuriosen Streit darüber, wer im Dialog »Wo die Alpenrosen blühn« auf den mitgebrachten Trompeten die erste und zweite Stimme blasen soll und wo die Noten platziert werden sollen, kommen die beiden Clowns zu keinem Ergebnis. Die vom Theatermeister gebrachten Notenständer, eigenhändig von Valentin gefertigt, machen sich selbstständig und entwickeln ein kurioses Eigenleben. Sie wachsen, drehen und biegen sich, schrumpfen und hüpfen, schießen mit Platzpatronen und verbeugen sich am Ende mit den beiden Clowns. Zum Schluss gerät alles völlig aus den Fugen. »Furchtbar!« kommentiert Valentin den Gesang »Wo die Alpenrosen blühn, dahin, dahin möcht ich ziehn …«, bei dem er die Terzen der Originalmelodie verfehlt und sich in verqueren Dissonanzen und schauerlichen Quartklängen windet, bevor er mehr verendet als endet. »Is‹ guat, dass des der Kaiser Ludwig damals nicht g'hört hat«, so sein Resümee.

In seinem Entwurf »Die Stradivarius Geige« schildert Valentin nach einer alten Anekdote einen Gaunertrick. Zu einem Trödler kommt ein Herr mit einem Geigenkasten und bittet, auf diesen für ein paar Stunden aufzupassen, weil er den Kasten zu einem Termin nicht mitnehmen könne. Der Trödler willigt ein. Kurz darauf erscheint ein zweiter Herr, kauft eine billige Taschenuhr und wirft einen Blick in den Geigenkasten. Erstaunt erklärt er, dass die Geige eine wertvolle Stradivarius sei, die er für 1 000 Mark sofort kaufen würde. Doch der Trödler erklärt, er müsse erst den Besitzer fragen. Als der wiederkommt, schwätzt ihm der Trödler die Geige für 500 Mark ab, in der Hoffnung, von dem anderen Herrn den doppelten Betrag zu erhalten, wenn dieser wieder kommt. Doch beide Schwindler lassen sich nicht mehr blicken und der Trödler bleibt auf der wertlosen Geige sitzen, für die er 500 Mark bezahlt hat.

Ab 1914 entwickelten Valentin und Liesl Karlstadt eine Szenenfolge mit dem Titel »Tingel-Tangel« – frühere Titel waren auch »Die komische Kapelle« und »Theater in der Vorstadt« –, deren Mittelpunkt ein Orchester war. Als »Tingeltangel« bezeichnete man abwertend ein Vorstadtvarieté, also ein billiges Tanzlokal mit Kleinkunstdarbietungen und Musik. Karl Valentin trat als Orchestermusiker auf und Liesl Karlstadt als dickbauchiger, bärtiger Kapellmeister.

Anfangs enthielt »Tingel-Tangel« noch die mit zweideutigen Bemerkungen angereicherte Szene »Konzertsängerin mit Blechmusik«, bei der das Orchester zunächst leise spielt, weshalb sich die Sängerin beim Kapellmeister beschwert: »Ich höre von dieser Musik gar nichts, können die Herren nicht lauter spielen – mit Pauken und Trompeten?! Ich bin doch 50 – 60 Mann gewöhnt!« Valentins zweideutige Reaktion: »So is'recht – – soviel glei – –.« Hierauf greifen die Musiker zu Blechinstrumenten,

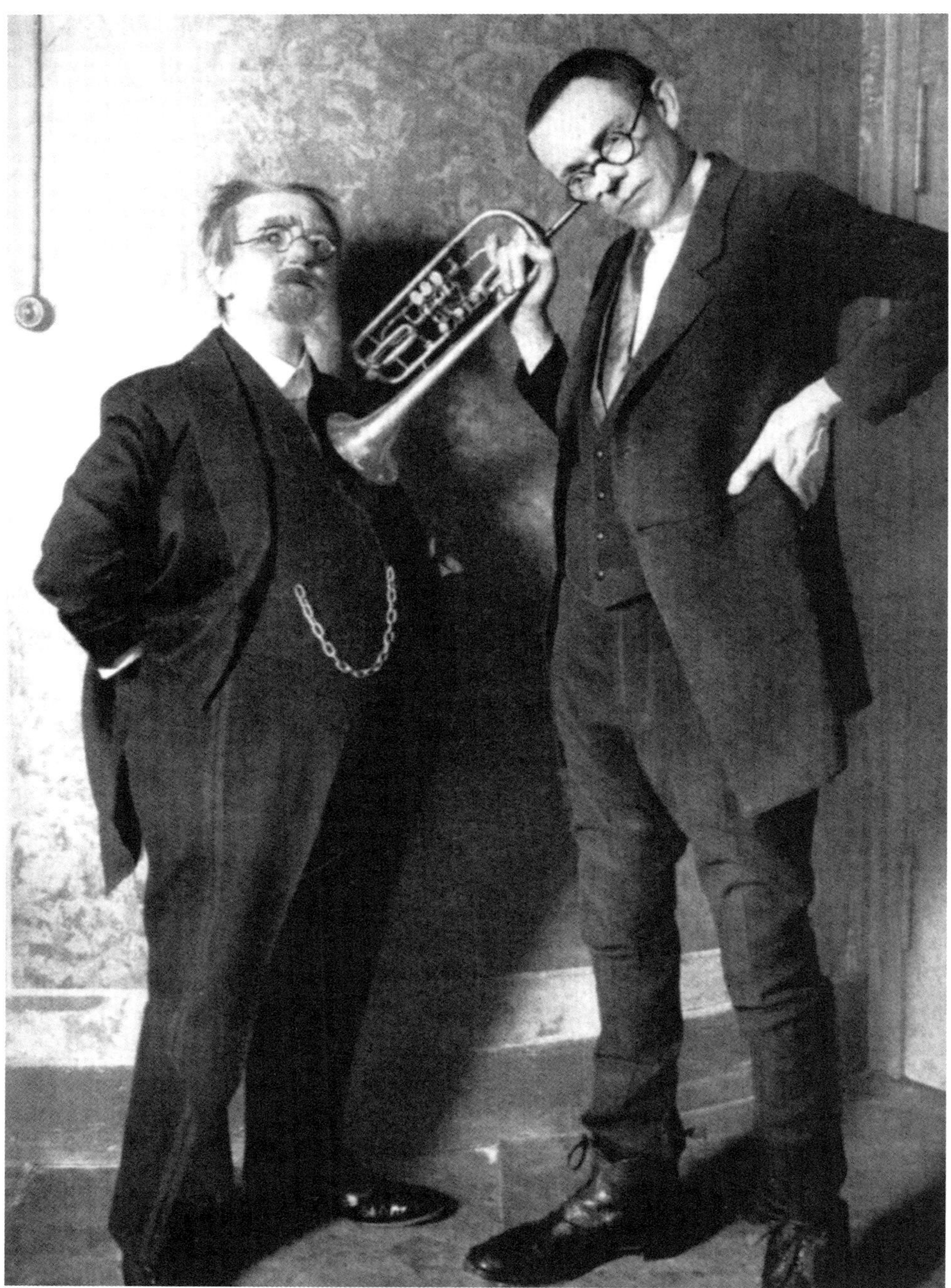

»Konsultation – Bitte tief atmen!«, betitelte Karl Valentin diese Fotografie, auf der er seine Trompete als Stethoskop missbraucht.

wobei Valentin als Bombardon-Bläser auftritt. Da die Musik jetzt zu laut ist, verteilen sich die Musiker – ein dramaturgisch geschickter Zug – im Zuschauerraum. Doch dies ist der Sängerin wieder zu leise, weshalb sich die Musiker rings um die Sängerin scharen und aus Leibeskräften blasen. Nun aber klopft der Kapellmeister ab: »Meine Herren – das geht nicht!« Und die Sängerin protestiert: »Herr Kapellmeister – ich kann nicht mehr singen! – Der eine bläst immer von hinten hinein – und der andere schaut mich für die grosse Trommel an!!!« Der Kapellmeister schreit: »Sie!!! – Wenn Sie die Dame nochmals von hinten hineinblasen, aber dann – –«

Mit den Jahren entwickelte Valentin »Tingel-Tangel« weiter und führt ein musikalisches Sextett voller Peinlichkeiten auf, im Zentrum er selbst, sein Gegenspieler der Kapellmeister, seine Opfer die Sängerin, daneben der Theatermeister, ein Tapezierer und der Souffleur, deren Aktionen er als Meister der Sabotage zu einem Albtraum werden lässt, der im absoluten Chaos endet. Schließlich wurde aus »Tingel-Tangel« die »Orchesterprobe« und mit diesem Paradestück standen beide mehr als 1500-mal auf der Bühne. In diesem musikalischen Geniestreich stehen sich der Trompeter, Violinist und Schlagzeuger Valentin und der Vorstadtkapellmeister Liesl Karlstadt als unversöhnliche Gegner gegenüber und bekämpfen sich mit absurden Dialogen. Ständig provoziert der aufmüpfige Valentin den unfähigen Kapellmeister, indem er ihn fortwährend unterbricht und ihn zur Verzweiflung treibt. Er demontiert systematisch dessen vermeintliche Autorität und zelebriert das »Derblecken«, wie man in Bayern sagt, aufs Fieseste, indem er von Beginn an die Probe mit immer wieder neuen überraschenden verbalen Kapriolen zu unterbrechen und zu verhindern weiß. Musikstücke werden falsch angespielt und durch von Valentin inszenierte unsinnige Diskussionen über den »Rhythmus sein Bruder« und die verschobene Krawatte des Dirigenten wird das Weiterspiel systematisch boykottiert, gipfelt in den hochphilosophisch geführten Diskurs über den Zufall und in ein groteskes Gefecht zwischen Taktstock, Maßkrug und Geigenbogen, mit dem Valentin zweimal den Bauch des Dirigenten durchbohrt.

Am Ende soll Valentin die Kesselpauke bedienen, auf der eine Tschinelle liegt und die Trommel dazu. Beim Stimmen der Pauke benutzt er den Paukeschlägel als Stimmgabel, hält ihn sich ans Ohr, verwechselt die Trommelstöcke mit den Paukenschlegeln und diese mit dem Schlagblech und das mit dem Taschentuch, mit dem er die Brille putzen möchte mitten im Konzert, obwohl in der Brille gar keine Gläser sind. Er ringt immer verbissener mit den tückischen Gegenständen, dem ununterbrochen rotierenden Notenständer, in den er sich verheddert, kämpft gegen die Musik, den Dirigenten, dessen Finger er zwischen die Becken quetscht, verliert den Kontakt zur Kapelle, paukt und trommelt, will aus dem Maßkrug trinken, die Notenblätter bekommen Flügel, die Trommelstöcke springen in die Luft, fast kippt die Pauke um, doch plötzlich animiert von der immer hektischeren Musik produziert er sich für Sekunden als Flamencotänzer, durchschlägt das Tamburin, der Hosenträger reißt. Zum Schluss der Orgie bekommt das Schlagzeug Gewalt über Valentin, detoniert förmlich unter seinen fahrigen Bewegungen in alle Richtungen« und »mit einem Feuer in den Augen«, so der Theaterkritiker Emil Faktor, »die der gesamten Musikliteratur Kampf ansagen«. Die »Orchesterprobe« löst sich in einem anarchischen Spektakel auf, das in »einen Höllentanz der Vernunft um die beiden Pole des Irrsinns« mündet, wie Kurt Tucholsky dies treffend bezeichnete. Den Schriftsteller Erich Kästner, der diese Szene beim Gastspiel Valentins 1928 im Berliner »Kabarett der Komiker« am Kurfürstendamm erlebte, machte »die Panik der Objekte«, bei der die »Sintflut im Anmarsch« war, sprachlos. Dieser »ausgedörrte Trompeter«, so Kästner, »korrigiert einen in Grund und Boden. Sein Witz liegt im Rechthaben und sein Humor im Körper.«

Ende Januar 1928 passierte es dann, dass Valentin beim Berliner Auftritt in der »Orchesterprobe« stürzte und sich eine Sehnenzerrung sowie einen Bluterguss am Knie zuzog. Kein Geringerer als der berühmte Professor Ferdinand Sauerbruch (1875 – 1951) behandelte ihn in der Chirurgischen Klinik, wie der Regisseur Walter Jerven in den »Münchner Neuesten Nachrichten« berichtete. Valentin klagte seiner Familie auf Ansichtskarten: »Liegen immer liegen, der Fuß tut wieder weher, heut wurde ich mit Röntgenstrahlen durchleuchtet.« Und am 12. Februar: »Mit meinem Fuß geht es wieder schlechter, durch die Anstrengung des Auftretens kann ich kaum mehr stehen, und auf der Bühne kann ich doch nicht mit dem Stock gehen.« Sauerbruch untersuchte Valentin gründlich, sagte ihm, seine Lunge sei zu groß und der Brustkorb zu klein, weshalb er ihm vorschlug, den Brustkorb durchzusägen und zu verlängern. Valentin nahm den Spaß ernst und verschwand schnell aus der Klinik. Er war überzeugt, beim Kampf mit Instrumenten, mit der Musik wäre er fast zum arbeitsunfähigen Invaliden geworden.

Berliner Luft in Dosen: Der Klangteppich in »Karl Valentins Panoptikum«

Im ersten Valentin-Museum, »Karl Valentins Panoptikum« genannt und von ihm eigenhändig eingerichtet, erfolgte eine fortwährende Verstörung der Sinne durch Verbindung der Sinneswahrnehmungen Sehen, Riechen und Hören. Zu sehen bekam man über 130 groteske Exponate, etwa einen blühenden Kohlenschaufelstiel. Zu riechen gab es unter anderem eine nach Petroleum duftende Rose, während eine danebenstehende Petroleumkanne Rosenduft verströmte. Auch einige musikalische Exponate waren ausgestellt, so »Die Loreley als verblühte Schönheit«. Heinrich Heines berühmtes Loreley-Lied »Ich weiß nicht, was soll das bedeuten« in der eingängigen Vertonung von Friedrich Silcher war für Valentin der Anreiz, diese Sagengestalt auch in seinem »Panoptikum« zu präsentieren, aber nicht in der überlieferten Schönheit, sondern in grotesker Hässlichkeit. Damit betrieb er bewusst Denkmalschändung und Ikonenbeleidigung. Beim Anblick der Pappmaché-Skulptur ist zwar nichts zu hören, aber auch ohne einen Ton hat man den Klang »maroder« Musik in den Ohren.

Die Mundwinkel der »verblühten Schönheit« sind herabgezogen, die Warzennase rot gesprenkelt, der tumbe schielende Blick, alles ist ein Bild des Jammers und der Klage. Ihr Kamm ist übergroß und die Leier weist gerissene Saiten auf. Gehüllt in einen schäbigen Grauschleier, eine schlotweiße wirre Lamettaperücke auf dem Kopf, geplagt von Rückenschmerzen aufgrund des ewigen Leierschlagens ist sie ein Bild von Hoffnungslosigkeit, Krankheit und Zerfall und doch zur Unsterblichkeit verdammt. Die dürren Beine übereinandergeschlagen kauert sie auf einem Felsen. Diese Skulptur erweckte Valentin zum Leben, indem er in der Maske der Loreley auch selbst auf der Bühne auftrat und das Schicksal des trotteligen Rheinschiffers vorstellte. Voller Pathos krächzte er mit einer von einer »Saubronchitis« entstellten Stimme seine Parodie des Liedes. Damit schuf er nicht nur eine Skulptur, sondern ein lebendes erschütterndes Denkmal grotesker Musik.

Weitere musikalische Exponate waren eine auf eine Rose starrende Knabenpuppe als Parodie auf das Lied »Heidenröslein« – gedichtet von Goethe und vertont unter anderem von Franz Schubert –, dann ein alter gebrechlicher Ackergaul mit dem Titel »Weißes Rössel in seinen alten Tagen«, was an Ralph Benatzkys Operette »Im weißen Rößl« erinnerte, außerdem noch eine »Glocke – eine Kreuzung aus Turm- und Kuhglocke« sowie »Berliner Luft in der Dose (Marsch aus ›Berliner Luft‹ von Paul Linke)« und eine »Riesentrommel«.

Eine wichtige Bedeutung hatte für Valentin als gelernter Schreiner immer auch der Meterstab, der ebenfalls im »Panoptikum« überall herumlag. Mit ihm konnte er auch Musik messen, vor allem falsche Töne, wie er dies als »Zitherspieler« mehrfach vorführte. Wenn er einen falschen Ton spielte, zog er einen Meterstab aus der Tasche, maß dann zuerst auf dem Notenblatt die Noten, danach die Saiten seiner Zither und kam zur Erkenntnis: »Zehn Zentimeter, das hört man natürlich schon.« Als ihn in der »Orchesterprobe« der Kapellmeister darauf hinweist, er habe einen falschen Ton gespielt, hält ihm Valentin entgegen, dass man beim Dirigieren einen falschen Ton ja nicht hört. Wenn überhaupt, dann ist der falsche Ton sicher durchs Dirigieren entstanden und das lässt sich zweifellos mit dem Meterstab nachmessen. So wie er überzeugt war: »Besser ein schlechtes Wetter als gar keines«, so war er sich auch sicher: »Besser ein falscher Ton als gar keiner.«

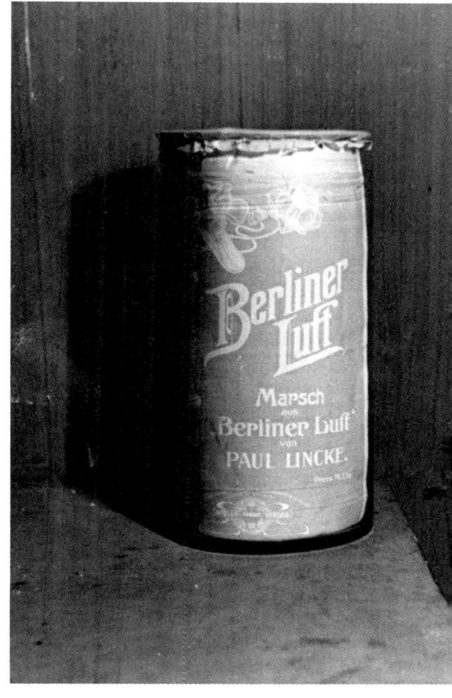

Weitere musikalische Exponate gab es in Valentins »Panoptikum« nicht. Viel wichtiger schien ihm hier das Spiel mit auf unterschiedliche Weise erzeugten Tönen und Geräuschen gewesen zu sein, die im Lach- und Gruselkeller zu hören waren. Wenn nach der Aufführung des Stücks »Ritter Unkenstein« auf der klei-

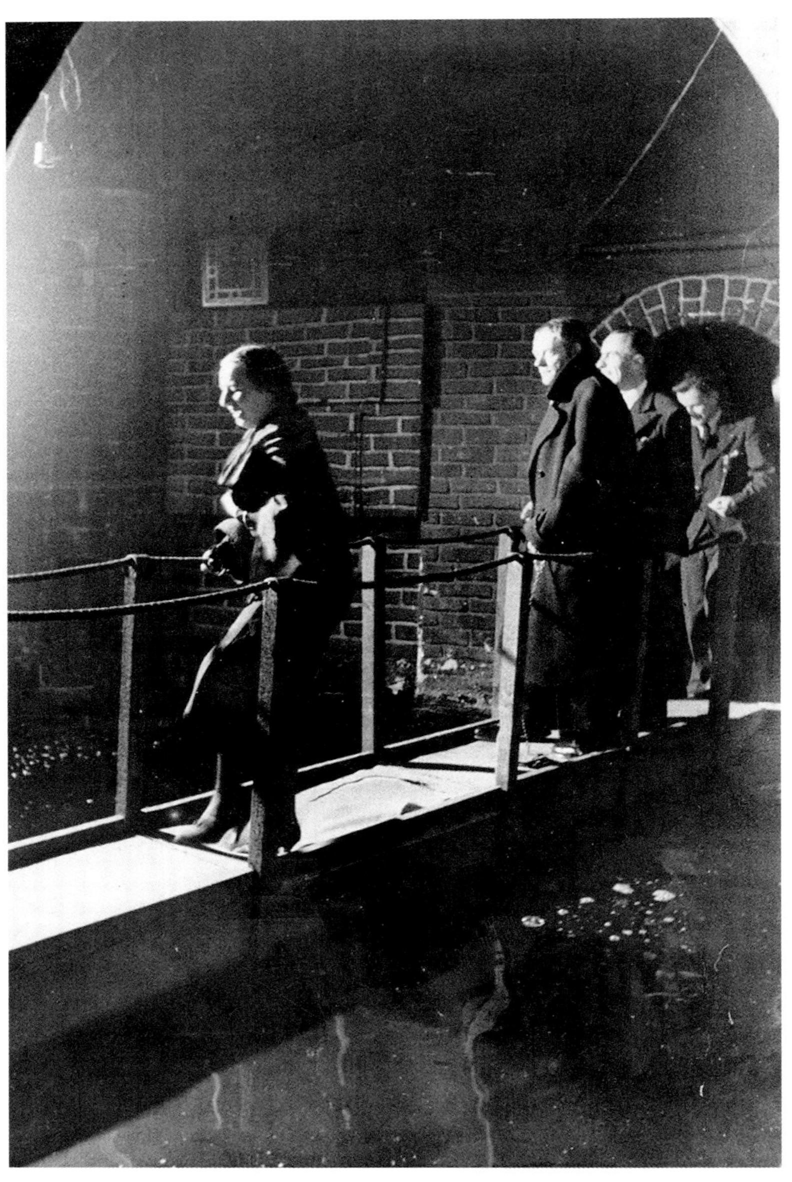

Liesl Karlstadt:
Schreckensschrei auf der
wackelnden Henkerbrücke
im »Panoptikum« beim
Anblick einer Wasserleiche

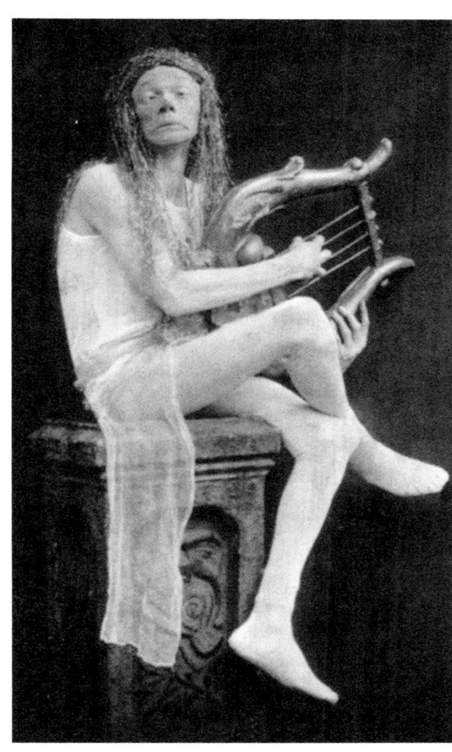

Karl Valentin
als »Loreley«

Karl Valentin
beim Versuch, den
falschen Ton auf
der Zither durch
penibles Abmessen
zu ermitteln.

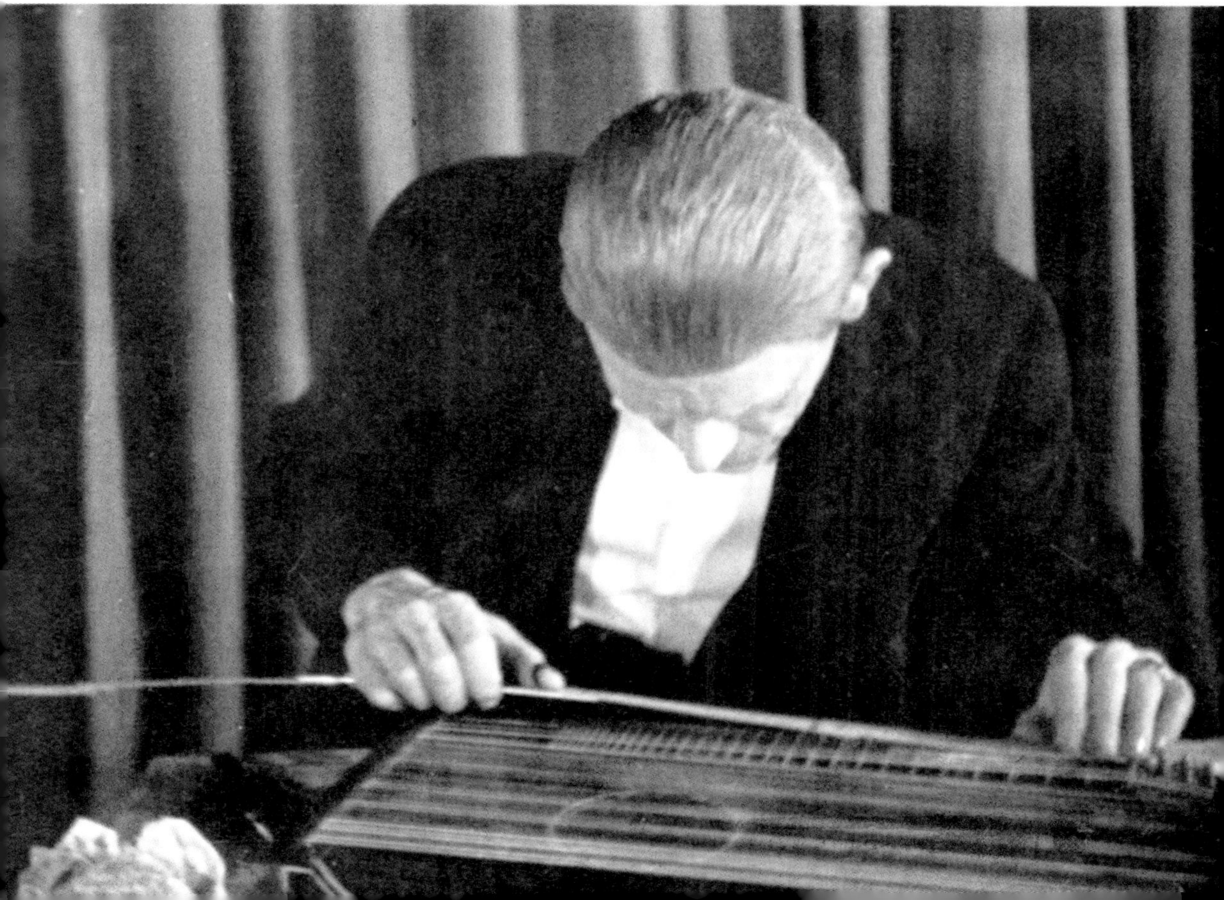

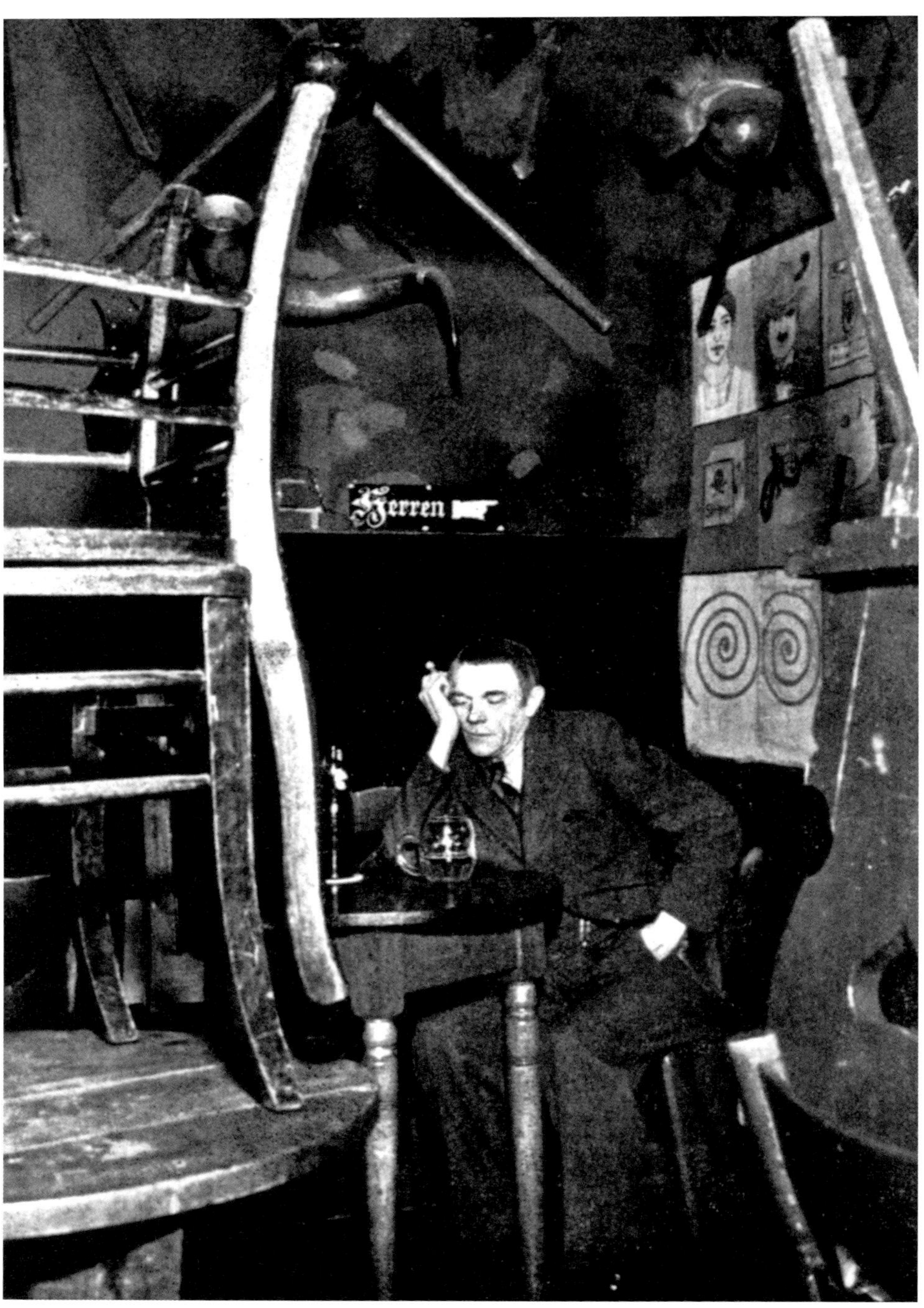

Karl Valentin im Keller seines »Panoptikum« nach der Aufführung des Stücks »Ritter Unkenstein«

nen Bühne der Ritterspelunke der Geist der »Ahnfrau Walburga Wrdlbrmpft« auftrat und das Publikum zum Besuch des »Panoptikum« einlud, hörte man aus dem Lautsprecher den Sturm heulen. Dazwischen »mischte sich Krähengeschrei und Katzenkonzert etc. und ein Harmonium spielte die ›Morgenstimmung‹ aus Peer Gynt oder irgendeine schauerliche Musik, gemischt mit Sturmwind.« Schon diese Einladung erzeugte wohliges Gruseln. Wer ihr folgte, der gelangte in das im modrigen Keller eingerichtete »Panoptikum« mittels eines ratternden Fahrstuhls, der mit brummendem Motorgeräusch in den abgrundtiefen Kellerschacht hinabfuhr, sich in Wahrheit aber überhaupt nicht von der Stelle bewegte. Man stieg also am selben Ort wieder aus, von dem man losgefahren war. Die Ausstellungsräume waren in dämmriges Licht gehüllt. Schrilles Gelächter der Besucher über kuriose Exponate hallte durch die Kellerräume und mischte sich mit plötzlichem Kettengerassel, unerwarteten Schreien von Gefolterten und den unheimlichen Lauten, die beim Anblick schauriger Szenen aus den Kehlen erschrockener Besucher gurgelten. Da knallte ein ausgemergelter Gefangener an ein Gitterfenster, sobald man daran vorbeiging. Nicht nur Frauen kreischten beim Einsinken auf der Schaumstoffmatratze der sogenannten Henkersbrücke vor Entsetzen auf, sondern auch Männer, wenn ihnen eine von der Decke herabbaumelnde Riesenspinne ins Gesicht fuhr oder beim Anblick eines Erhängten und einer weiblichen Wasserleiche. Ebenso versetzten grässliche Marterszenen im Folterkeller die Besucher in Panik und lösten Schreckensschreie aus. Dieses Spiel mit undefinierbaren Tönen, dieser Klangteppich aus leisen, lauten und sich überschlagenden Geräuschen erzeugte im »Panoptikum« jene panikschwangere Atmosphäre, die den Besuch erst zu jenem Erlebnis werden ließ, von dem viele Besucher später schwärmten.

Fast möchte man glauben, dass Valentin die »Musique concrète« späterer moderner Komponisten beeinflusst haben könnte, die auch Geräusche und Klänge ihrer Lebensumwelt aufzeichnen, also etwa Vogelstimmen oder das Trommeln von Regentropfen, die auf ein Dachfenster prasseln, das Rauschen von Meereswellen oder Verkehrslärm, das Geräusch eines knarrenden Holzstückes oder das Klirren einer zersplitternden Glasscheibe. Alle diese Lärmelemente nutzen moderne Tonkünstler heute als kompositorisches Ausgangsmaterial und aus derartigen Geräusch-Bricolagen schaffen sie dann beeindruckende Klangkunst.

KAPITEL 4

Valentin in allen Medien

Die traditionelle Volkssängerkabarettkultur verschwand mit Ende des Ersten Weltkriegs zunehmend. Valentin wandte sich frühzeitig den neuen Medien Film, Schallplatte und Rundfunk zu. Er, der sich selbst zu Recht »als erster Filmunternehmer Bayerns« bezeichnete, mietete schon 1912 / 1913 ein ehemaliges Käselager und drehte dort als sein eigener Produzent die ersten Filme. Ab 1919 erwachte auch sein Interesse an Schallplattenaufnahmen, auch wenn es erst ab 1928 zu eigenen Schallplattenproduktionen kam. Ebenso wandte er sich dem Rundfunk zu, der 1923 in Berlin begründet worden war. Fasziniert von allen technischen Errungenschaften, bezog er die neuen Medien in sein komisches Spiel mit ein und experimentierte mit verschiedenen Medieneffekten, wobei er auch der Musik ihren Platz einräumte.

»Weil sowas Eig'nes noch nicht da«: Valentins Musikfilme

Im Sommer 1933 wurde die auf der Bühne erfolgreiche »Orchesterprobe« im Filmstudio Geiselgasteig verfilmt und hatte als Film ebenfalls durchschlagenden Erfolg. Auch in seinen Musikfilmen präsentierte Valentin sich nicht als Musiker, der Musikstücke virtuos vorträgt und dafür vom Publikum Applaus erwartet. Das ist seine Sache nicht. Vielmehr wählt er von Anfang an den beschwerlichen Weg zum Versagen, indem er Perfektion heuchelt, tatsächlich aber den Tücken des Objekts erliegt, von denen Musiker beherrscht werden und denen auch er nicht entkommt. Statt sich in musikalische Höhen aufzuschwingen, verhindert er seine Auftritte als Musiker und lässt musikalische Aufführungen scheitern. Gnadenlos treibt er Spaß mit dem Elend und lotet alle Höhen und Tiefen anarchischer Destruktion aus. Instrumente, Noten, Notenständer bekommen ein Eigenleben, dem er nicht gewachsen sein kann. Er verheddert sich mit Händen, Füßen und Worten und kann das Entgleisen seiner Gesichtszüge nicht verhindern. Erst als Unterlegener trägt er einen jämmerlichen Sieg davon, der in Wahrheit aber eine bittere Niederlage ist. Valentin fällt der Musik, die er beherrschen will, zum Opfer.

Schon 1921 gerät er im Film »Auf der Oktoberwiese« in hektische Zuckungen, als er einen 5000 Volt Stromschlag erhält. Außerdem führt er gemeinsam mit Liesl Karlstadt auch einen ekstatischen »Flohtanz« auf. In dem Film »Der Feuerwehrtrompeter (1930)« tritt er als Blasius Blasmeier auf und verdeutlicht einer Mutter, die ihn anfleht,

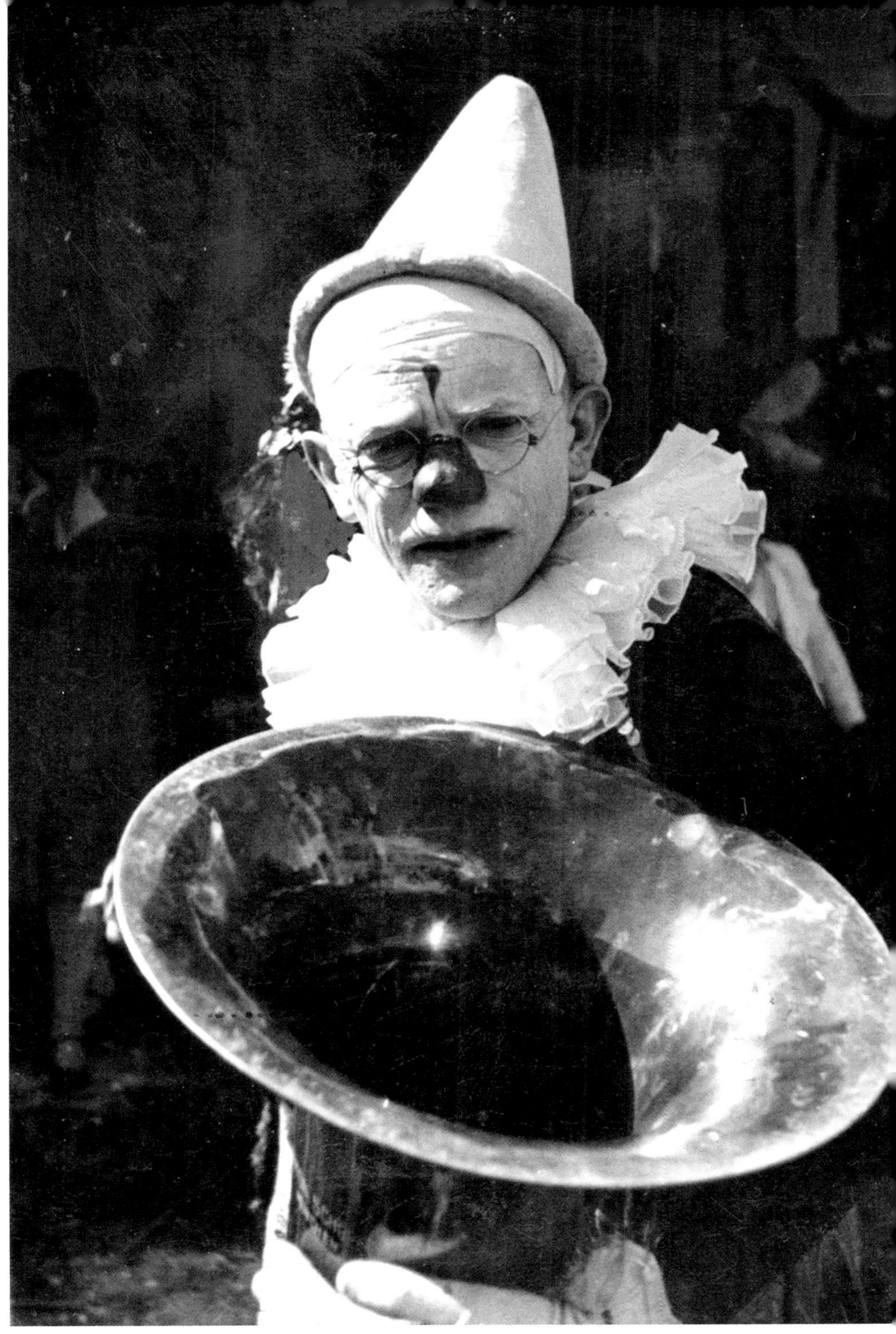

Karl Valentin mit Tuba im Film »Die verkaufte Braut« von Max Ophüls, 1932

doch ihr in der Wiege liegendes Kind aus dem fünften Stock eines brennenden Hauses zu retten: »Liebe Frau, das geht mich nichts an, das müssen Sie dem Feuerwehrmann sagen, ich bin der Trompeter; aber daß Sie sehen, daß ich auch tue, was in meinen Kräften steht: blasen tu ich ihrem Kind schon, daß es runterkommen soll.« Vorschrift geht eben über Menschlichkeit auch für einen Feuerwehrtrompeter. Aber »schön blasen«, das beherrscht er.

In Max Ophüls Filmklassiker »Die verkaufte Braut« (1932) nach der gleichnamigen komischen Oper von Bedřich Smetana spielen Valentin den chronisch finanzschwachen Direktor des Zirkus Brummer und Liesl Karlstadt seine Frau. Als es den beiden am Ende des Films endlich erlaubt wird, mit ihrem Zirkus aufzutreten, eröffnen sie die Vorstellung mit dem Einzugsmarsch: Voraus Liesl Karlstadt auf der Trompete spielend, dahinter Valentin im Clowns-Kostüm, die Tuba blasend. Die Attraktionen des Zirkus sind ein Kraftmensch, eine Bärenbändigerin und ein gemüseessender Menschenfresser, vor allem aber Valentin und die Karlstadt, denn der Film lebt von deren komödiantischen Auftritten. Nachdem Valentin es schafft, aus dem Mund seiner Frau ein Hühnerei herauszugackern, beginnt die Vorstellung und es kommt zum Happy End. Max Ophüls war von Valentins Darstellungskunst begeistert und äußerte: »Valentin konnte keinen geschriebenen Text lernen: Man musste ihm die Szene erläutern, ihm seine Frau Liesl Karlstadt, die alles Mögliche spielte, zur Seite stellen, und ihn aus der Situation heraus improvisieren lassen; die von ihm erfundenen Dialoge sind Stücke großer Literatur, sie kommen von Herzen, mit Humor, beinahe wie bei Schwejk. Er identifizierte sich fast übertrieben mit der dargestellten Person. Eines Morgens, ich komme gegen 9 Uhr, um zu sehen, ob alles in Ordnung ist, finde ich ihn vor dem Zelt, das in dem Film als Dekor diente, während er dabei ist, ein Plakat anzubringen, auf das er geschrieben hatte: ›Wer dieses Zelt beschädigt, wird bestraft!‹«

Berühmt wurde auch Valentins Film »Der Zithervirtuose (1934)«, in dem er gnadenlos der Diktatur der Noten unterworfen und zu einem Spiel ohne Ende gezwungen wird, aus dem es kein Entrinnen gibt. Zur Vorbereitung misst er den Kasten und die Zither darin ab, zieht dann zerknüllte Papierfetzen aus der Hosentasche, entfaltet sie und versucht, sie glatt zu streichen, um die Noten darauf lesen zu können und beginnt nach ein paar falschen Takten mit dem Spiel des Stückes »Liebesperlen«. Unversehens gerät er in die Fänge des Wiederholungszeichens, dem er nicht mehr entkommt. Immer wieder, wenn er enden will, muss er von Neuem beginnen, ohne zum Abschluss zu gelangen. Der sich immer wieder schließende und öffnende Bühnenvorhang zeigt, wie die Jahre unaufhörlich vergehen. Zuletzt erscheint Valentin als uralter, von der Diktatur der Noten gebrochener Greis mit langem Bart, der, besiegt von der Musik, verzweifelt bis in alle Ewigkeit dem Spielzwang unterworfen bleibt.

In dem Film »So ein Theater« (1934) wird in einem Varieté ständig die Musik gestört: durch den auf seiner Trompete und Geige falsche Töne produzierenden Valentin, durch den kaputten Bühnenvorhang, der, sich hebend und senkend, die Sänge-

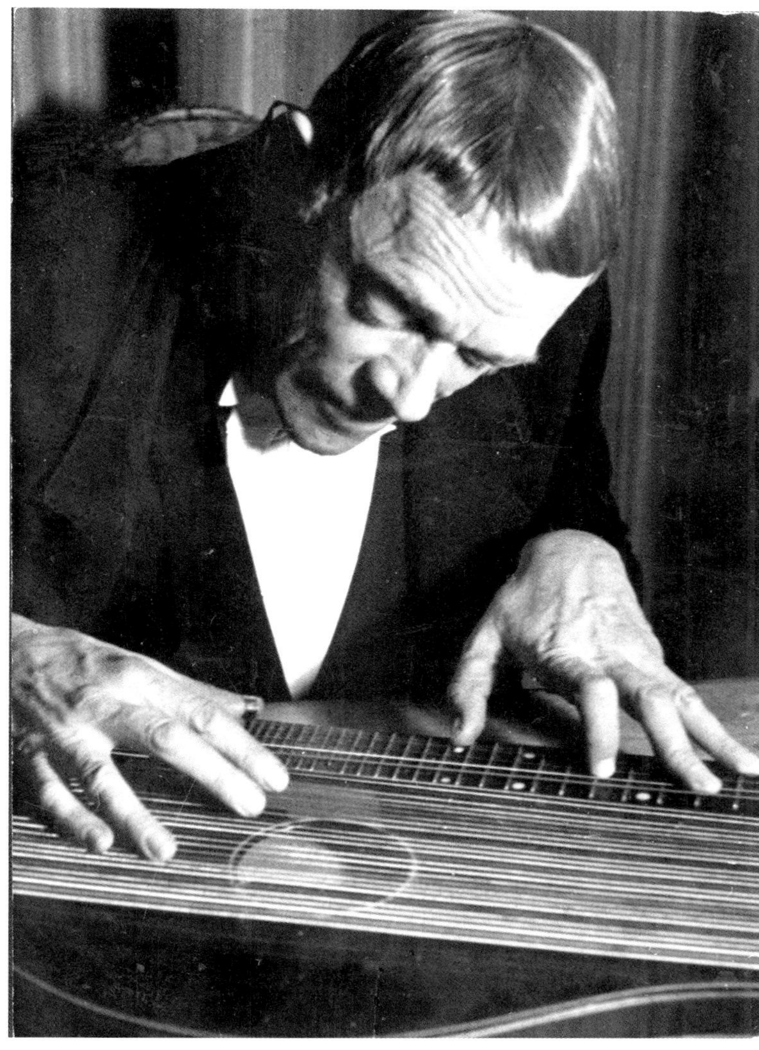

Szenenbild aus dem Film »Der Zithervirtuose«, 1934

rin beim Liedvortrag »Das verlorene Glück« stört, durch den herbeigerufenen Handwerker, der in die Musik hineinredet und sie zerhämmert, durch Valentin, der mit seiner Geige neugierig auf die Staffelei steigt, mit dem Geigenbogen die Frisur der Sängerin zerrauft und am Ende mit dem hochschnellenden Notenständer seine Geige zertrümmert.

Auch das intensive »Suppenschlürfgeräusch« mit anschließender »Nießexplosion in die aufspritzende Suppe«, das Valentin als Meisterschütze Josef Maria Anton Xaverl Fürst im Film »Es knallt« (1934) produziert, weist groteske musikalische Qualitäten auf. In der Filmkomödie »Straßenmusik« (1936) hat Valentin mit seiner Zugharmonika einen spaßigen Auftritt als Kürassier Otto, auf dem Kopf einen kuriosen, mit Glöckchen bestückten Schellenhelm und auf den Buckel geschnürt eine Pauke, begleitet von seiner Gitarre zupfenden Frau Liesl Karlstadt.

Der Film »Der Antennendraht« oder »Im Senderaum« (1938) spielt in einem Rundfunkaufnahmestudio, wo Valentin einen Antennendraht zu kaufen sucht. Statt einen solchen zu erhalten, wird er unversehens in die Rolle des Inspizienten gedrängt, der gerade ausgefallen ist. Ohne Proben soll er den Vortrag von Schillers berühmter Ballade »Die Glocke« durch den Schauspieler Heperdeppernepi akustisch mit der Bedienung einer Geräuschemaschine beleben. Valentin lässt mit vollem Einsatz den pathetischen Vortrag zum Spektakel und Kampf mit den Dingen werden, indem er allerlei Gegenstände – darunter eine Autohupe, einen Balken und einen Blecheimer, die er in den Raum wirft, klirrende Messingteile, eine Drehtrommel, eine rasselnde Kette, eine Sirene und eine Lerchenpfeife – zur Untermalung des gesprochenen Wortes missbraucht. Er schlägt eine Glocke an, lässt Wasser aus einem Maßkrug in einen Eimer plätschern, Vögel pfeifen, eine Holzlatte knackt, Fensterscheiben klirren und Sturmwinde heulen. Die von ihm oft mit Verzögerung oder an falschen Stellen produzierten Geräusche werden so zur Musik. Dazu zerschneidet er den Vortrag des zunehmend verzweifelten Schauspielers mit spontanen Zwischenrufen wie »Rhabarber-Rhabarber«, »Mammaa-Mammaa«, mit Hundegebell und kindlichen Jammerrufen. Indem er alles noch mit hektischen Bewegungen und grotesker Mimik unterstreicht, gerät das ganze Spektakel zu einem wahnwitzigen Veitstanz, wobei Liesl Karlstadt in der chaotischen Szene ihren Beitrag leistet, indem sie den entnervten Rezitator, der aufgeben will, immer wieder mit vorgehaltener Pistole zum Weitersprechen zwingt. Valentin nimmt Schillers Ballade beim Wort, visualisiert den Text, verwandelt ihn durch den Einsatz von Alltagsgeräuschen in Musik, die er sicht- und hörbar werden lässt.

Auch wenn Valentin nicht das Etikett »Ahnherr der Fluxus-Bewegung« angeheftet werden kann, so bestehen doch Berührungspunkte zur Kunstrichtung »Fluxus«, die – wie Valentin im Film »Der Antennendraht« – unter anderem auch Gegenstände des täglichen Gebrauchs zu Musikinstrumenten umfunktioniert. Nach der Devise »Das Leben ist ein Kunstwerk, und das Kunstwerk ist Leben« (Emmett Williams) zelebriert Fluxus den fließenden Übergang zwischen Kunst und Leben und die Einheit von Kunst und Leben und das trifft auch auf Valentin zu. »Denn: dieser Karl Valentin auf dem Podium ist kein anderer als dieser Karl Valentin in seinem ganzen anderen Leben«, erkannte der Schriftsteller Franz Blei. »Wie schon gesagt: er macht keine Maske, er macht keine Witze, er zieht sich nicht zur Vorstellung auf, er schraubt sich nicht nach der Vorstellung herunter. Er geht nur in den vierundzwanzig Stunden des Tages zwei- oder dreimal durch das Licht einer Bühne, aber er macht sich nicht einen Auftritt und einen Abgang zurecht. Er läßt im Bühnenlicht für eine Weile sich sehen, wie er auch sonst ist. So zu sein, wie er ist, das ist sozusagen sein Beruf. Nicht ein Komiker zu sein oder überhaupt ein Schauspieler. Darin liegt vielleicht die ganz eigentümliche Wirkung, die er ausübt. Er bringt in jeder Szene das höchst eigentümliche Gesamtinventar seiner Person auf die Bühne.«

Szenenbild aus dem Spielfilm »Straßenmusik« (1936), in dem Karl Valentin eine Nebenrolle spielte.

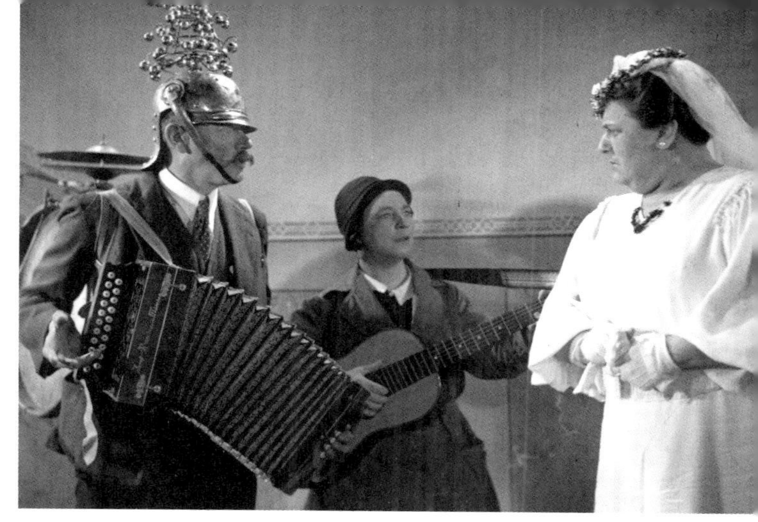

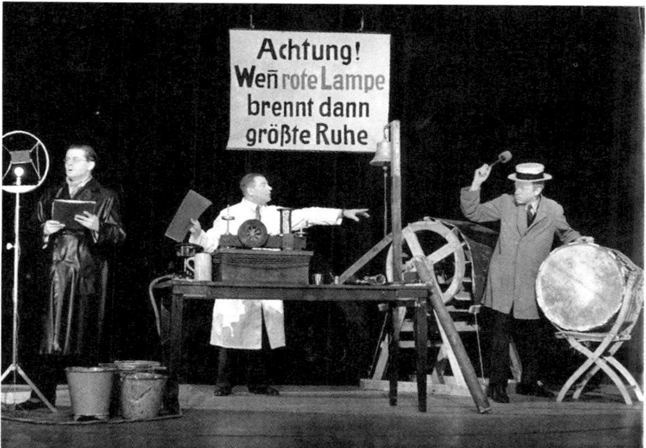

Szenenbild von »Im Senderaum / Der Antennendraht« aus einer Aufführung in Berlin im »Kabarett der Komiker«, Januar 1936. Rechts Karl Valentin an der Trommel, Bildmitte Josef Rankl

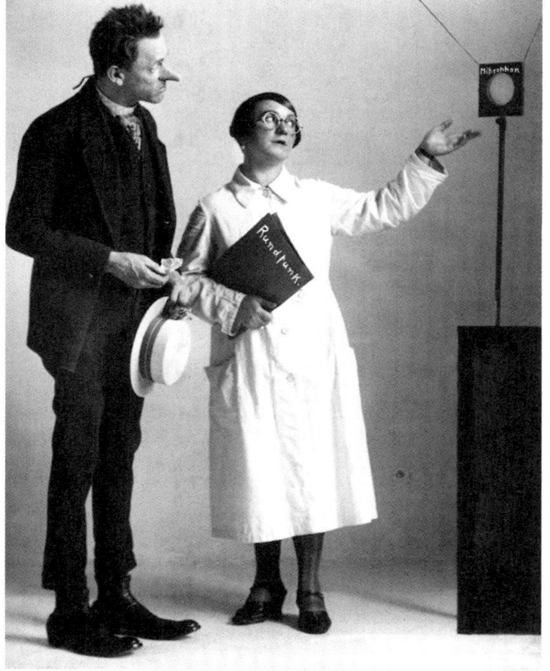

Karl Valentin und Liesl Karlstadt in der Szene »Der Antennendraht«, 1926 im Deutschen Theater, 1937 verfilmt

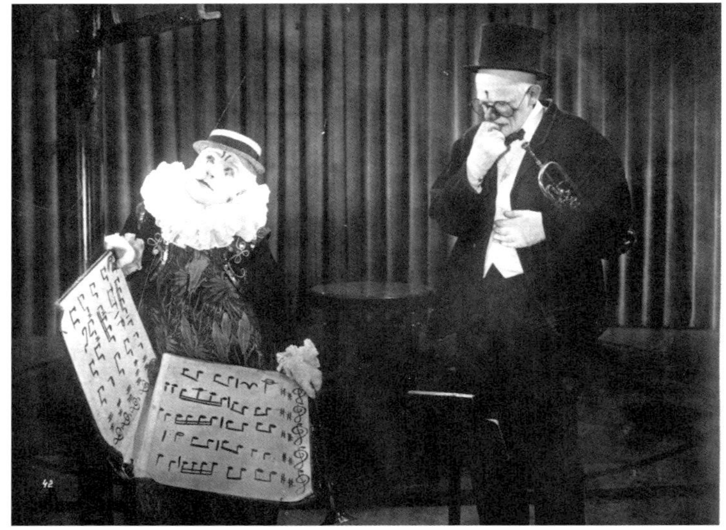

Clownszene mit Karl Valentin und Liesl Karlstadt in dem Stück »Die verhexten Notenständer« oder »Musik zu zweien«

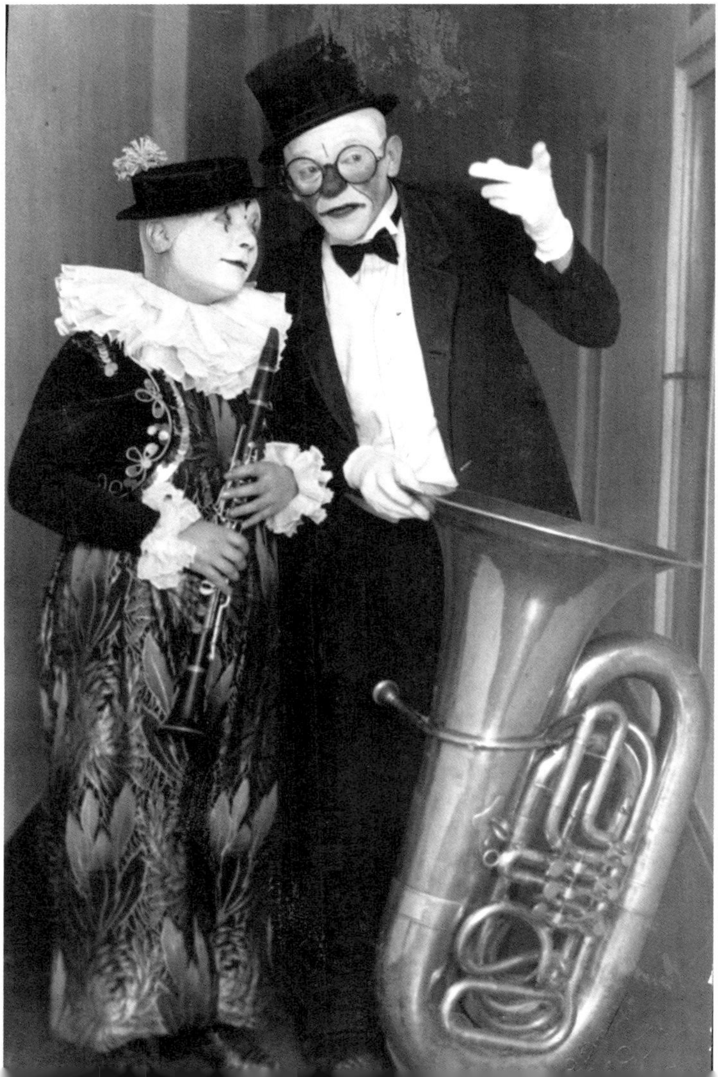

Szenenfoto aus »Orchesterszene«. Pressefoto für die Aufführung von »Orchester« vom 14. bis 21. Januar 1928 im »Kabarett der Komiker« in Berlin

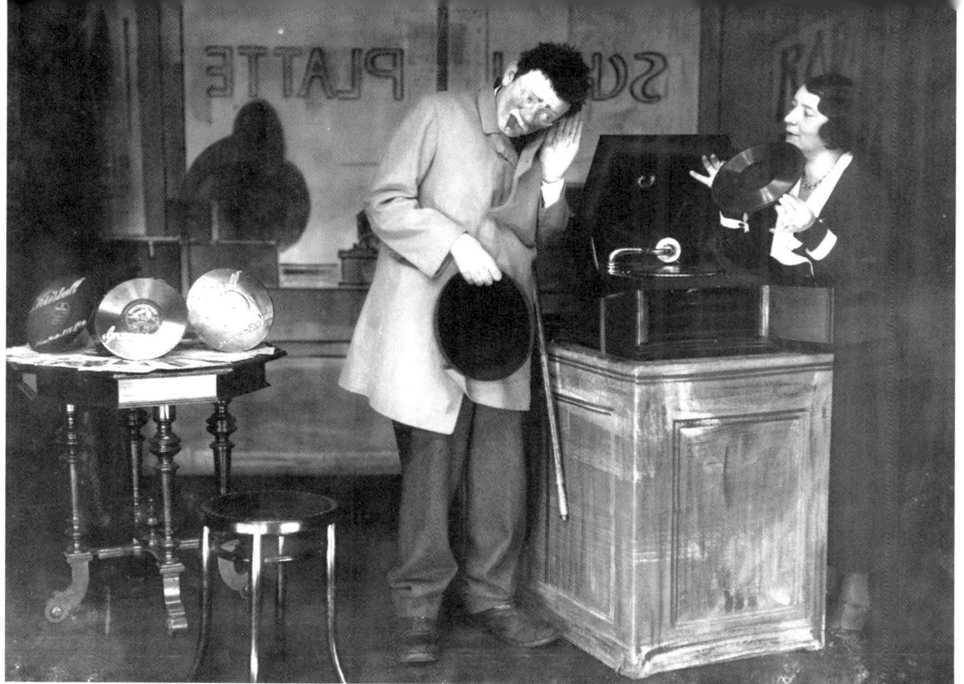

Karl Valentin und Liesl Karlstadt in der Theaterszene »Im Schallplattenladen«. Uraufführung im Theater Wien-München im »Hotel Wagner«, Sonnenstraße, 1. April 1933

Auch in den anderen Musikfilmen, in den denen sich Valentin und Liesl Karlstadt als Musikal-Clowns produzieren spielen sich ähnliche Dramen ab. Es sind dies die Filme: »Die beiden Musikal-Clowns« (1926), »Karl Valentin als Musical-Clown« (1929) und »Musik zu zweien« (1936). Darin sind die beiden ebenfalls der Tücke des Objekts unterworfen und dem Zwang der Dinge ausgesetzt, von denen Musiker nun einmal beherrscht werden. Bei dem Duett »Variationen über das Lied Radetzky-Marsch«, so berichtet Valentin, »passierte uns das Malheur, daß wir die Instrumente verwechselt haben, ich blies anstatt Bombardon Klarinette und Liesl Karlstadt blies statt Klarinette Bombardon. Aber es war kein Malheur. Denn dank unseres musikalischen Talents blies jeder auf seinem falschen Instrument richtig.«

Obwohl Valentin großes Interesse für die neuen Medien Rundfunk, Film und Schallplatte zeigt, zelebriert er in dem Film »Im Schallplattenladen« (1934) den Kampf mit den Tonträgern, die auch die Träger von Musik sind. Er verlangt von der Verkäuferin »viereckige Platten ohne Loch«, dann »runde, dunkelschwarze Platten mit Schall«, erkundigt sich nach einer Platte mit dem Titel »Sanitätslos«, meint aber, wie sich herausstellt, die Platte »Seemannslos«, die er jedoch hasst und deshalb ausrotten will. Da sich der Umgang mit ihm immer schwieriger gestaltet, versucht ihn die Verkäuferin abzulenken, indem sie ihn auf neue biegsame Platten aufmerksam macht und ihm einige vorspielt. Valentin führt daraufhin sofort den Bruchtest zwischen diesen unzerbrechlichen Platten und den harten Schellackplatten durch und zerdeppert dabei eine Schellackplatte nach der anderen, was die Verkäuferin in den Wahnsinn treibt, wodurch Valentins Zerstörungswut erst recht angestachelt wird. Bald ist der

Boden mit zerbrochenen Platten übersät. Als er harte Platten auch noch auf dem Kopf der entsetzten Verkäuferin zerschlägt, ist deren Geduld am Ende. Beim Test, ob auch die Schaufensterscheibe unzerbrechlich ist, ruiniert er den ganzen Laden und schleudert zu schlechter Letzt noch seinen Spazierstock in eine Glasvitrine. Fast erinnert der Film an eine Komposition, etwa den »Boléro« von Maurice Ravel, der leise und langsam beginnt und sich gegen Ende furios steigert. Auf anfänglich normales Gespräch zwischen Kunde und Verkäuferin folgen erste Provokationen, wonach Valentin mit ständig wechselnden Wortklaubereien und Verwirrungsmanövern die Nerven der Karlstadt zunehmend untergräbt, sich systematisch zur Destruktion steigert, worauf am dissonanten Ende nur mehr ein Schlachtfeld übrig bleibt.

Am 21. September 1936 fiel Valentins Film »Die Erbschaft« der Zensur des NS-Regimes zum Opfer, da die dort dargestellten verarmten Leute dem Menschenbild der Nationalsozialisten widersprachen, die von einer arischen Herrenrasse träumten. Auch der 1936 gedrehte Film »Musik zu zwein« war bis Kriegsende verboten. Und am 9. April 1942 wurde die öffentliche Vorführung seines Films »Der Sonderling« untersagt »wegen Verletzung des künstlerischen Empfindens«. Valentin war klar, dass ihn die Filmindustrie des »Dritten Reichs« aufs Abstellgleis geschoben hatte. Er reagierte darauf mit dem Ausstieg aus der Fachschaft Film und mit einer Parodie auf das berühmte, von Lale Andersen gesungene Lied »Lili Marleen: Vor der Kaserne vor dem großen Tor«. In sechs Strophen beklagte er sein »Filmpech«:

»Vor Geiselgasteig – steht der Valentin,
Er steht vor den Toren – selten war er drin.
Er hätte so gute Filmideen – doch woll'n die Herrn ihn nicht versteh'n,
Trotzdem er Deutscher ist – trotzdem er Deutscher ist.
Er hat schon gefilmt – in seiner Heimatstadt
Und diese Filme – man bewundert hat.
Weil sowas Eig'nes noch nicht da – rief man ihn nach Amerika (1926)
Doch er blieb Deutschland treu – doch er blieb Deutschland treu.
Treue bis heute – hielt der Valentin,
doch mit dem filmen – steht es noch sehr schlimm.
Er wollte nicht nach Amerika – er wollte zur Bavaria
Der Weg wär nicht so weit – *der* Weg wär nicht so weit.
Weiter ist der Weg – zu der Bavaria
Als der Weg zu Wasser – nach Amerika.
Oh Valentin, wärst damals du – gefahren nach dem Holewu
Wärst heut du Millionär – wärst heut du Millionär.
Doch der Valentin – der lässt sich nicht beirrn
Einer meint er, könnt's in Deutschland doch probiern.
Er bräuchte gar nichts um sich her, Verständnis nur vom Geldgeber
Und a halbe Million – und a halbe Million.

Was Valentin nicht filmen will, sind:
Bayerische Filme – Schuhplattlergestampf
Rauferei auf Kirchweih – Schmalznudelgedampf.
Zum Kammerfensterl'n schleicht der Bu – a
Beim Bayernfilm ist alles da:
Ha, ha, ha, ha, ha, ha – ha, ha, ha, ha, ha, ha.«

»Eine Schallplatte müsste eigentlichen einen Meter Durchmesser haben«: Musikvorträge auf Schallplatten

Ende 1898 wird die erste Schallplattenpresse Europas in Hannover eingerichtet und bereits 1900 werden in Deutschland 2,5 Millionen Schallplatten verkauft. Obwohl Valentin dies nicht verborgen bleibt, dauert es noch etliche Jahre, bis auch er dieses neue Medium zur Verbreitung seiner verbalen und musikalischen Vorträge nutzt. Während Liesl Karlstadt schon die ersten Valentin-Texte 1919 im Festsaal der Münchner »Paulanerbräu-Gaststätte« mittels Schalltrichter auf Platten sprach, wartete Valentin noch ab, bis das mechanische vom moderneren elektrischen Aufnahmeverfahren abgelöst wurde.

Von technischen Geräten war Valentin begeistert. So schätzte er den »Phonograph«, die 1877 von Edison entwickelte »Sprechmaschine«, also eine Art Audiorekorder zur akustisch-mechanischen Aufnahme und Wiedergabe von Schall mithilfe von Tonwalzen. In einem von Thomas Herrmann überlieferten Couplet-Vers Valentins heißt es:

»Ich kenne wen, der sehr schön musizieret
der singt und pfeift und spricht und deklamieret
er wird nie müd, kriegt niemals einen Schlaf
es ist kein Mensch und doch ist es ein Graf – der Phonograph.«

1928 ließ Valentin in einem Monolog das Gramola oder das Grammofon zu Wort kommen, das erklärt, wie es behandelt werden möchte. Diese Maschine will weder »in einem WC oder neben einem heißen Ofen aufgestellt werden«. Als Grammofonnadel solle man »keinen verrosteten Nagel« verwenden. Wert legt es auf gute Behandlung und wünscht sich »als Nahrung von Zeit zu Zeit etwas Maschinenöl«. Statt es einst »auf den Speicher zu verbannen«, verschenke man es besser »an einen Grammophonliebenden Menschen«, dem es »manch langweilige Stunde verscheucht«, wofür es Dank erwartet, aber da »Undank der Welten Lohn ist«, droht ihm am Ende »wie seinen Grammophonkollegen die Abholung durch […] den Gerichtsvollzieher«.

Ab Juni 1928 begann Valentin dann mit einer Serie von Schallplattenaufnahmen. Die letzten fanden im Dezember 1941 für den Reichssender München statt. Erst nach dem Krieg erfolgten 1946 noch einige Aufnahmen auf Tonband für »Radio München«. Auf einem von Valentins Freund Ludwig Greiner witzig illustrierten Schallplattenprospekt heißt es:

> »Die beste Medizin gegen Gifte, Grübeln, Griesgram und Langeweile, und die in keinem Hause fehlen darf, ist eine lustige Schallplatte. [...] und ich wiederhole nochmal, bevor Sie sich Konfetti, Ostereier, Kopfwehpulver, Christbäume, Sockenhalter usw. kaufen, kaufen Sie sich lieber einige Homocord-Schallplatten von Karl Valentin und Liesl Karlstadt, das Stück zu Dreimarkfünfzigpfennige. Sie werden sich daran kranklachen. Kranklachen ist die einzige gesunde Krankheit, die zu kurieren jeder Arzt ablehnt. Homocord-Schallplatten, beiderseits weiß bewappelt, sind an ihrer runden dunkel-schwarzen Form erkenntlich. Homocord-Schallplatten sollen in keinem Haushalt fehlen. Kluge Hausfrauen spielen nur Homocord-Schallplatten!
> Aus unserer Anerkennungsmappe: Teile Ihnen mit, daß ich jeden Menschen vor dem Ankauf Ihrer Valentin-Karlstadt-Platten warne. Seit drei Tagen muß ich das Bett hüten, da ich mich über die Valentin-Karlstadt Platten krank gelacht habe. Ich wünsche mir selbst gute Besserung und baldige Genesung, Otto Empfindlich, Ruhr an d. Essen.«

125 Vorträge von Valentin und Liesl Karlstadt auf Schallplatten sind überliefert, darunter auch 20 musikalische Vorträge: »In einem kühlen Grunde«, »Ein Lied mit Gesang – Valentin singt und lacht selbst dazu«, »Karl Valentin singt die Uhr von Löwe«, »Die Zitherstunde«, »Bum Bum Bum«, »Die vier Jahreszeiten«, »Das Lied vom Sonntag«, »Trompetenunterricht«, »Wer uns getraut«, »Wo die Alpenrosen blühn«, »Bayerisches Soldatenlied«, »Die Loreley«, »Die altn Rittersleut«, »Klapphornverse«, »Der Maskenball der Tiere«, »Parodie auf die Vogelhochzeit«, »Der Notenwart«, »Klarinettenunterricht«, »Die Orchesterprobe«, »Der Zithervirtuose«, »Der Antennendraht« oder »Im Senderaum«.

Wie von Valentin gewohnt, wurde in der Szene »Im Schallplattenladen« die Schallplatte auch zum Objekt der Zertrümmerung und im »Senderaum« knöpfte er sich den Rundfunk vor.

Ein Paradestück ist eine Parodie auf Carl Loewes populäre Ballade »Die Uhr«, bei deren Vortrag Valentin ständig durch Gedanken über Uhren und Zeit abgelenkt wird, auch wenn er sich immer wieder – allerdings vergeblich – zur Ordnung ruft, indem er stets aufs Neue »Die Uhr von Löwe« ankündet, da er ja eigentlich dieses Lied singen will. »Gestatten Sie, daß ich eine Ballade von Loewe zum Vortrag bringe: Die Uhr von Loewe. Ich setze voraus, dass ich mich dabei selbst begleite – mit der Gitarre. Die Uhr von Loewe!« Schon bei der ersten Zeile: »Ich trage, wo ich gehe, stets eine Uhr bei mir«, fällt ihm jedoch unvermittelt ein, dass er unterm Gitarrespiel keinesfalls gehen und auch eine Uhr bei sich tragen kann, weil er die außerdem erst kürzlich auch noch versetzt hat. Und so schweift er von einem Thema zum anderen, auch wenn er das

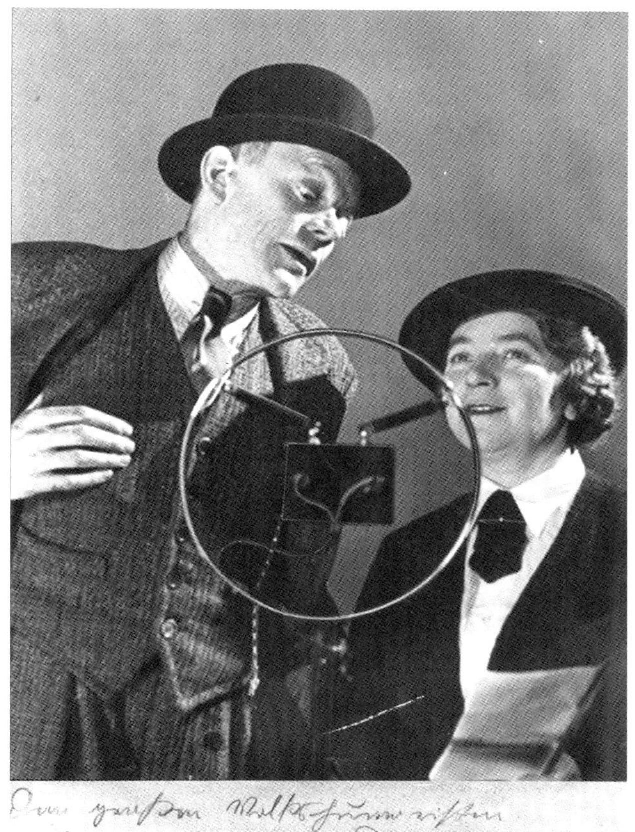

Karl Valentin und Liesl Karlstadt am Mikrofon. Foto für einen Schallplattenprospekt, um 1940. Widmung: »Dem großen Volkshumoristen / Herrn Jakob Roider in / großer Verehrung gewidmet / von Karl Valentin / München Juni 1947«

ganze Stück über eisern zwar an der Gesangsnummer festhält, aber ständig von Dingen abgelenkt wird, über die es etwas zu sagen gibt. Bei den fortwährend neuen Anläufen – »Na ja, das gehört nicht hierher. Also: Die Uhr von Loewe!« – muss er sich ermahnen, endlich zum Liedvortrag zu kommen, doch über die ersten Zeilen kommt er nie hinaus: »Ich trage, wo ich gehe, stets eine Uhr bei mir. Wieviel es geschlagen habe, genau seh ich's an ihr.« Und schon wieder kommen neue Geschichten dazwischen über das Erlernen des Gitarrenspiels (ohne Saiten), den U(h)rgroßvater, einen Streit mit einem Uhrmacher und eine »altmodische Wanduhr«, die als Ersatz für eine an die Wand geschmissene Taschenuhr an einem Nagel in der Brust getragen wird. Die Schuld daran, dass Valentin seinen Vortrag schließlich ohne die »Die Uhr von Loewe« enden muss, ist, wie er beklagt, die Zukurzschallplatte: »Leider kann ich Ihnen die Ballade nicht mehr ganz vorsingen, weil auf der Schallplatte dafür kein Platz mehr vorhanden ist. Schade, eine Schallplatte müsste eigentlich einen Meter Durchmesser haben, entschuldigen Sie vielleicht vielmals den plötzlichen Schluss.«

Valentin freute es, wenn seine Schallplatten im Rundfunk gesendet wurden. Ab 1940 war das jedoch immer seltener der Fall und nach dem Krieg wurde es diesbezüglich ganz still. Am 24. Dezember 1947 schrieb er einen Leserbrief an die »Süddeutsche Zeitung«, in dem er Stellung nahm zu den »Märchen, warum wir am Radio München so selten oder überhaupt nicht mehr zu hören sind. [...] Ungefähr 125 Schallplatten von uns liegen im Schallarchiv des Münchner Rundfunkhauses. Vielleicht zeigt die neue Sendeleitung doch ein weiches Herz und lässt für viele alte Münchner und Münchnerinnen zum Christkindl a paar alte Schallplatten laufen — wie viele und welche, wissen wir net, denn mir zwoa hab'n dadrin nix mehr z'reden.« Die neue Sendeleitung des Münchner Rundfunks blieb jedoch hartherzig. Eineinhalb Monate später war Valentin tot.

Übrigens, schon 1928 träumte Valentin auch von einer »Filmschallplatte«, mittels der seine und Liesl Karlstadts Vorträge in Ton und Bild verbreitet werden könnten. In einem Typoskript für ein Filmprojekt, betitelt »Das Heimkino«, hielt er dies fest:

> »Ein Herr erscheint auf der Leinwand und stellt ein schönes Gramola auf den Tisch. Er klappt den Deckel auf, und dieser Deckel ist eine Milchglasscheibe. Er spricht zum Kino-Publikum folgendes:
>
> ›Meine Damen und Herren!
> Hier haben Sie das sogenannte Heimkino! Man legt eine gewöhnliche Schallplatte auf, z. B. ›Der Zitherlehrer‹ von Karl Valentin und Liesl Karlstadt, lässt den Apparat laufen, und im selben Augenblick sehen und hören Sie zugleich die beiden Münchener Komiker Karl Valentin und Liesl Karlstadt in einer ihrer Original-Szenen.‹
> Das Bild auf der Glasscheibe erscheint, wird dann zur Grossaufnahme, und man sieht die beiden Darsteller genau wie auf der Bühne ihren Dialog sprechen (3 1/2 Minuten). Am Schluss verschwindet die Grossaufnahme wieder zur Totalansicht der Gramola, der Herr nimmt die Platte ab und sagt: ›Ist so ein Heimkino nicht fabelhaft? Sie wollen wissen, wo Sie einen solchen Apparat kaufen können? – – Nirgends – – der muss erst erfunden werden!‹«

»Ohne Rundfunkhörer kaufen wir kein Rundfunkhaus!« Valentin und der Rundfunk

1923 war in Berlin die Geburtsstunde des Rundfunks. Nun konnte Valentin, nachdem er ab 1928 Schallplatten aufgenommen hatte, auch im Radio eine breite Öffentlichkeit erreichen. Im Schallplattentext von 1941 »Wir kaufen den Reichssender-München« erscheinen Valentin und Liesl Karlstadt beim Direktor des Reichssenders mit einer ungewöhnlichen Kaufabsicht. Nachdem Valentin durch die Karlstadt vom ursprünglich geplanten Kauf eines Zirkus oder eines Gaskessels abgebracht worden ist, beschließen sie den »Reichssender München« zu erwerben, ist dieser stolze Bau doch mit einer »Funkorgel mit 3183 Pfeifen, einem Senderaum für Kammermusik und einem für komische Vorträge« und vielen anderen Räumen ausgestattet. Der Kaufpreis beträgt »4 Millionen Reichsmark, mit allem Drum und Dran – wie man so sagt«, worauf Valentin sofort wissen will:

»›Mit oder ohne Hörer?‹
Direktor; ›Wieso? Meinen Sie Kopfhörer?‹
Valentin: ›Nein, nein! Die, die wo halt dahoam am Radio horcha!‹
Direktor: ›Ach, Sie meinen unsere Rundfunkhörer? Ja, da haben wir ja in Bayern allein circa über 6 Millionen. – Ja, die Rundfunkhörer können wir Ihnen natürlich nicht mitverkaufen.‹
Valentin: ›Jaaaaa – – – *ohne* Hörer kaufen wir kein Rundfunkhaus. Glauben Sie wir sind komplet plem-plem? – – – Für uns zwei allein brauchen wir kein so Trum Rundfunkhaus – – da tut's uns ein g'wöhnlicher Radio auch. – – Nur *mit* Rundfunkhörern würden wir drauf reflektsionieren.‹
Karlstadt: ›Na, na! Ohne Hörer haben wir gar kein Interesse an dem Funkkauf. Das kommt gar nicht in Frage – – – da sind wir viel zu kaufmännisch veranlagt, um so zu dumm zu sein. – – Geh weiter Valentin – gehn ma!‹
Valentin: ›Entschuldigens vielmals!‹«

Aber interessant wär dieser Kauf natürlich schon gewesen. Erreicht Valentin bei seinen üblichen Auftritten pro Vorstellung nämlich nur ca. 100 bis 200 Leute, so würde er über den Rundfunk auf einen Schlag gleich 6 Millionen Zuhörer haben. Aber 4 Millionen Reichsmark für den Reichssender sind ihm und Liesl Karlstadt dann doch zu teuer, weshalb sie mit einem gewöhnlichen Radio zufrieden sind.

»Unser Radio hat 300 Mark gekostet, eine erstklassige Marke«, erklärt Valentin in seinem Dialog »Gespräch über Radiosendungen« von 1945 und betont: »Ein Radio ist schon ein technisches Wunder. Schauns nur in einen Radio mal innen hinein – ein solcher Wirrwarr von Drähten, Spiralen, Röhren und kleinen Schräubchen. – Solche Erfinder haben oft ihr ganzes Leben hindurch studiert und andere sind damit reich geworden.« Doch ein Radio, auch das weiß Valentin, will pfleglich behandelt sein. »Wenn man einen Radioapparat längere Zeit neben die Wasserleitung hinstellt, so werden die Radiowellen feucht und schon geht der Radio nicht mehr so einwanderungsfrei, oder es gefrieren im Winter die Radiowellen ein. […] Diese Radio-Röhren sind genau so empfindlich wie bei den Menschen die Luftröhren – ein kleiner Luftwechsel und schon hat man Luftröhrenkatharrh – und ist heiser.«

Aber auch über die Tücken des Radios lästert Valentin, »weil dieser Schinderkasten immer so zischt und faucht«. Am liebsten würde er dann »den Saukasten zum Fenster hinauswerfen«. Vor allem während des Krieges warnte ein »drein zwitscherndes Kuckuck-Kuckuck« die Bevölkerung vor nahenden feindlichen Fliegern und unterbrach dadurch viel zu oft »schöne Walzermusik«. »Aber sonst ist der Radio schon eine fabelhafte Erfindung, schon deshalb, weil man denselben sofort ausschalten kann, wenn er etwas singt oder spricht, was man nicht hören will.«

Den Rundfunk schätzte Valentin vor allem dann, wenn dieser seine Schallplatten spielte. Doch seit Beginn des Zweiten Weltkriegs war das leider immer weniger der Fall. In einem Feldpostbrief aus dem Kriegsjahr 1944 schrieb Valentin:

> »Immer und immer wieder bekomme ich Briefe von den Soldaten, besonders aus Lazaretten, in denen es heisst: ›Lieber Valentin und liebe Liesl Karlstadt, warum hört man so selten von Euch im Radio? Eure lustigen Schallplatten, auch die von Weiss Ferdl und anderen Humoristen sind uns am allerliebsten und bringen uns über manche schwere Stunde hinweg. Der Reichsrundfunkdirektor meint es uns sicher gut, wenn er uns des öfteren hochklassische Musik bietet, wie z. B. Brahm's Musik, oder die Siebente Rapsodie von Franz List oder einen Teil aus Richard Wagners ›Tristan und seiner Isolde‹. Wir sind aber nicht alle musikalisch gebildet, a Gaudi is' uns halt offen Gstanden bedeutend liaber!‹ Ein Soldat äusserte sich sogar in einem Brief: ›Auf d'Nacht, zum einschlafen is' a halbstündige Klaviersonate ganz angebracht und wirkt oft besser und schneller als wia zwoa Veronalschlafpulvertabletten!‹
> Ja, ja, liebe Soldaten, wir würden Euch gerne Eure Wünsche erfüllen und würden Euch alle Tage eine halbe Stunde lang etwas lustiges in den Radio hinein singen oder sprechen – damit wird aber der Reichsrundfunkdirektor in Berlin nicht einverstanden sein.« Denn in den meisten seiner Platten sei das Wort ›Grüss Gott‹ enthalten »und dies sei die Ursache, dass die Platten für die Sendungen nicht geeignet erscheinen. […] Darum gebe ich Euch den guten Rat – schreibt ihm selbst, vielleicht hat er für Euch Soldaten an der Front und für die, in den Lazaretten ein weiches Herz und ein offenes Ohr und erfüllt Euch Eure Wünsche. – – Wenn nicht, – – – dann bastle ich mir selbst einen Geheimsender – und alle Tage senden wir Euch dann eine Stunde, eine seelische Medizin, genannt: ›Münchner Humor‹.
> Euer Karl Valentin und Liesl Karlstadt.«

KAPITEL
5

Musikant und Sänger

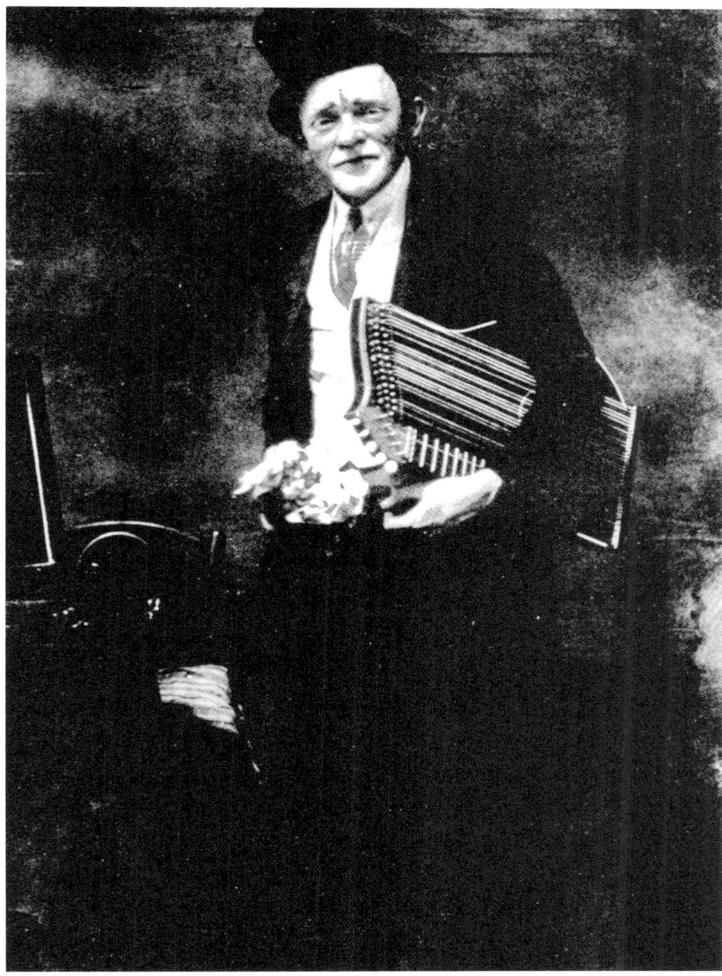

»Zithervirtuose« Karl Valentin, Filmfragment 1929

Schon als Lehrbub beim Schreiner Hallhuber in Haidhausen nimmt Valentin Unterricht im Zither spielen. Die Zither ist handlich, leicht zu transportieren und überall schnell aufzustellen und damit das ideale Instrument, um die Leute bei gemütlichen Zusammenkünften im Wirtshaus oder auf der Berghütte zu unterhalten. Die Anzahl der auf der Zither spielbaren Musikstücke und Lieder ist riesengroß. Die Zither wird deshalb Valentins Leib- und Seeleninstrument.

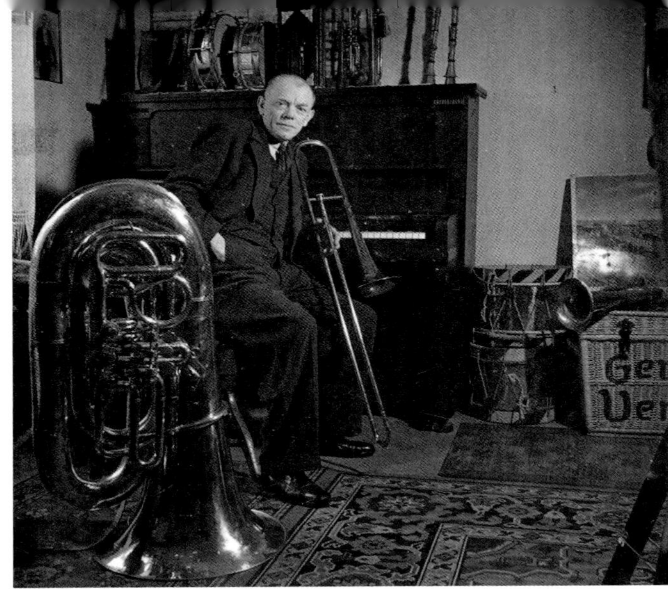

Karl Valentin vor seinem Klavier mit Posaune und Tuba, Planegg, um 1940

Transportable Radiogeräte, Musikboxen, Walkmen oder MP3-Player gab es damals noch nicht und so befriedigten die Menschen ihr Interesse an Musik in geselliger Runde, in der Musikanten und Sänger ihre Musikstücke und Lieder zum Vortrag brachten. Es gab nicht nur in München zahlreiche Volkssänger, Komiker und Unterhaltungskünstler, deren Auftritte auch den jungen Valentin begeisterten. Ihnen wollte er es gleichtun und da er wusste, dass Musik bei keinem Auftritt fehlen durfte, lernte auch er verschiedene Musikinstrumente, mit denen er auch den Vortrag seiner Couplets und Liedparodien begleitete.

Posaunensolo mit Posaunenbegleitung: Der Instrumentalmusiker

Während Valentin Zither- und Mandolinenunterricht nahm, brachte er sich weitere Instrumente selbst bei, darunter, wie erwähnt, Trompete, Posaune, Tuba, Waldhorn, Klarinette, Piccoloflöte, Fagott, Ziehharmonika, Gitarre, Violine, Schlagzeug und Klavier. Außerdem beherrschte er melodiöses Pfeifen, das er etwa im Film »Im Schallplattenladen« vorführt, indem er zwei Finger der linken Hand in den Mund schiebt und mit den Fingern der rechten Hand darauf wie auf einer Flöte spielt. »Sie können ja herrlich pfeifen«, staunt Liesl Karlstadt. Wie jeder Auer Lausbub beherrschte Valentin das schon von klein auf. »Dem pfeif ich jetzt eins«, sagte er, als er einmal einen Gendarmen veräppeln wollte. »Ich nahm meine Finger ins Maul, blitzschnell ertönte ein schriller Pfiff wie von einer jungen Lokomotive und gleich darauf hatte ich die Hand wieder in den Hosentaschen, als wäre nichts geschehen.« Einmal ließ er sich auf die Bühne eine Waschschüssel, ein Lavoir, mit Seife und Handtuch bringen, um nur die beiden Pfeiffinger der linken Hand im Wasser zu waschen. In der Rundfunksendung »Es dreht sich um Karl Valentin« von 1946 kündigte er den Walzer »Hochzeit der Winde« von John T. Hall pfeifend an, weil »der Wind pfeift doch, oder haben

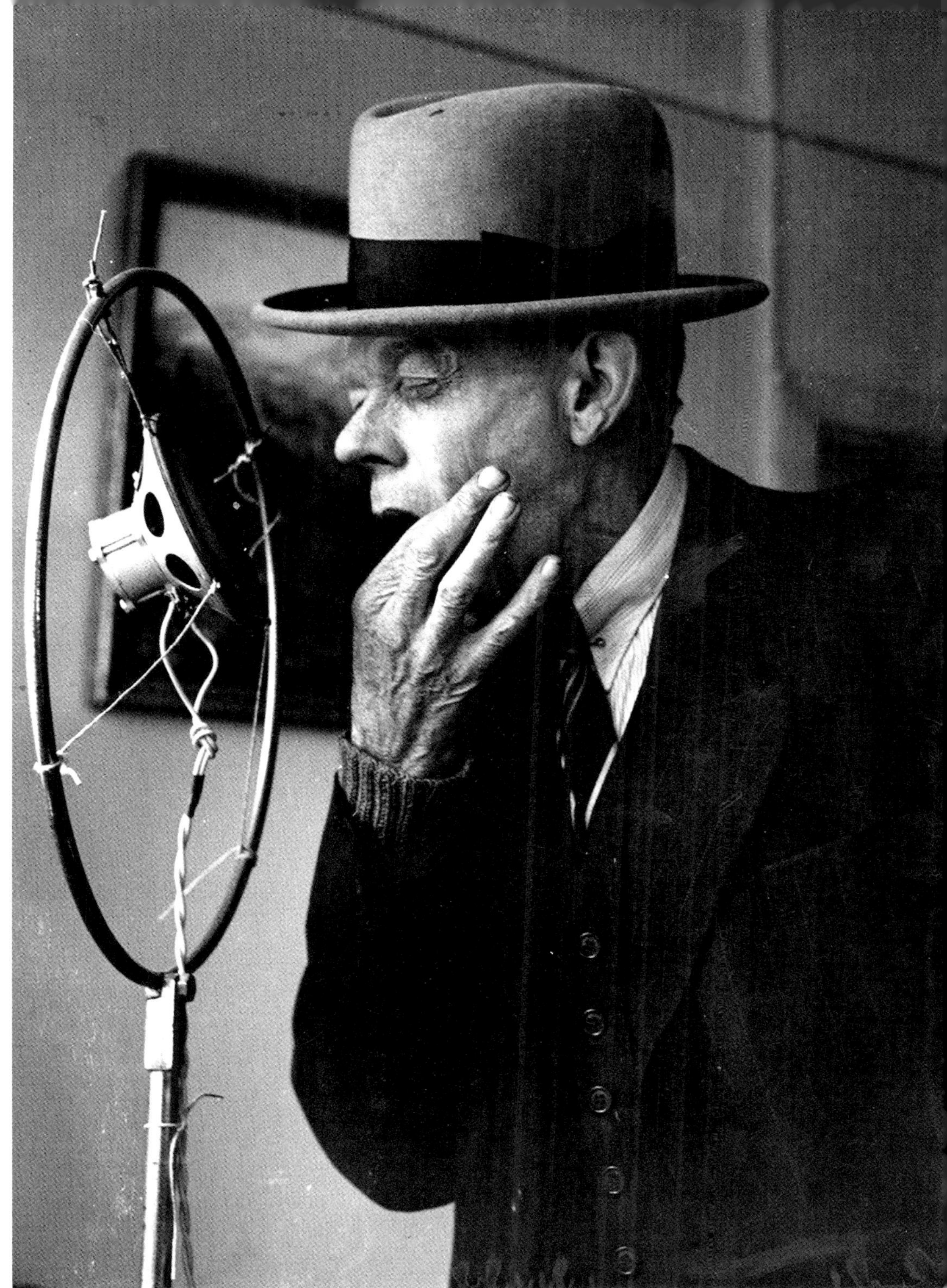

Karl Valentin als Kunstpfeifer

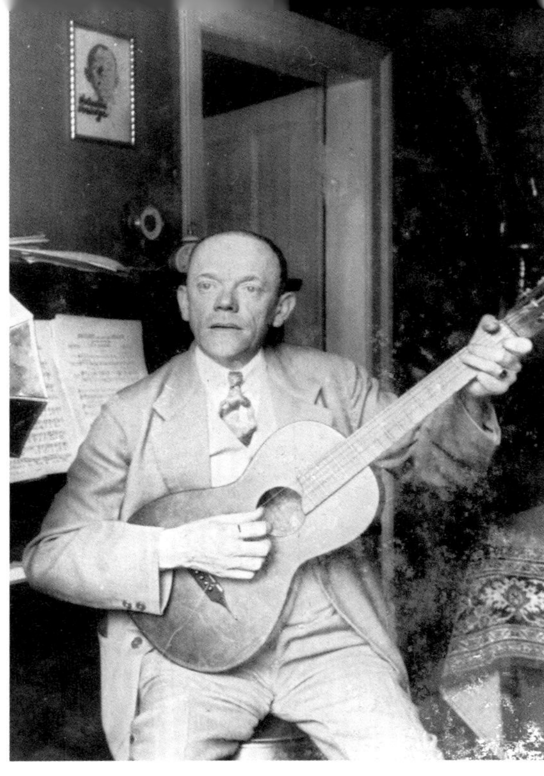

Karl Valentin mit Gitarre, Mitte 1920er-Jahre

Sie schon an Wind krach'n oder zwitschern hör'n? [...] Mei – Winde gibt's allerlei, ich weiß ja net, was der Komponist für an Wind damit gemeint hat.«

Etliche Fotografien sind erhalten, auf denen Valentin beim Umgang mit einem Musikinstrument porträtiert ist, als »schwerer Reiter« mit dem Bombardon, als Clown mit Ziehharmonika, als Troubadour beim »Mitternachtsständchen« mit der Gitarre oder in der Maske des langmähnigen Miniatur-Liszt. Es sind kuriose Blitzlichter, auf denen er mit nahezu allen Instrumenten zu sehen ist, die er spielte und mit denen er auf der Bühne auftrat. Ein Bild zeigt ihn auch als Sänger mit weit aufgerissenem Mund. Manche Bilder sind Szenenfotos aus seinen Filmen. Ein wesentliches Element auf den »Musikfotografien« ist die Kostümierung. So tritt er in einem Dirndl auf, in Feuerwehr- oder Soldatenuniform oder im Clownskostüm. Einige wenige Bilder zeigen ihn aber auch im privaten Bereich zu Hause im Wohnzimmer, wo er sich mit einem Instrument – Gitarre, Ziehharmonika oder Klavier – beschäftigt.

War Valentin aber wirklich das, was man allgemein als Musiker bezeichnet? Wollte er bei seinen musikalischen Auftritten also seine Virtuosität auf jenen Instrumenten zeigen, die er spielte? Hatte er den Willen und die Nervenstärke, ein längeres Musikstück auf einem Instrument ernsthaft und fehlerlos vorzutragen? Überzeugte er auch als Orchestermusiker, indem er das eigene Ego im Interesse der Gruppe zurückstellte?

Zu Beginn seiner Karriere war das sicher der Fall, wie er auch selbst berichtet. So trat er etwa »in einer Singspielhalle, Nähe Hauptbahnhof« auf. »Am Anfang des Programms machten der Klavierspieler, der Komiker Karl Flemisch und ich immer Konzert. Der Klavierspieler spielte Klavier, Flemisch Schlagzeug und ich blies Posaune, unsere Musik war zwar nicht schön, aber sehr laut. Der Wirt lobte mich immer ob meines Posaunenblasens und gab mir jeden Abend als Gratifikation 2 gute Zigarren.«

1909 demonstrierte Valentin bei dem so betitelten »Komischen Zithervortrag« sein Können, wie es klingt, wenn der kleine Maxl nach sechsstündigem Zitherunterricht seinem Opa zum 70. Geburtstag ein Ständchen mit der Zither vorträgt und wie falsch sich das Spiel auf einer billigen Zither anhört. »Daß man auch ein Pferderennen auf der Zither vortragen kann«, so Valentin, »das scheint ein Ding der Unmöglichkeit zu sein, wenn ich Ihnen aber damit, nur eine komische Imitation, des Rennens vor Augen führen will, so ist das eher begreiflich.« Mit den Worten: »Ich will es nun probieren, ein Rennen zu koupieren«, trug er mit seiner Zither vor, wie die Turmuhr ½ 2 Uhr schlägt und der Prinzregent an der Rennbahn mit einem schneidigen Marsch empfangen wird. Es folgen die Signale bei der Preisverteilung der größten und schönsten Rindviecher vom Königreich Bayern, dann die Ankunft der Rennbuben, Schweren Reiter und Fanfarenbläser und nach dem Krachen der Böller schließlich das Pferderennen, und das alles erweckte er mit seiner Zither zum Leben.

Valentin beherrschte also das Spiel auf den verschiedenen Instrumenten. Doch später produzierte er sich immer weniger als Instrumentalvirtuose. Es ging ihm vorrangig nicht mehr darum, ein längeres Musikstück fehlerfrei vorzutragen und damit sein Können auf einem Instrument zu demonstrieren. Viel wichtiger war ihm, die Instrumente als Requisiten für seine Szenen und Stücke zu benutzen. Deshalb spielte er oft nur ein paar Töne oder die ersten Takte eines Musikstücks an. Danach aber entfremdete er das jeweilige Instrument zu seinem Sketchpartner.

»Er bläst in einem Orchester die Trompete«, beobachtete der Schriftsteller Franz Blei. »Nach Schluß des Stückes produziert er noch ein halbes Dutzend grausliger Einzeltöne: gewissenhaft am falschen Ort holt er die im Eifer des Konzertierens versäumten Noten nach.« Oft aber reichte ihm auch nur ein Ton. Carl Zuckmayer berichtet von »einem Blick, mit dem Valentin einem ihm versehentlich entflohenen Trompetenton nachsah [...] mit einem kaum beschreiblichen Ausdruck der Bestürzung, als könne er nicht fassen, wo der Ton hergekommen war, wo er hin wollte. Er war bestürzt, betroffen von dem Geschehnis der Akustik, die er – mit diesem Blick – optisch zu begreifen suchte. Sein Nichtbegreifen war das der menschlichen Hilflosigkeit, dem Geschehnis des Daseins gegenüber. Dabei aber hob er einen langen, dürren Finger, deutete zaghaft hinter dem Ton her [...], als wolle er sagen, oder vielleicht sagte er es: ›Den fangst nimmer ein.‹«

Zuschauer, die ein ganzes Musikstück hören wollten, waren von den gebotenen Tonbruchstücken mitunter enttäuscht. »Es geschah zum Beispiel«, erzählte Wilhelm Hausenstein, »daß eine Betrachterin aus dem Volke unzufrieden, protestierend ihr Eintrittsgeld zurückverlangte mit der Begründung: ›Der ko' ja nix'n!‹ Der kann ja nichts. Valentin hat solche Wirkung auch immer für einen seiner stärksten Erfolge gehalten: dies also, daß eine seiner mit der vielfältigsten, raffiniertesten Kunst auf das Spectaculum tragikomischen Mißlingens hin angelegten Szenen die Wirkung des ›Danebengehens‹ mit dergestalt vollkommener Suggestivität hervorzubringen vermochte mit einer Suggestivität, die aus dem Komischen jedenfalls rein ins Ernste zurückschlug.« Auch Valentin selbst berichtet darüber, dass Personen bisweilen seine Vorstellung verließen. Einmal sei die Frau eines Berliner Gastwirts zu ihm in die Garderobe gekommen und hätte gesagt:

»›Wissen Sie, Herr Valentin, ich war heute in der Vorstellung, aber ich muß offen gestehen, es hat mir nicht gefallen. In jedem Vorstadtvarieté werden bessere Sachen geboten, als Sie zeigen. [...] Und ihr Trompetenblasen hat mir auch nicht gefallen. Das darf sie nicht beleidigen. Aber wenn man ein Abonnement auf die Oper hat, wie wir es uns glücklicherweise leisten können, da kann einem wirklich so was nicht mehr imponieren!‹«

Valentins lapidarer Kommentar dazu: »Die gute Frau hat die absichtliche Stümperhaftigkeit der Darbietungen auf der Vorstadtbühne im Stück nicht begriffen. Ich war unglücklich darüber.«

Wenn Valentin in der Szene »Die alten Volkssänger« (1939) mit drei betagten Volkssängern auftritt, hockt er zunächst mit eng um den Körper geschlungenen Armen da, weil ihm der Doktor nach einer Krankheit empfohlen hat, er solle sich »recht halten«. Das ursprünglich »philharmonische Orchester mit 80 Musikmännern« ist wegen Einrückens in den Krieg mittlerweile um »76 Musikmänner« geschrumpft, so dass nur das »wenigharmonische Orchester mit vier Mann« geblieben ist. Neben dem Klavier-, Bombardon- und Schlagzeugspieler ist da noch ein Klarinettist, der sein Instrument »aus'm Stiegeng'länder rausgrissen« hat. In einer anderen Szene werden unter den vier Musikanten zwar Noten verteilt, doch alles klingt katastrophal, spielt der Pianist doch »Stille Nacht,« der Klarinettist aber den »Tölzer Schützenmarsch« und der Trommler die Melodie aus »Lohengrin«.

Zweifellos besaß Valentin ein gutes Gehör, Klangsinn und rhythmisches Empfinden und eine für das jeweilige Instrument erforderliche körperlich-motorische Grunddisposition, doch nicht damit wollte er auf der Bühne brillieren. Wenn er mit einem Instrument auftrat, zeigte er oft genug »absichtliche Stümperhaftigkeit«, wobei ihm das jeweilige Instrument als Requisit diente, mit dem er allenfalls nur kurz musizierte.

Bei der Szene »Der dreissigjährige Krieg« – 1939, also zu Beginn des Zweiten Weltkriegs verfasst – verlangt Valentin vom Theatermeister eine Trommel mit einem trommelmäßigen Klang. Doch die eine ist ihm zu klein, die andere zu groß und eine hat nicht die richtige Farbe. Auch eine Feldtrommel passt ebenso wenig wie eine Konzerttrommel. Als endlich die richtige Trommel auf der Bühne ist, beginnt er in Anspielung auf den Zweiten Weltkrieg mit dem Heldengedicht:

»Aus grosser Zeit stammt mein Gedicht;
ich nenn' des Kaisers Namen nicht.

Ihr wisst es alle: Vom Kampf zum Sieg
es war der dreissigjährige Krieg.
Auf Deutschlands weiten Fluren,
Auf deutschen Auen,
soweit die Augen konnten schauen
war Kampf und Schlacht
und Schlacht und Kampf;
mit Schwertgeklirr und Pulverdampf
so ging das dreissig Jahre lang
von Anfang an –.
Doch jeder Anfang nimmt ein Ende
und plötzlich kam des Schicksals Wende;
von Ferne dröhnt der letzte Schuss (*Bumm*)
Der Krieg war aus,
's war Friedensschluss.

Der Bühnenmeister rief empört: ›Des is ja allerhand! Wegen dem *einen* Trommelschlag hetzen Sie mich mit der grossen Trommel im Saal herum!‹«

Welches Verhältnis zu seinen Musikinstrumenten hatte Valentin nun eigentlich? Wollte er mit ihnen wirklich seine Fertigkeit als Musiker vorführen? Lag ihm also das Spiel mit ihnen am Herzen? Musiker haben zu ihren Instrumenten meist eine enge Bindung und eine oft schicksalhafte Beziehung, Das Instrument wird für sie zu einem Spiegel des Selbst. Liebte auch Valentin seine Instrumente so, wie ein Musiker das üblicherweise tut, oder waren auch diese Beziehungen wie jene zu Bühnen- und Lebenspartnerinnen und -partnern nicht recht problematisch und oft nur von Hassliebe geprägt? Bescherten ihm seine Musikinstrumente nicht immer wieder sogar Albträume? Machten sie ihn nicht häufig aggressiv, indem sie ihn reizten? Missbrauchte er Instrumente möglicherweise deshalb zu anderen Zwecken, um sich an ihnen zu rächen? Unversehens fiedelte er mit dem Geigenbogen, den er auch als Florett benutzte, auf der Trompete, die er auch als Megafon, Fernrohr oder Stethoskop einsetzte. Mitunter bahnten sich schon beim Auftreten mit ihnen Katastrophen an. Den Schalltrichter des Bombardon stülpte er einmal der überraschten Soubrette Annemarie Fischer über den Kopf, die aufschrie: »Da erstick ich ja!«, worauf Valentin meinte: »[…] morgen lass i Fenster in Bombardon neimachen.« Dann wieder wurde der Schalltrichter der Tuba zum Aschenbecher, in den er eine Zigarette hineinwarf.

Und die Musikinstrumente? Entzogen sie sich nicht von sich aus mehrfach seinem Gebrauch, verweigerten sich dem von ihm beabsichtigten Einsatz und blamierten, ja demütigten ihn sogar, indem sie nicht funktionierten und falsche Töne von sich gaben? Fast scheint es, als ob sie ihm den Erfolg beim Auftritt missgönnten. Fühlte er sich von ihnen mitunter nicht sogar bedroht? War er ihnen gegenüber nicht oft genug hilflos? Wieso musste er sich ihretwegen bei Auftritten in lächerliche Kostüme zwängen?

Und die anderen musikalischen Utensilien? Noten wurden zu Quälgeistern, die sich ihm zerknüllt anboten und aus deren Gewalt er sich nicht befreien konnte, sodass er endlos weiterspielen musste. Notenständer wuchsen ungefragt in die Höhe und stürzten dann unversehens auf seinen Kopf herab, dass er vor Schmerz aufheulte. Wie fühlte er sich, wenn ihm ein Geigenkastendeckel plötzlich die Finger einzwickte? Versuchten die Dinge nicht geradezu offensichtlich, ihm Schmerz zuzufügen und Macht über ihn zu gewinnen? Sie forderten ihn nicht nur, sondern überforderten ihn, wo eigentlich doch er als der Musiker Herr über sie sein sollte? Stattdessen war er oft genug nur deren Knecht und litt unter ihrer unverfrorenen Dominanz.

Kein Wunder, dass Valentin in solchen Fällen aggressiv reagierte, provozierten ihn die Instrumente doch zur Gegenwehr. Schon sein nichtsnutziges »Lebendes Orchestrion« zerstörte er voll Wut mit einem »Hackl«, bis das Monster sein Leben aushauchte. Und in dem Dialog »Mozart« zertrümmerte er zu schlechter Letzt den Konzertflügel, weil er, wie er behauptete, diese Attacke »Mozart schuldig« sei. Auf Pauken und Trommeln konnte er, wie etwa am Ende der »Orchesterprobe« seiner aufgestauten Wut endlich freien Lauf lassen und tat dies auch in einem wahren Destruktionsrausch.

In der Realität ging Valentin mit seinen Instrumenten hingegen pfleglich um, doch zumindest einmal kam es zu einem heftigen Aggressionsausbruch, wie er selbst gestand. Bei einem höchst erfolgreichen »Gastspiel in Berlin im Theater am Schiffbauerdamm« im Oktober 1924 freute er sich schon auf die Rückreise nach München, denn bei jedem auswärtigen Aufenthalt wollte er stets möglichst rasch in seine geliebte Vaterstadt zurück. Doch diesmal hatte er übersehen, dass das Gastspiel nicht, wie er annahm, schon am 1. November endete, sondern laut Vertrag erst am 15. November, worauf der Impresario wegen des Erfolgs auch auf Einhaltung der Vereinbarung bestand. In den verbleibenden zwei Wochen wuchs Valentins Hass auf Berlin, das ihn an der Rückkehr nach München hinderte, von Tag zu Tag mehr und mehr, aber offensichtlich auch auf die Instrumente, die ihm Erfolg bescherten, sodass er nicht vorzeitig heimfahren durfte. Als sich am Abend des 15. November dann »zum letzten Mal der Vorhang senkte«, so Valentin, »loderte mein Zorn nochmals empor und hinter den Kulissen schlug ich alles kurz und klein, meine Geige um 300 Mark, lauter Splitter, die Trompete ein unkenntlicher Messingklumpen, nur die Trommel war hartnäckig, das Fell war mit beiden Füssen nicht kaputt zu kriegen. Warum alles – Heimweh!«

»Ja, wer nicht singen kann, der laß es bleiben«: Der Sänger Valentin

Es war der Zitherlehrer Ignaz Heppner, der es verstand, Valentin die lebenslange Freude am Musizieren, vor allem am Zitherspiel zu vermitteln. Die Begeisterung für Gesang wurde ihm in einer Varieté-Schule, in der er sich ausbilden ließ, eingeimpft, vor allem aber durch den berühmten Gesangshumoristen Karl Maxstadt, den Valentin so sehr verehrte, dass er sich nach dem Besuch einer Vorstellung bei Max Hieber gleich

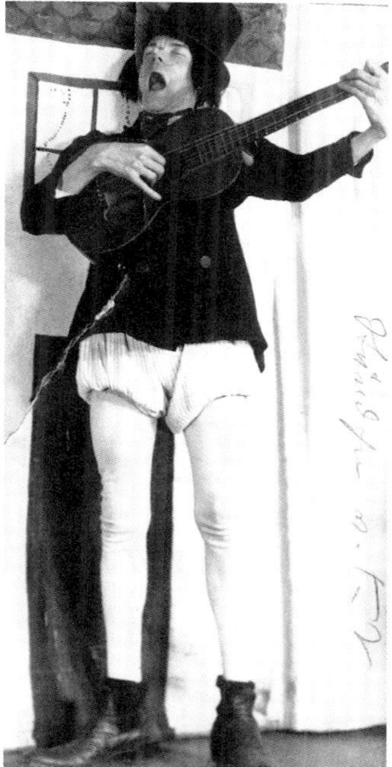

Karl Valentin als mittelalterlicher Troubadour mit Gitarre

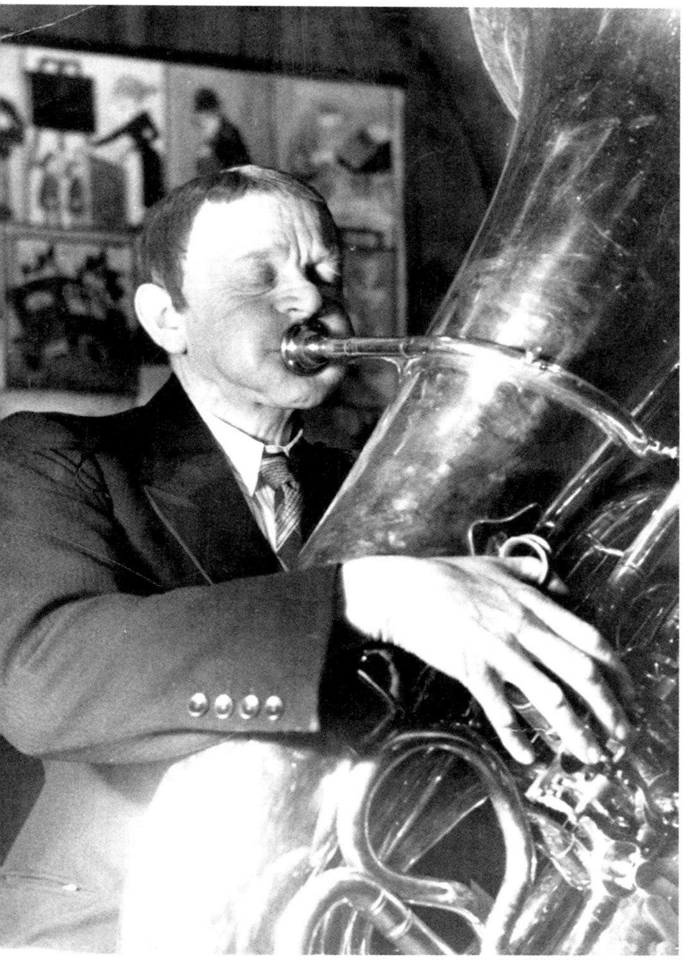

Karl Valentin als Tubaspieler in der »Ritterspelunke«, um 1940

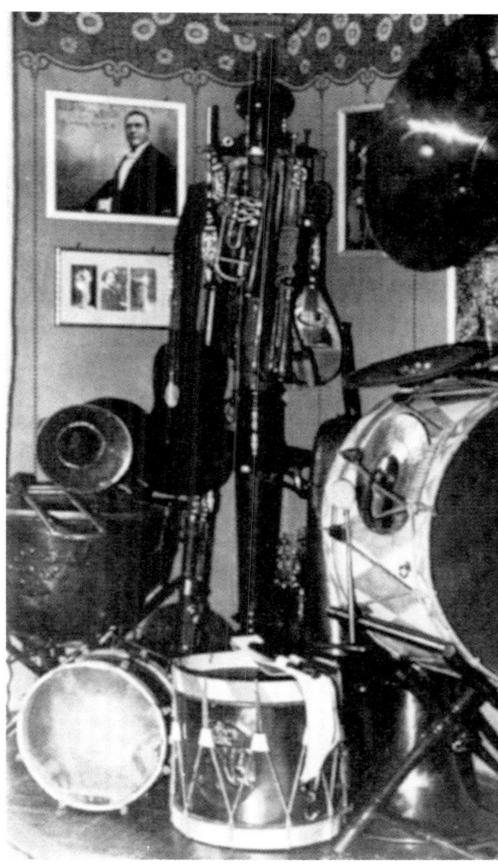

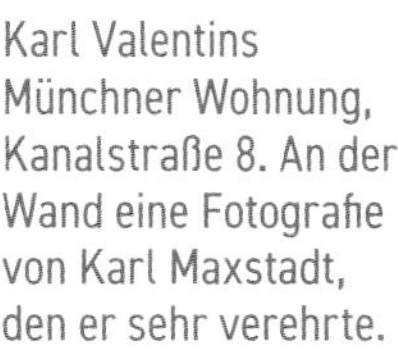

Karl Valentins Münchner Wohnung, Kanalstraße 8. An der Wand eine Fotografie von Karl Maxstadt, den er sehr verehrte.

dessen gesamte Coupletsammlung kaufte. Keinesfalls wollte er nur ein »Schablonen-Couplet Sänger« werden, sondern ein »Star-Humorist« wie Maxstadt.

Valentin besaß ein stimmliches, melodisches und rhythmisches Talent. Das wusste er selbst. »Ich hab nämlich a wunderbare Stimm, ich habe das Singen gelernt auf einer Maschine, auf einer Singermaschine«, spöttelte er, »ich hab bis neunzehn Jahre einen wunderbaren Tenor gehabt, mit zwanzig Jahren hab ich an Baß bekommen, einen Reisepaß.« Trotz seiner Bronchitis und seines Asthmas, worunter er sein Leben lang litt, hatte er keine »asthmatische Nichtsingerstimme«, wie Hannes König einmal meinte, sondern im Gegenteil eine voluminöse, wohlklingende Stimme, die Hermann Hesse als »erregendste Stimme, die tief beeindruckt« bezeichnete. Manche nannten seine Stimmlage auch einen »sonoren Bariton«, womit eine wohltönende mittlere Gesangsstimmlage zwischen Tenor und Bass gemeint ist. Er traf nicht nur jeden Ton, sondern hielt auch den Rhythmus ein, wenn er wollte, doch er wollte nicht immer. Nicht nur beim Singen in der Familie machte er sich einen Spaß daraus, falsche Töne anzuschlagen und alle aus dem Takt zu bringen, was heftige Proteste auslöste. In seiner Selbstbiografie nennt Valentin »seinen Hang zur Musik alltäglich« und gesteht, dass er »am liebsten zuhört, wenn er selbst spielt« und singt.

Ein großer Sänger, der Arien aus Opern oder Operetten vorträgt, wollte Valentin jedoch nie sein, auch wenn er in zwei Operetten mit Sprechrollen auftrat, so 1938 zusammen mit Liesl Karlstadt im Münchner Theater am Gärtnerplatz in der Operette »Der goldene Pierrot« von Walter W. Goetze, wobei er in einer Einlage den ersten Münchner Untergrundschaffner gab. Hatte er 1927 die Sprechrolle des Gefängniswärters Frosch in der Operette »Die Fledermaus« von Johann Strauß im Nationaltheater noch abgelehnt, für die er damals 300 Mark pro Vorstellung erhalten hätte, nahm er sie zwölf Jahre später aufgrund seiner finanziellen Situation an und trat am Silvesterabend 1939 im Gärtnerplatztheater als Frosch im dritten Akt für eine sicher erheblich niedrigere Gage auf und dann auch noch in weiteren Vorstellungen bis einschließlich März 1940, jeweils nach seinen Auftritten in der Ritterspelunke.

Auch wenn diese Rolle keine Paraderolle war und deshalb auch nicht übermäßig ausgestaltet werden konnte, bot sie Valentin doch die Möglichkeit für eigene humorige Einfälle. So trug er, obwohl eine Amtsperson, am Schlüsselbund einen riesigen Einbrecher-Dietrich und regte sich über die deutsche Sprache auf: »Die ist überhaupt verzwickt, der Dieb stiehlt, warum diebt er nicht, da müsste er ja eigentlich Stieler heißen.« Erstattet in dieser Rolle der betrunkene Frosch üblicherweise dem Gefängnisdirektor Bericht über das, was vorgefallen ist, so musste Valentin keinen Betrunkenen spielen, sondern nutzte die Rolle zu Spötteleien über Fragebögen, die im »Dritten Reich« zur Feststellung der arischen Abstammung auszufüllen waren und indem er über den kriegsbedingten Mangel an Konsumgütern herzieht. Auf die Frage, warum er so zittere, erklärt er: »Ich zittere nicht, sondern mich friert.« Und weshalb? Darauf Valentin: »Ach, das verfluchte Jopaeis.« Auf die Frage, warum er denn dann Eis esse, während sein Vorgänger doch immer Schnaps gesoffen habe, meint Valentin: »Ja, der hat noch einen gehabt.« Doch glücklich über seine Ausflüge in die Operette war Valentin nicht.

»Frauen waren vollends von der Schönheit, der samtenen Tiefe seiner Baßstimme berührt, wenn er das Lied ›Im kühlen Grunde‹ und vom ›Mühlrad‹ sang«, so äußerte der mit Valentin befreundete Wilhelm Hausenstein. Mit dieser Bassstimme trug er, begleitet von gestischen und mimischen Einlagen, seine Liedparodien vor. Mitunter stand er auf der Bühne auf seinen dürren Beinen, die jeden Augenblick ihren Dienst zu versagen drohten, blickte rat- und hilflos um sich wie auf verzweifelter Suche nach seinem verlorenen Ich, auf dem Kopf eine zottelige Perücke. Seine mit bebender Stimme vorgetragenen Lieder oder Liedfragmente bohrten sich gnadenlos in Hirn und Gemüt des Publikums. Es reichte ihm vollkommen, Lieder nur anzureißen oder lediglich eine Strophe vorzutragen. Er unterbrach sich gern, boykottierte und zerstörte seinen Gesang, bevor er recht begonnen hatte.

In der Parodie »Die Loreley« unterstrich Valentin seinen krächzenden, meckernden Gesang durch hässliche Kostümierung mit struppiger Langhaarperücke und weißem Leibchen, ständig unterbrochen von keuchendem Hüsteln. Beim Vortrag »Die vier Jahreszeiten« forderte er, dass dieses Lied »recht gezogen werden und durch die Langweiligkeit wirken muss« und erfüllte diese selbst gestellte Anordnung. Er trug die gleichlautenden Strophen über Frühling, Sommer, Herbst und Winter mit übertrieben rollendem »rrr« vor und freute sich, wenn er bei der letzten Strophe vom Publikum von der Bühne gebuht wurde. In der Parodie des Volksliedes »Still ruht der See« sang und lachte Valentin nach jeder Strophe gleich selbst dazu »um«, wie er sagte, »nicht in Verlegenheit zu kommen, daß bei dieser Parodie sonst niemand lacht«.

In dem Stück »Im Schallplattenladen« fragt Valentin nach einer Platte mit dem Titel »Sanitätslos«. Da die Verkäuferin die Platte nicht kennt, singt ihr Valentin die Melodie vor. Es stellt sich heraus, dass er die Platte »Seemannslos« meint, die er aber ausrotten will, da er dieses Lied hasst und deshalb alle Platten mit diesem Lied kaufen möchte. Die Verkäuferin bringt ihn davon ab, worauf sich Valentin die Platte »Ein Abend am Sonntagmorgen« wünscht. Die ratlose Verkäuferin fragt telefonisch beim Ladenbesitzer, Herrn Rembremerding, nach, dem Valentin die Melodie vorpfeifen soll, was ihm aber nicht gelingt, weil er ständig über den komischen Namen Rembremerding lachen muss.

Über die Schallplatte »Das Lied vom Sonntag – Romanze in c-Moll«, in dem Hundegebell immer wieder den Gesang stört, äußerte Valentin:

> »Die Schallplatte ist gut, halbherrlich. Die Stimme des Gesanges, welche dieser Sänger an den Tag legt, ist frappantisch, das tenorierende Tremolo ist entzaubernd, die himmlische Lyrik erhebend, nur dass der Misthund immer dazwischen kläfft, finde ich komisch. Denn wenn ich eine Sängerin wäre, die Sacka Ern, oder ein Sänger wie

Zapak, würde ich doch vor der Aufnahme schauen, ob ein bellender Hund sich im Schallplattenaufnahme-Laboratorium befindet; das ist doch ein Sängerleichtsinn!«

Aus dem Volkslied »Verlorenes Glück«, in dem ein Mann klagt, dass ihn seine Geliebte betrogen hat, singt Valentin zu dieser Melodie das Couplet »Der Orgelmann«, in dem er als armer Drehorgelspieler wirres Zeug faselt und schließend mit den Worten endet:

»Was zulang dauert, wird ei'm oft zuwider,
drum werd ich schließen jetzt mit dem Gesang,
ich hör jetzt auf und werde Abschied nehmen,
denn wenn ich weitersinge, dauerts z'lang.
Aus diesem Grund will ich mein Lied beenden,
weil es vielleicht Sie noch langweilen tät,
obwohl Gesang, wenn er sehr schön gesungen,
fast allen Menschen stets zu Herzen geht.
Ja, wer nicht singen kann, der laß es bleiben,
schlechter Gesang der bringt die Menschen um,
ich möchte nicht zum Massenmörder werden,
Drum lebe wohl mein teures Publikum.«

Ja, zweifellos lag es Valentin näher, das Publikum mit seinem Gesang »umzubringen« und mit Kakophonien und anderen Überraschungen zu schockieren als es mit gewohnten Harmonien zu beglücken.

»[...] panikartig zerplatzte ein alter Leberkäs«: Sprachmelodie und Sprachmusik

»Wie der moderne Maler malt, so kann der moderne Schriftsteller schreiben«, äußerte Valentin in seiner »I. Narrenrede«. Und ähnlich kann demnach auch der moderne Musiker komponieren, wobei Bilder, Sprache und Musik oft miteinander verschmelzen. Das lernte Valentin schon im Brabbelalter von seinem Umfeld, wenn er Silben und Vokale, wie »Wauwau«, »Mama«, »AA«, »Ei, ei«, »guckguck« im Singsang nachplapperte. War er ungezogen, wurde ihm gedroht, der »Wuhwuh« käme, um ihn zu bestrafen, was er übrigens als Ursache für seine späteren Angstkomplexe bezeichnete. Diese Alliterationen, also gleichlautende Silbenanfänge und Doppelungen, wurden dann zu Wörtern, mit denen er die Dinge seiner Umwelt benannte. Dabei machte er Bekanntschaft mit Rhythmisierung, Reimspielen und Wiederholungen: »Hoppe, Hoppe, Reiter, wenn er fällt, dann schreit er«, auch viele bayerische Reime waren darunter: »Annamirl, Zuckaschnüal, Haxn wia a Zwieferöhrl, Nasn wiar a Ypsilon, Köpfal wiar a Luftballon«. Dabei brannten sich zahllose musikalische Formeln ins Gehirn ein. Es war die Muttersprache, neben dem bairischen Dialekt der sächsische seiner Mutter und der hessische seines Vaters, womit Valentin sozusagen dreisprachig aufwuchs: bairisch-sächsisch-hessisch. Dadurch wurde seine Sensibilität für Sprache zusätzlich gefördert, ebenso seine Musikalität, also wie er später Melodien und Rhythmen wahrnahm und mit ihnen umging.

»Isopropilprophemilbarbitursauresphenildimethildimenthyllaminophirazolon«, allein dieser von Liesl Karlstadt in der Filmszene »In der Apotheke« rhythmisch gesprochene Name des Beruhigungsmittels für ein krankes Kind, lässt Valentin sie dreimal wiederholen, bis er es endlich zu verstehen scheint, worauf er meint: »A einfachs Wort eigentlich, und man kann sich's doch nicht merken.« Überhaupt, »das Wort ›Wort‹ ist ja für sich schon ein Blödsinn – was man dadurch erkennt, wenn man das Wort ›Wort‹ fünfzigmal hintereinander hersagt. Machen Sie die Probe und Sie werden sehen, es ist tatsächlich ein saudummes Wort, das Wort ›Wort‹«, schreibt Valentin im Vorwort eines Buchs »Brilliantfeuerwerk«, wobei er zugibt, dass auch »das Wort ›Vorwort‹ ein Blödsinn ist, weil ein Vorwort nur ein Wort wäre, womit dem Leser nicht gedient wäre, weshalb es besser ›Vorartikel‹ heißen müsste.« »In einem völlig ernsten Gespräch«, so teilte Hannes König mit, »ließ Valentin unartikulierte Wortgebilde wie ›arko-wurti, fataulunamor, wirzikatomoro, wissens scho gell!‹ hören, um dann völlig ohne Überleitung weiterzusprechen.«

Valentin war sich bewusst, dass Sprache und Texte mehr als nur aneinandergereihte Wörter sind. Immer wieder demonstrierte er, welche Bedeutung beim Sprechen von Worten auch der Sprachmelodie zukommt, dass Vorträge sich mit einer gelungenen musikalischen Komposition also durchaus vergleichen lassen. Viele seiner Texte sind improvisierte Sprachmusik, also eine Mischung aus Sprache und Musik, wobei sich zufällig oder wild aneinandergereihte Worte und Laute mit Rhythmen überlagern. In etlichen Texten, die keinen zusammenhängenden Sinn ergeben, konzentrierte sich Valentin auf die in Worten und Sätzen enthaltene Sprachmusik, so etwa in dem Monolog die »Unpolitische Rede«, die mit dem endlos langen Satz beginnt:

> »Es freut mich ungemein, daß Sie, wie Sie, wenn Ihnen das sozusagen irgend jemand beispielsweise, oder daß Sie gewußt hätten, widrigenfalls ohne direkt, oder besser gesagt inwiefern, nachdem naturgemäß es ganz gleichwertig erscheint, ob so oder so, im Falle es könnte oder es ist, wie erklärlicher Weise in Anbetracht oder vielmehr warum es so gekommen sein kann oder muß, so ist kurz gesagt kein Beweis vorhanden, daß es selbstverständlich erscheint, ohne jedoch darauf zurückzukommen, in welcher zur Zeit ein oder mehrere in unabsehbarer Weise sich selbst ab und zu zur Erleichterung beitragen werden, ohnedem es wie ja unmöglich erscheint in bis jetzt noch nie, in dieser Art wiederzugebender Weise, ein einigermaßen in sich selbst, angrenzend der Verhältnisse, die Sie wie Sie, ob Sie gegen sie oder für sie nutzbringend in sich selbst von vorne als gänzlich ausgeschlossen erachtet werden wird, und daß ohnehin einer ferngehaltenen Verschlimmerung ein, oder ein in irgend einen einigermaßen einzig verschwiegen ist.«

Beim Vortrag dieses Textes zwingt Valentin sich und jeden Vortragenden und damit auch die Zuhörer, sich auf die darin enthaltene Sprachmusik und -melodie zu konzentrieren.

Auch im Monolog »Der Weltuntergang (*sehr schnell zu sprechen*)« verwandeln sich Worte in Musik:

»›Wehe, wehe‹, sprach der Oberlehrer von der Gasanstalt: ›Richtet nicht, sonst werdet Ihr gerichtet‹. Da öffneten sich die Wolken und mit blinzelnden Augen treten 18 Packträger hervor und verkündeten das Ende der Welt. Links und rechts stehen je vier goldene Jungfrauen mit Semmelbrösel bepappt und hielten ein vernickeltes Butterbrot in der Hand. Die Luft zitterte wie Schweinssulz, die Erde wühlte sich auf, die Vesuve speiten Honig und Sauerkraut. Nacht- und Tageulen, Junikäfer und Lämmergeier schwirrten gespensterhaft auf dem Fußboden umher, panikartig zerplatzte ein alter Leberkäs und am Ende des Vortrags trat plötzlich der Schluß ein.«

In Valentins Monolog »Vereinsrede«, ebenfalls eine virtuose Textpartitur mit musikalisierter Sprache, bei der sich die Sinnebene ganz im Klanglichen auflöst, heißt es:

»*(Im grossen Raum gesprochen. Volksmenge beim Erscheinen des Volksredners: Bravo-Rufe und Händeklatschen.)*

Sehr verehrte Versammlungsteilnehmer!

[...] Gewiss haben wir nicht die volle Gewissheit, was in Anbetracht einer Zerklauberei der ewig unmöglich erscheinenden Begleiterscheinungen in sich vereinigt, denn gerade hier, bieten sich einschneidende Bedingungen, die von vorneherein ein für allemal ausgemerzt werden müssen. [...] Wir haben uns mehr denn je über diese Kleinigkeiten irnmuniert und haben in Sachen herumgewühlt, statt uns zu sagen ›Freunde, geht ans Werk‹, ›greift zu und ihr werdet es nicht bereuen.‹ [...] Nein, fühlen Sie sich nicht dazu genötigt, denken Sie an das Problem der Atomzertrümmerung, denken Sie an die Worte des Sokrates: ›Femina, Feninima monstrum Vivat Concenbinatum – o eleonoris causa veni vini vizi.‹ Meine Herren, Schatten der Gegenwart möchte ich verpflanzen wie Minderwertigkeiten, welche nur zu deutlich aufgerollt werden, wenn uns die Zeit nicht selbst den Stempel des Daseins auf die Stirne drückt. [...] Es ist nicht gleichgültig, ob ich sage: ›ich bin oder ich werde‹, – nein, meine Herren, Zufälligkeiten und Abdrosselungen eigener Anschauungen haben sich noch nie zu einer Konservierung von Gedanken verbinden lassen. Wehe dem, der sich selbst, wehe dem, dem derjenige nur das ist, was wir uns von diesem erwartet haben. [...] Es gab eine Zeit und diese Zeit lässt sich Zeit, denn im Zeitabschnitte dieses Zeitabschnittes wird die Zeit kommen, die wir zeitlebens nie vergessen werden. Und wenn es am Sonntag wider alles Erwarten wirklich schlechtes Wetter ist, müssen wir unser Stiftungsfest auf den nächsten Sonntag verschieben.

Bravo-Rufe – Applaus!«

Der Schriftsteller und Satiriker Eckhard Henscheid bezeichnete 1980 Valentin als »Onomatopoeten«, also einen Schöpfer lautmalerischer Wortbildungen, denen eine durchaus musikalische Qualität zukäme. Etwa in den Dialogen »Frau Huber in der Straßenbahn« und »Frau Huber sucht eine neue Köchin«, so Henscheid, gelingt es Liesl Karlstadt »im Rahmen einer Endlos- und Rundum-Suada über die Misere mit ihrer Köchin eine wahre Kakophonie sinnleerer und doch so exzessiv kommunikativer Gesprächsbeiträge: ›So‹, ›So? So?‹, ›Ah‹, ›Äh‹, ›aha-aha-aha‹, ›so-so‹, ›so-so-so‹, ›hm‹, ›jaa-jaaah‹, ›naa‹, ›aha! ja?‹, ›was Sie net sag‹n', ›geh‹, ›aha soso‹, ›vasteh‹s scho', ›Jöss, Maria, Josef‹, ›da haben S' recht g'habt‹, ›da haben S' recht, da haben S' recht, da haben S' recht‹, ›geh, hören S' auf‹, ›ah-ah-ah-ah-ah‹ – mit dem schließlichen, den Wahnsinn vorerst noch einmal festmachenden Einwurf: ›Ich bin ja sprachlos!‹« Valentins »Umgang mit der Sprache ist von Musikalität gekennzeichnet«, urteilte auch der Filmkritiker Georg Seeßlen zu Recht.

Zu langsam, zu schnell – zu laut, zu leise! Dynamik in der Musik

Nicht nur bei seinen Vorträgen spielte Valentin abwechslungsreich mit der Stimme, mit den Abstufungen, den Übergängen und der Akzentuierung, auch in der Musik, bei seinem Gesang variierte er von piano-pianissimo über mezzo forte bis zu fortissimo. Die Stimme als persönlichstes Ausdrucksmittel des Menschen nutzte er nicht nur beim Sprechen, sondern auch als musikalisches Werkzeug. Ob er langsam oder schnell sprach oder sang, ob laut oder leise, seine Stimme klang voll und satt und hatte einen unverwechselbaren Klang. Sie kam aus seinem leptosomen Körper, der ihm Instrument war, auf dem er mit seiner dunklen, tiefen Stimme die Lautstärke variierte. Bei seinen Mono- und Dialogen wusste er mit langsamem oder schnellem Tempo virtuos zu spielen, mit eingesetzten Pausen, einer tiefen bis hohen Modulation und mit einer emotionalen Färbung der Stimme. Er verfügt über eine breite Platte von stimmlichen Spielarten und Stimmmasken, die er ohne jede Übertreibung dezent einzusetzen verstand. »Er redete mit einer vollkommenen Deutlichkeit des Vortrags«, erlebte Wilhelm Hausenstein, »so rein vernehmlich, daß er auch noch verstanden werden konnte, wenn die Stimme leise ging – und das Diskrete, das Unbetonte auch im Reden, die Kunst des Akzentuierens gerade durch ein intimes Minimum von Tonstärke, mit halbem Raunen und Flüstern war diesem Künstler in überlegenen Graden gegeben.« Und wenn er bairisch sprach hatte er »das gewisse ›Secco‹, das seiner ganzen langen, trockenen, mumienhaft anmutenden Erscheinung eigentümlich gewesen ist«.

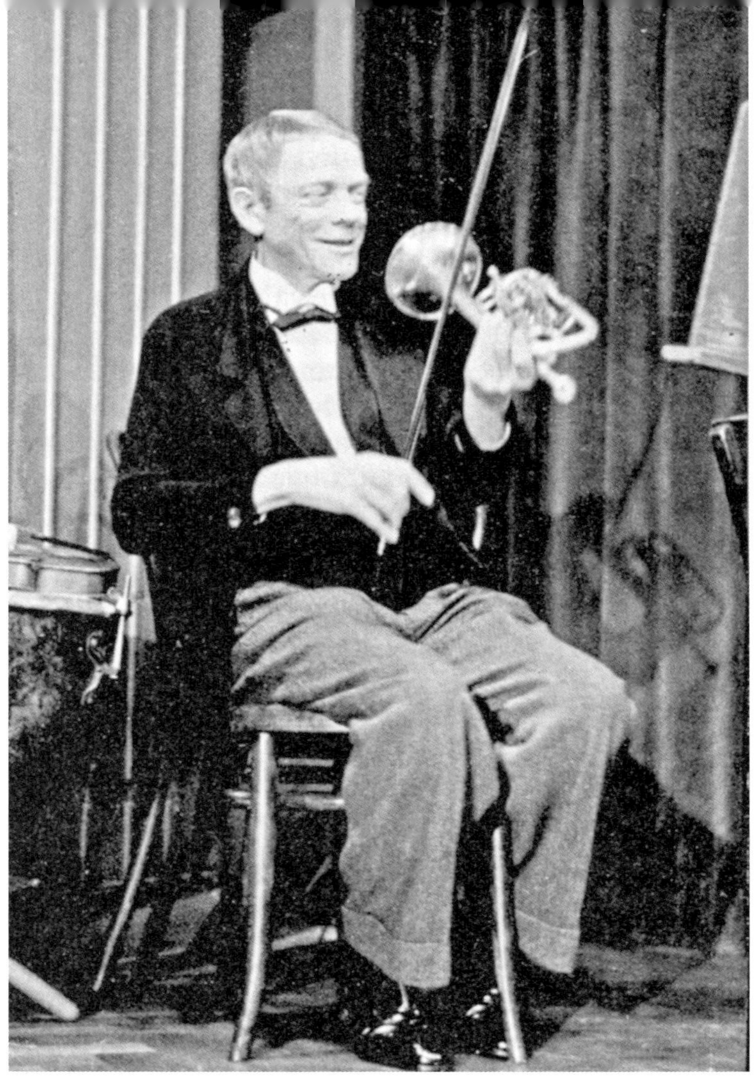

Karl Valentin, der Trompetenfiedler

Möglichkeiten zum Spiel mit der Dynamik eröffnete ihm auch die Technik, wie er dies etwa in der Rundfunksendung »Es dreht sich um Karl Valentin« von 1948 demonstrierte. Der »Rundfunkwerkmeister« ist noch nicht anwesend, aber Valentin besteht darauf: »Wir fangen trotzdem jetzt an.« Hierauf wird die Platte »Wie herrlich ist doch im Frühling« aufgelegt. Sie muss – so lautet die Anmerkung für die Technik – sehr schnell abgespielt werden, sodass niemand den Text versteht.

»Karlstadt ruft: Halt! – halt! – Das Mikigrophon ist zu schnell eingeschaltet.
Valentin: Da brauch ma nur den Wechsel da auf langsam stellen na is richtig.
(Nachdem dies erledigt ist, läuft die Platte aber ganz langsam.)
Karlstadt: Halt! – halt! – jetzt läufts wieder zu langsam, des is a nix.
Valentin: Da ist doch der Regulierhebel, den dra ma um, dann muss stimma.
Nun aber hört man aber allerlei Geräusche, Gepfeife und Gezische.

Ein Angestellter kommt in den Senderaum ganz aufgeregt herein und schreit: ›Was ist denn das für ein Saustall! Das Telefon läutet beständig, die Hörer beschweren sich über die Sendung.‹
Valentin: Au weh! Jetzt wiss mas gwiss, dass die Hörer horchen.
Angestellter: Natürlich horchen die Hörer, lassen Sie gefälligst die Sendemaschine in Ruhe wenn Sie schon davon nichts verstehen und warten Sie bis der Regisseur kommt.«

Das Publikum war fasziniert, wie Valentin seine Stimme einzusetzen verstand und sie mit Liesl Karlstadts Stimme kombinierte. Auch mit dem Phänomen des Horchens und Hörens befasste er sich. In seinem Dialog »Am Heubodn« (1937) geht Valentin als Simmerl im Gespräch mit Anni der Frage des Hörens auf den Grund, warum man im Finstern etwas hört, obwohl man doch nichts sieht, und ob das auch der Fall ist, wenn er »nix redet«.

»Anni: Aba warum hört ma nacha im Finstern was?
Simmerl: Ja warum? Hörst Du ebba jetzt grad was?
Anni: Freili'! Di hör i[.]
Simmerl: Warum grad ausg'rechnet mi?
Anni: Weil halt sunst wahrscheinli neamand da is[.]
Simmerl: Ja woasst Du dös g'wiss?
Anni: Freili woass i dös g'wiss, sunst tat i do ausser Dir no ebbs hör'n.
Simmerl: Hörst Du mi denn a wenn i nix red?
Anni: Sell woas i net, red amal nix, ob i nacha was hör[.]
Simmerl: Ja jetzt pass auf, jetzt red i nix – Hast dös jetzt g'hört wia i nix g'redt hab?
Anni: Ja tadellos – und dös hab i nacha g'hört wiast g'sagt hast ›hast dös g'hört wia i nix g'redt hab?[‹]
Simmerl: So, dös hast g'hört? – Aber des andere net?
Anni: Was für a anders?
Simmerl: No ja, wia i nix g'redt hab[.]
Anni: Na, zuaghört hab i scho', aber g'hört hab i nix[.]
Simmerl: Dös is g'spassig, gell, mit dera Hörerei!«

Valentin gelang es, allein mit seinem Stimmansatz, dem Atem, der Körperspannung und Dynamik seinen Geistes- und Seelenzustand, seine Gefühle und Absichten, etwa seine Nervosität oder Bosheit, seine Wut oder Trauer aufs Publikum zu übertragen. Die Stimme mit »ihren Halbtönen, Stummheiten und Weglassungen« und, so Hausenstein, »begleitet von einem halben Lächeln oder Grinsen, in einer delikat-nervösen Intimität der Gesichtsmimik« wurde ihm zu einem machtvollen Instrument, mit dem er experimentierte und Menschen verblüffen und manipulieren konnte.

»Pause! – Ich hab's doch g'hört!« Ein Meister der Pausen

»Kapellmeister [bei der Orchesterprobe]: […] jetzt fangen wir an –
Valentin: Pause????
Kapellmeister: Was Pause – Wie kommen denn Sie jetzt auf Pause? – Wer hat denn jetzt ein Wort von einer Pause gesagt?
Valentin: Haben nicht Sie grad Pause gesagt?
Kapellmeister: Ich – – Ich hab ja gar nicht dran gedacht an eine Pause – Sie haben grad g'sagt Pause –
Valentin: Ich hab's g'sagt?
Kapellmeister: Natürlich – grad im Moment haben Sie's g'sagt –
Valentin: Drum, ich habs ja ghört!!!
Kapellmeister: Das würde Ihnen so passen, gleich am Anfang eine Pause machen, da wird nichts daraus, jetzt geht's los. *(Klopft ab.)*
Valentin: Halt – husten muß ich zuerst noch –
Kapellmeister: Jetzt hätten Sie so lange Zeit gehabt zum Husten, im letzten Moment fällt es ihm ein, also husten Sie noch schnell, dann warte ich – vorwärts – was ist denn?
(Alle warten und sehen ihn an.)
Valentin: Jetzt muß ich nicht –«

Musik ohne Pausen? Für Valentin undenkbar: »Ich habs doch grad g'hört! Pause!« Schließlich sind Pausen ein wichtiges Element in der Musik, auch wenn Musiker oft Angst davor haben, weil sie sich fürchten, den Wiedereinsatz zu verpassen oder zu früh einzusetzen. Auch Komponisten lieben Pausen, erzeugen Spannung damit, freuen oder ärgern sich, wenn im Publikum vorzeitig in die Pausen hineingeklatscht wird.

Doch für Valentin bedeuten Pausen bei seinen Auftritten noch etwas ganz anderes. Er kommt zögernd auf die Bühne, steht verschämt da, weiß nicht zu beginnen – macht Pause –, fängt dann doch an, verstummt aber gleich wieder, ist verlegen – Pause! – steht da und wartet, weiß nicht worauf er wartet – die Pause endet nicht. Alles stört ihn jetzt, die Beine, die Arme, mit denen er nichts anzufangen weiß, er leckt sich an der Hand, versucht sie mit Spucke an die Hüfte zu pappen, was nicht klappt. Minuten vergehen, die Zeit scheint zu pausieren. Pausen vor dem Auftritt, beim Auftritt, das ganze Leben besteht doch aus Pausen. Valentin, ein Meister der Pausen!

»In den kunstvollen Pausen, die er einlegte«, so Theo Riegler, »schien er angestrengt über eine neue Erklärung des Widersinnigen nachzudenken, um seinen Gegner schachmatt zu setzen.« Und der Schriftsteller Eugen Gürster urteilte 1922:

»Seine Komik ist lautlos, ist schweigend, sie lebt von den Pausen zwischen den Worten, von dem hilflosen Erstaunen vor den Hemmnissen der Begriffe und der Sätze. Karl Valentin verstummt vor den nicht zu enträtselnden Schwierigkeiten der Materie

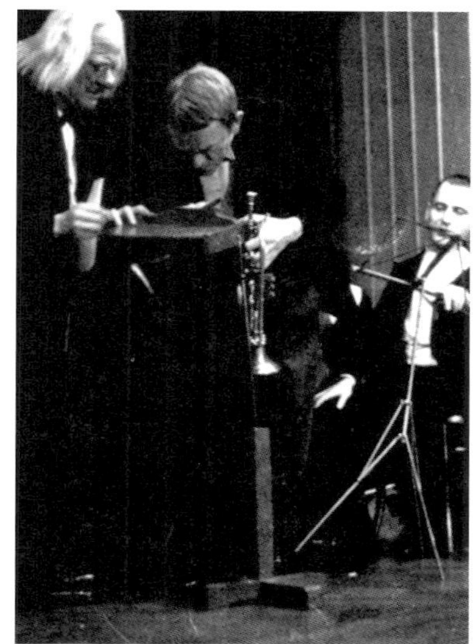
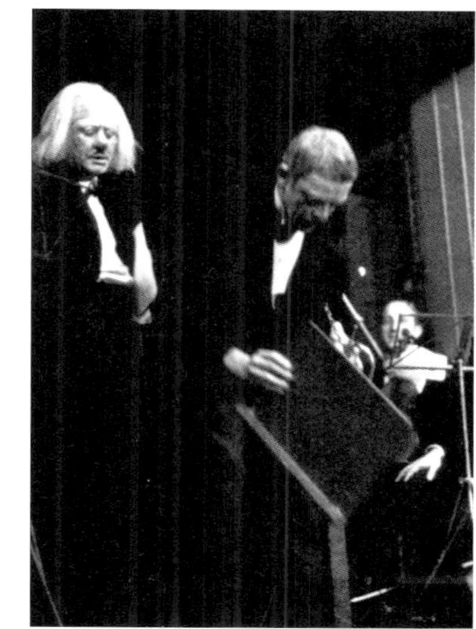
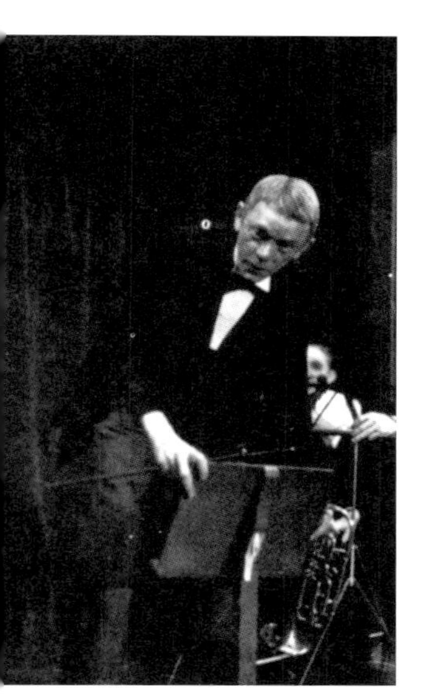
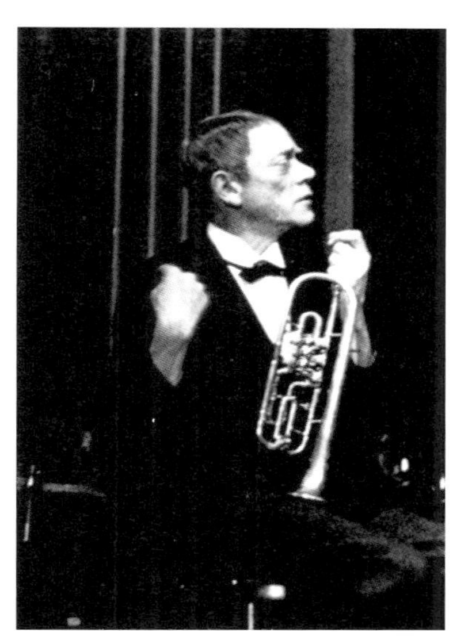

Szenenfolge
aus dem Stück
»Orchesterprobe«

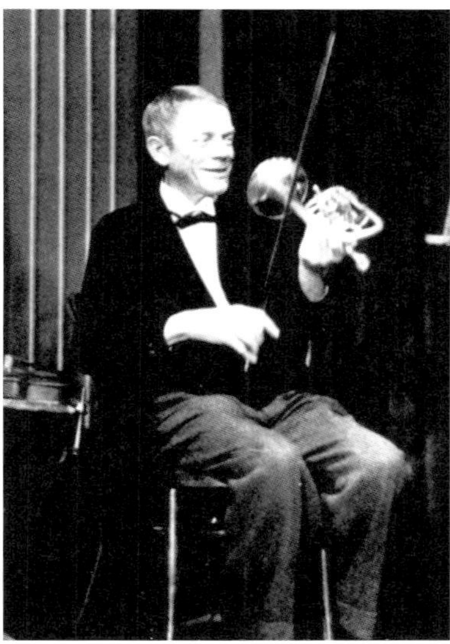
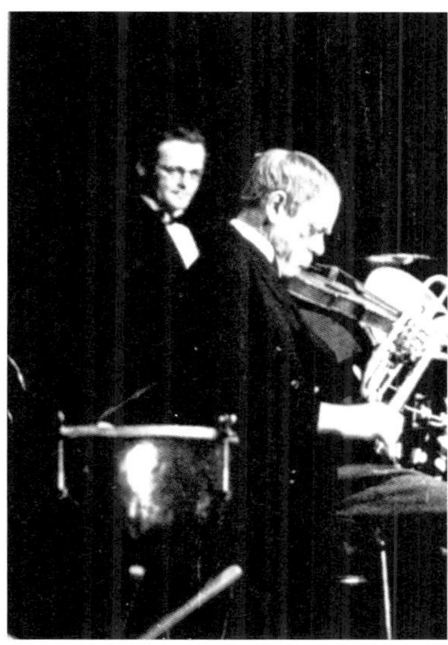

> und ihres Betriebs. […] Und in solchen Augenblicken ist Valentins lange, spindeldürre Gestalt ein einziges in sein Schicksal ergebenes Verstummen.«

Immer wieder weigerte sich Valentin, aufzutreten. Die Gründe: Lampenfieber, Pausenangst wegen asthmatischer Atemnot, Panik, den Text vergessen zu haben: »Gell. Liesl, du sagst mir ein, wenn ich nicht mehr weiter weiß.« Doch wenn er dann endlich auf der Bühne steht, die Pausen ausgekostet und überwunden hat, dann ist er die Ruhe selbst und das Publikum verfolgt mit atemloser Spannung, wie dieser Komiker vor ihm grotesk komische und abgründige Szenen entfaltet und das Gelächter der Zuschauer hört sich dann an wie ein verkapptes Schluchzen. Dann plötzlich schweigt Valentin. »Dem Schweigen«, soll er einmal gesagt haben, »könnt ich stundenlang zuhören. Das sagt ja so viel.«

Sicher wäre Valentin von der 1952 entstandenen Komposition »4'33'« des amerikanischen Komponisten John Cage beeindruckt gewesen. Da betritt der Pianist die Bühne, öffnet den Klavierdeckel, setzt sich auf den Klavierstuhl, wartet stumm genau 4 Minuten und 33 Sekunden, ohne auch nur einen einzigen Ton zu spielen. schließt nach der Dauerpause dann den Deckel wieder und verlässt die Bühne. Die Musik besteht allein aus vom Publikum verursachten Geräuschen wie Flüstern, Husten und Protestrufen oder aus den Geräuschen, die etwa von einer quietschenden Tür, einem auf der Straße vorbeifahrenden Lastwagen oder einen Regenguss verursacht werden. Valentin hätte an einer derartigen Idee sicher seine Freude gehabt.

Und was hätte er wohl zu György Ligetis Werk »Poème symphonique« gesagt, das bei seiner allerersten Aufführung 1962 zu einem Skandal führte, denn anstatt eines Orchesters standen 100 Metronome auf der Bühne, davor das verblüffte Publikum, »Tick-tack-tick-tack …« begannen die 100 Metronome in 100 verschiedenen Tempi durcheinander zu ticken. Dann pausierten die schneller tickenden Taktmesser und der Klang begann sich zu verändern. Einzelne Rhythmen traten in den Vordergrund, während andere sich aufzulösen schienen und nur die mit den allerlängsten Pausen noch im Spiel waren. Kopfschüttelnd lauschten die Zuhörer, warteten auf das letzte Ticken, doch statt des allerletzten kommt immer noch eines … und noch eins … und dann doch noch eins, bis alles verstummt. Pause absolut tritt ein. Endlich! Stille!

KAPITEL 6

Die Musik aus allen Poren schwitzen

Hatte Valentin Musik und Rhythmus im Blut? War ihm beides angeboren? Hatte er also so etwas wie eine genetisch bedingte musikalische Veranlagung? Wie er selbst sagte, verspürte er »von klein auf eine stille Liebe zur Musik« in sich, wozu sicher das musikalische Umfeld, in dem er aufwuchs, einen wichtigen Beitrag leistete. Musik brachte ihn in der Jugend zum Tanzen, bewirkte seine Leidenschaft für Musikinstrumente, für Zither, Mandoline und zahlreiche andere, motivierte ihn zum Bau eines Orchestrions und ließ ihn zunächst als »Musikclown« auftreten. Musik rührte ihn mitunter zu Tränen, provozierte ihn aber ebenso zu einem höchst ungewöhnlichen Umgang damit.

Tänzerinnen und Tänzer haben üblicherweise sehr schlanke, durchtrainierte, muskulöse Körper, um den typischen Bewegungssequenzen des klassischen Tanzes mit den hohen technischen Anforderungen wie Drehungen, Lifts und Sprüngen gerecht zu werden. Valentin war spindeldürr, sein Körper aber alles andere als muskulös und durchtrainiert. 55 Kilo leicht war er und am Lebensende wog er nur noch 93 Pfund. »Seine Beine sind Besenstiele, in enge schwarze Zugröhren gezwängt, aus denen die Knie gefährlich herausstechen«, schrieb Monty Jacobs, der ihn 1924 in Berlin erlebte: »Seine Finger sind Gartenscheren, sein Kinn ist ein spitzes Kap. Ein langer Hals hebt aus dem Kragen einen Kopf, der selbst mit Zinnoberbacken noch farblos wirkt.« Auch Kurt Tucholsky beschrieb ihn »als zaundürren, langen Gesellen, mit staksigen, langen Don-Quichote-Beinen, mit winkligen, spitzigen Knien.« Valentin machte sich selbst über die Abnormität seiner leptosomen Erscheinung lustig. »Ein Bahnwärterhäusel aus Wellblech« sei er, »zum Meerrettichreiben habe seine Mutter die Brustrippen hergenommen« und bei Sturmwind würde er im Nu davongerissen. »Eng wie ein Trikot anliegende Röhrlhosen, enge Jäckchen mit viel zu kurzen Ärmeln« unterstrichen noch seine Gestalt. So trat er vors Publikum, das staunte, wenn er seine Empfindungen in Sprache und Töne goss, sodass sie gleichsam in eine Komposition übergingen. Man hatte den Eindruck, dass er Musik geradezu aus allen Poren schwitzte, wenn er den Körper in seine musikalischen Darbietungen einbezog.

»Karl Valentin tanzt nach der Schrift«: Musik ohne Musik

In seiner Jugend tanzte Valentin gern, wie er selbst gestand. Er fühlte sich als »Gigerl« und »trug weite Hosen, spitze Schuhe, kurzes Sakko, Knopfstieferl, hohe Eckenkragen, dicken Stock, steifen Hut mit flacher Krempe, Zickzackfrisur. […] Pickfein schlichen wir Auer alle Sonntage zur Tanzmusi beim ›Stadtwirt‹, zum Linksumadrahn und zur ›Frassähs‹. Ich kann es mit Sicherheit behaupten, daß die damaligen Tänze mehr Leben in die Bude brachten, als das heutige Tango-, Foxtrott- und Rumba-Gewerkel.«

Jahre später führte er dann auf der Bühne und im Film immer wieder einen »Tanz ohne Musik« auf und demonstrierte, dass im Grunde jede Bewegung Tanz sein kann. »Er spielte mit allen Gliedmaßen, wenn die Situation es verlangte«, berichtet Theo Riegler, »aber auf eine dezente und leise Art.« Seine akrobatischen, oft bizarren Körperverformungen waren sogar noch mehr, nämlich »Musik ohne Musik«, hatten bei seinen Bewegungen die Zuschauer mitunter doch das Gefühl, als läge ihnen Musik zugrunde mit ständigem Rhythmuswechsel, einem Hin- und Herspringen zwischen hohen und tiefen Tönen, auch laut stechenden, schrillen und dissonanten Klängen, einem fortwährenden Wechsel des Tempos. »Er beherrscht die artistische Geschicklichkeit, das körperhaft Ausgebildete, Gliedergewandte in einem für alle Schauspieler wünschenswerten Maße«, so schwärmte der Schriftsteller Max Hermann-Neiße, »so daß er frappante, fast akrobatische Kunststücke machen kann, das sind aber keine sich aufdrängenden Virtuosenmätzchen, sondern notwendige Gestaltungsmittel, das Ungeschick jenes Musikusses ganz zu enthüllen, und nur ein Meister aller Fertigkeiten der Groteskkomik kann sie so exakt anwenden.« In der Zwischenansage für eine Rundfunksendung 1942 äußerte Valentin, dass er »auf dem Tanzboden daheim« sei. »So einen schneidigen Schuhplattler oder Zwiefachen den könnt' ich heut noch hinlegen, daß alles schnackelt.«

Gilles Gaultier ist von Valentins »unwahrscheinlichem Körper« fasziniert, dessen Ausdruckskraft in den frühen Stummfilmen anders ist als später in seinen Tonfilmen. »Die Zerstückelung der evozierten Realität ist in den Stummfilmen in höherem Maße personalisiert durch den permanent aktiven Körper«, betont Gaultier in »Cinema 81«.

> »Das ganze Spiel ist zugespitzt auf die physische Aktivität. […] Schlottrig, mager, eckig, insektengleich, ist Valentin einer Heuschrecke ähnlich, einer Gottesanbeterin, die sich auf der Realität niederläßt, und die man nicht mehr abschütteln kann. Alles ist winklig. Seine Glieder verwickeln sich in allen Elementen des Dekors, sie zerschneiden den Raum wie jene antiken Kriegsmaschinen, die gespickt sind mit stählernen Sensen. […] Man ist Zeuge der völligen Unangepaßtheit eines Körpers in der Umwelt. Nichts kann ihn eindämmen, nichts kann ihn verbergen. Die ganze komische Kraft des frühen Stummfilms resultiert in der Sprache dieses unwahrscheinlichen Körpers.«

Doch mit den Tonfilmen ergibt sich eine Änderung. »Der Tonfilm mit Dialogen (und Monologen) verwandelt die Arbeit des Akteurs in eine eher berechenbare Manier«, schreibt Gaultier. »Mit den Tonfilmen verschwindet langsam das Primat des

Physischen, wenngleich es immer noch wichtig ist, zugunsten des bereits erwähnten Gebrauchs der Sprache. Der Körper Valentins verliert langsam seine ursprüngliche Monstrosität. Die Kleider wickeln sich nicht mehr um die eckige Dürre. Sie weiten sich zu einer schlottrigen Umhüllung. Der Akzent wird mehr und mehr auf die Extremitäten statt auf den eckigen Körper gelenkt (die Nase, die Füße, vor allem aber die Hände, die allerschrecklichsten Extremitäten, die der Akteur vergeblich zu verbergen oder zu neutralisieren versucht).«

Mit der Reduzierung von Valentins körperlichen Aktionen wird nun auch »der Gesichtsausdruck immer wichtiger. Die Physiognomie Valentins ist ebenso ausdrucksstark wie die bereits erwähnte Körpersprache. Das Gesicht beseelt sich, erhält Leben durch das Wort. Abgestumpft, debil, bösartig, erheitert, verzweifelt in Tränen, selbstsicher, demütig, wirkt dieses wunderliche Gesicht ebenso attraktiv wie faszinierend.«

Welche Verbindung zum Groteskanz, Exzentriktanz oder zur Burlesque lässt sich bei Valentin nachweisen? Bemerkenswert ist, dass er eine der erfolgreichsten, aber auch umstrittensten Grotesktänzerinnen kannte, die zu seiner Zeit auch an den Münchner Kammerspielen engagiert war: Valeska Gert (1892–1978). 1922 trafen sich beide sogar auf der Bühne der »Münchner Kammerspiele« und zwar einen Tag nach der Uraufführung von Brechts Stück »Trommeln in der Nacht«. In dieser Dramödie, die auch Karl Valentin besuchte, wurden mit der Geschichte eines Kriegsheimkehrers die Unruhen nach dem Ersten Weltkrieg auf die Theaterbühne gebracht. Das Thema Weltkrieg, Heimkehr und Revolution löste heftige Kritik, aber auch begeisterte Zustimmung aus.

Einen Tag später brachte Brecht spontan die groteske Mitternachts-Kabarett-Revue »Die Rote Zibebe« zur Aufführung. So hieß die Schnapskneipe im dritten Akt der »Trommeln in der Nacht«. Auf der Bühne standen einige Kästen mit Vorhängen wie Badekabinen, aus denen auf Zuruf die Akteure wie Automatenfiguren heraustraten, Verse aufsagten oder etwas anderes darboten. Neben Joachim Ringelnatz, Brecht und Klabund nahm auch Valeska Gert an diesem Spektakel teil. In ihrem Tanz »Kanaille« verbog sie sich mit verzücktem Gesicht zu Harmonium- oder Orgelbegleitung und stellte »den Krampf (Orgasmus)« einer Prostituierten dar, was Bert Brecht als »die vielleicht größte Abnormität des Abends« bezeichnete. Auch Valentin sah dabei zu, der mit Liesl Karlstadt das »Christbaumbrettl« und eine »halsbrecherische« Hochradnummer aufführte, bei der er unter dem Geläute mit einer Kuhglocke auf einem grotesken Vehikel auf der Bühne herumkreiste und eine schauerliche »Todesfahrt durch Nacht und Nebel« absolvierte, indem er durch ein Papierband mit der Aufschrift »Nacht und Nebel« fuhr, wofür ihm ein Lorbeerkranz umgehängt wurde.

Valeska Gerts exzentrische, expressive Tänze und Pantomimen mit nervösen Verkrümmungen und ekstatischen Zuckungen wurden in den 1920er-Jahren als bizarr, grotesk, tragisch, aber auch als komisch bezeichnet. Ungewöhnlich war ebenso die Wahl ihrer Themen, etwa »Gruß aus dem Mumienkeller«, »Opus 1, Komposition auf ausgeleiertem Klavier« oder »Tanz über die letzten Atemzüge eines Menschen«. In »Salome« verbog sie sich zu »dem rhythmischen, brünstigen Geheul einiger Frauen hinter der Bühne«. Mit ihrem »Kummerlied«, das nur aus Jammern, Wimmern und Heulen bestand, erregte sie beim Publikum, aber auch bei den Künstlern jener Zeit große Aufmerksamkeit.

Etliche ihrer Groteskbewegungen auf überlieferten Fotografien erinnern verblüffend an Valentins Verrenkungen seines ausgemergelten Körpers. Schon in seinen frühen Stummfilmen sind die Szenen mit einer Fülle unterschiedlicher Bewegungen gleichsam choreografiert. So duckt er sich im Film »Die lustigen Vagabunden« (1913), schleicht sich an, fällt hin, rappelt sich auf, rennt, purzelt von der Wippe und zappelt aufgespießt mit verdrehten Augen an einem Zaun.

In »Der neue Schreibtisch« (1913/1914) wird die Bewegungsgroteske zu einem stummen Veitstanz von unheimlicher Geschwindigkeit. Wie ein Gnom kauert er sich mit angezogenen Beinen auf den Stuhl, hüpft gleich darauf herunter. Bei diesem den Raum zerschneidenden Duell zwischen dem störrischen vierbeinigen Stehpult, der tragischen insektengleichen Figur des zweibeinigen Schreibers und dem widerspenstigen Stuhl fährt die Säge nicht nur in die spinnenartigen Finger Valentins, sondern zerstört systematisch Stehpult und Stuhl.

In »Karl Valentins Hochzeit« (1913) tänzelt Valentin unruhig hin und her, wird beim Kaffeetrinken von der stürmischen Braut zu Boden gerissen, zappelt, hopst beim Hochzeitstanz, stürzt, hetzt bei der Verfolgungsjagd auf einen entflogenen Kanarienvogel hinterher und wird schließlich unter der Körpermasse seiner Braut begraben. Dabei entsteht ein kurioses Ballett ganz eigener Art, sozusagen »Der sterbende Schwan à la Valentin«.

Valentin führt auch in anderen seiner Filme und auf der Bühne mehrfach regelrecht Kampftänze auf, unter Mitwirkung von allerlei Requisiten, darunter Blasinstrumente, in die Höhe wachsende Notenständer und Geigenbogen, die ihm zur Waffe werden und oft auch in Begleitung von Zwergen, Riesen und dickleibigen Personen, die seine Tanzpartner sind. Dabei gebärdet er sich slapstickartig, verknotet die Beine grotesk ineinander, krabbelt wie eine Spinne aus dem Fenster, rennt mit dem Kopf durch die Wand. Und immer tanzt auch seine Mimik mit. Er grimassiert, verdreht die Augen, streckt die Zunge heraus und sticht mit spitzer Nase in die Luft.

Im Film »Der Sonderling« (1929) verschränkt er seine Beine schlangengleich und im Film »Der Firmling« verheddern er und Liesl Karlstadt sich mit Stühlen, dem Tisch und mit sich selbst. Mit dem Ausruf »Basst hat a« – der Anzug für den Firmling! – haut er mit der Hand immer wieder auf den Tisch, spießt sich, wimmernd vor Schmerz, Zahnstocher in die Nase. Betrunken kippt er vom Stuhl, schleift, eine Venusstatue umstürzend, den Tisch mit sich, wird vom Firmling hochgezerrt, stopft sich bestellte Spaghetti in die Taschen und lässt sich unter lautem Getöse vom Firmling aus dem Lokal schleppen.

Im Film »Im Schallplattenladen« singt auf einer Platte Caruso, worauf sich Valentin bei der Verkäuferin beschwert:

»Valentin: ›[...] aber nach dieser Platte kann man doch unmöglich tanzen.‹
Karlstadt: ›Aber auf einer Liedplatte tanzt auch kein Mensch.‹
Valentin: ›Nicht *auf* der Platte, ich meine doch nach der Platte.‹
Verkäuferin: ›Ach, Sie wollen eine Tanzplatte?‹
Valentin: ›Ja, mit Schall. Also eine schallende Tanzplatte.‹«

Doch im Fortgang der Szene zerdeppert er in zunehmendem Tempo eine Schellackplatte nach der anderen.

In dem trivialen Film »Donner, Blitz und Sonnenschein« von 1936 in der Regie Erich Engels ließ sich Valentin nur widerwillig auf die Rolle eines bayrisch kauzigen Originals reduzieren und spielte den armen Schneidermeister Huckebein. Erwähnenswert ist allenfalls die chaotische Tanzszene in einem Lokal am Ende des Films, in der Valentin gleichsam seine Wut über diese Heimatschnulze zum Ausdruck bringt. Übel gelaunt betrinkt er sich und lässt sich dann zum Gaudium aller volltrunken von einer vornehmen Dame zum Tanz auffordern. Wohl in Erinnerung an bayrische Volkstänze, bei denen sich die im Kreis drehenden Tänzerinnen von den Burschen ihre hochwirbelnden Röcke lupfen lassen, sodass die Unterwäsche sichtbar wird, zerrt auch Valentin plötzlich den Rock seiner Tanzpartnerin, die entsetzt aufschreit, in die Höhe. Bei dem immer wilder und rücksichtsloser werdenden Gehopse mit seiner Frau stößt er schließlich an das Podium, auf dem die Blaskapelle platziert ist, das daraufhin einstürzt, sodass Orchester und Tanzpaare durch die Gegend fliegen.

Auch auf vielen Fotos ist Valentin in grotesker Körperhaltung mit nach vorne gekipptem Oberkörper, schlaffen herabhängenden Armen und verknoteten Beinen abgelichtet. Wie eine zappelnde Gottesanbeterin entfaltet er immer wieder einen »Höllentanz der Vernunft um beide Pole des Irrsinns«, wie Kurt Tucholsky das bezeichnete.

Ebenso fügte Valentin in Couplets Tanzeinlagen ein, so etwa im »Klarinettencouplet mit Tanz« (vermutlich um 1909): »Ich blase hier auf dieser Klarinett / und tanz hierauf ein herrliches Ballett – sie das wird nett. *(Guter Mond – geblasen mit Tanz – Storchtrott)*«. Valentins Mitarbeiter Thomas Herrmann berichtet, wie dieses valentineske Ballett aussah: »Beim Tanz [Storchtrott] hüpfte Valentin über die Bühne nach dem Rhythmus seiner Musik, denn er blies ja während des Hüpfens auf der Klarinette. Die Schlußstellung nach jedem Hüpfen war immer auf einem Bein stehend, das andere in der Höhe im Winkel abgebogen«, wodurch er an einen Storch erinnerte.

Der Vortrag seines Couplets »Die Barfußtänzerin«, so Valentins Hinweis, »wirkt am besten gesungen von einem Herrn in einem komischen Ballett-Kostüm mit großen in Spielwarengeschäften erhältlichen Pappendeckel-Füßen. [...] Nach jeder Strophe kann nach einem beliebigen Walzer komisch getanzt werden.« Die Eingangsstrophe lautet:

»Ich bin die süße Ella,
Ein zuckersüßes Ding,
Ich bin hier engagieret

Als Barfußtänzerin.
Bereite allen Herren
Stets einen Hochgenuß
Wenn ich mein Röckchen hebe
Zeige meinen süßen Fuß.
|: Meine zuckersüßen Füß, :|
|: Meine zucker-zucker-zuckerzucker-zuckersüßen Füß. :|«

In dem auf Schallplatte aufgenommenen Dialog »Valentin tanzt nach der Schrift« unterhalten sich er und seine Tanzpartnerin, eine Schweizerin, ununterbrochen darüber, wie sehr sie beim Tanzen schwitzen. Wie die Dame in schönstem »Schwyzer-

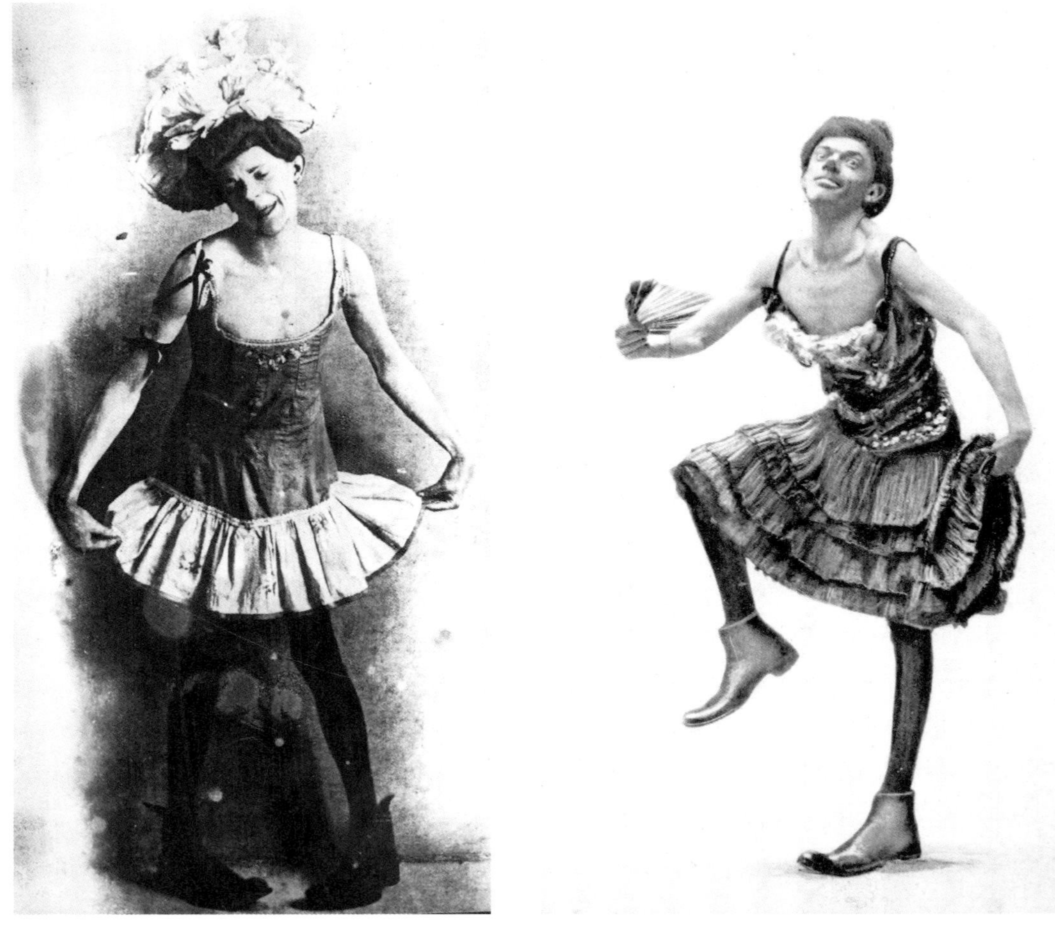

Karl Valentin als neckische »Tanzmaus« (Abb. links) und als sich grotesk verbiegende »Barfußtänzerin«, vermutlich 1912

dütsch« gesteht, schwitzen auch ihre Mutter und der Vater, bei dem es ja kein Wunder sei, da er ein geborener »Schwyzer« ist. Valentin gefällt diese Platte aber überhaupt nicht, denn, »wenn so ein Idiot, währendem er mit einer Dame tanzt, nichts anderes zu reden weiß als nur vom Schwitzen, dann soll er eben nicht tanzen, dann soll er statt tanzen, arbeiten, dann schwitzt er nicht. Denn einer, der so saudumm daherredet beim Tanzen, der verdient wirklich nicht, dass er mit einer Dame tanzen darf, selbst wenn er nicht schwitzen würde.«

Inwieweit Valentin durch den von Valeska Gert und anderen Grotesktänzerinnen praktizierten Exzentrik- oder Burlesque-Tanz inspiriert wurde, ist im Einzelnen nicht nachweisbar. Doch ein Einfluss auf ihn bezüglich bizarrer, tragisch-komischer, expressionistisch-surrealistischer Tänze mit schrillen überzeichneten Körperbewegungen ist zumindest durchaus vorstellbar.

Als 1963 der Leiter des Mainzer Balletts, Kurt Steigerwald das »Ballett ohne Musik« auf die Bühne brachte, lebten seine damals aufgeführten »Spanischen Impressionen« allein vom Takt und Rhythmus der auf den Bühnenboden gehämmerten Schritte der Tänzerinnen und Tänzer. Vor einer bislang noch fehlenden Choreografie, etwa mit dem Titel »Danse Valentin«, um Valentins »Körperkunst« damit ihre Reverenz zu erweisen, brauchen sich heutige namhafte Ballettensembles der Welt jedenfalls nicht zu scheuen.

»Die süße Ella, ein zuckersüßes Ding«: Valentins Travestien

Valentins Partnerin Liesl Karlstadt hatte bekanntlich große Lust am Verkleiden und trat vor allem immer wieder in Hosenrollen auf. Berühmt wurde sie als Kapellmeister mit Spitzbart und ausgestopftem Bauch in dem Stück »Orchesterprobe«. »Es sei ihr schon passiert«, so äußerte sie, »dass sich Frauen allen Ernstes in sie als Mann verliebt, ihr Liebesbriefe geschrieben und sie um ein Rendezvous gebeten hätten.« Sie verkörperte viele Hosenrollen, so den Pikkolo, den Lucke von der Au, den böhmischen Ladislaus und trat als Handwerkerlehrling, als Bursche in der Bürgerwehr und Trommelvirtuose auf. Als gelb geschminkter Chinese Tschthinzscht trug sie brillant das »Chinesische Couplet« vor.

Auch Valentin hatte Lust am Verkleiden und schlüpfte, wie Fotografien zeigen, mehrfach in Frauenrollen. Schon als 17-Jähriger beschrieb er in dem unvollendeten Couplet »Das suesse Maedel« (1899) eine Frauengestalt, wie er sie selbst verkörpern wollte:

»So g'wachsn wia a Blunz'n [Blutwurst],
koa Zahnerl mehr im Maul
Zwoa Haxen krumm und mager,
Wia a Fiakergaul

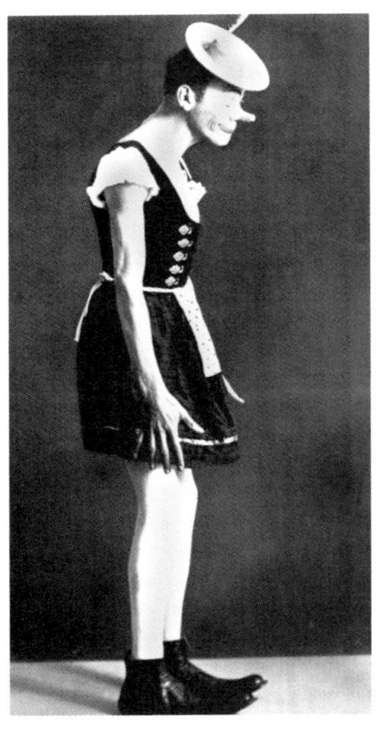

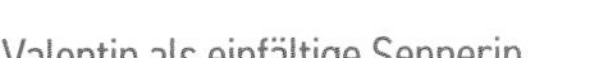

Valentin als einfältige Sennerin …

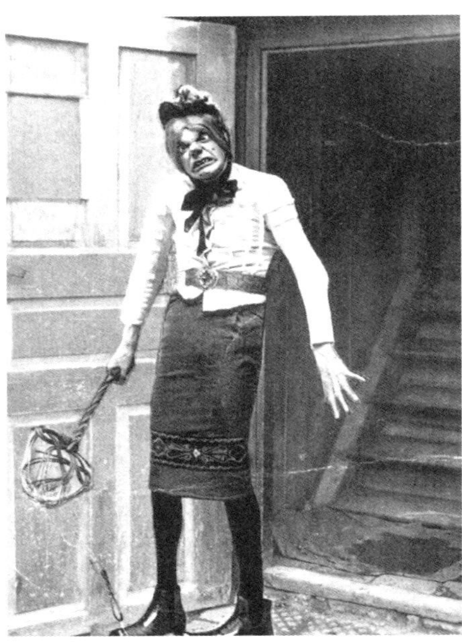

… als keifende Hausmoasterin

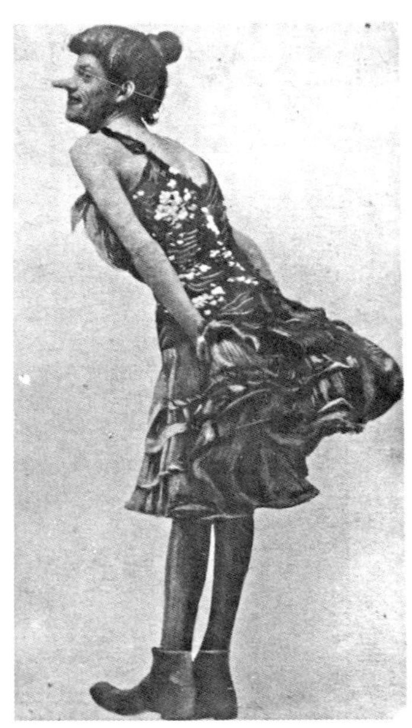

… als Frau Funktionär

Zwei Aeugerln wie da Teufi
An Schnupftabak den frisst's,
Nun wollen Sie gern wissen
wer dieses Scheusal ist.

Refrain:
Das ist mei' Schwiegermuatter,
Die just so akurat
Jn seiner schlechten Laune
Der Herrgott g'schaffen hat.
Das ist mei' Schwiegermuatter,
Die just so akurat,
Jn seiner schlechten Laune
Unser Herrgott g'schaffen hat.«

Wie sich Valentin als Travestiekünstler präsentierte, nämlich grotesk und hässlich, demonstrierte er unvergesslich als hohlwangige »Loreley«, die hüstelnd und leidend einen kläglichen zittrigen Singsang, reichlich durchsetzt mit falschen Tönen vorträgt. Vor allem in frühen Jahren schlüpfte Valentin in Frauenrollen. In seinem Couplet »D' Sennerin auf der Alm« von 1908 trat er im Kostüm der blöd glotzenden, jodelnden »Sennerin mit eigenem Gebirge« auf und wartete, überzogen von einer »Ganshaut

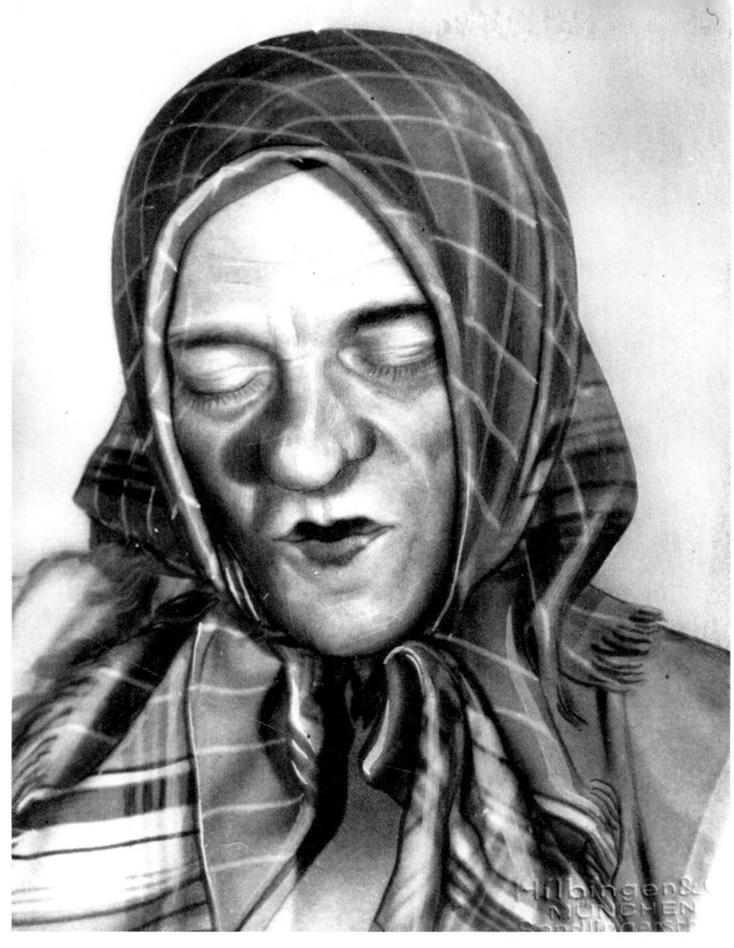

Karl Valentin in der Maske der Wilderer-Vroni aus der Szene »Der Wilddieb« oder »Die blutige Begegnung in der Höllenschlucht«. Der Wilderer Hias verkleidet sich als Vroni, um vom Jäger nicht erkannt zu werden, in die sich dann zu allem Überfluss der Jäger verliebt.

wegen der Kälte auf den Bergen«, nach jedem Jodler auf das Echo, das am Ende des Vortrags schließlich die Mitwirkung verweigerte. Auch mit dem Couplet »Die schöne Zilli« produzierte er sich mit seiner ausgemergelten Gestalt im »fußfreien« Minirock und Gitarre zupfend, die vorerst vom Vater nur »als Vogelscheuche in den Krautacker« gestellt wird, weshalb sie sich danach sehnt, »in den Schmalzkübel zu fallen«, um wenigstens ein bisserl fett zu werden.

Es sind auch einige Fotografien erhalten, auf denen Valentin als krakeelende »Ratschkathl« mit aufgerissenem Maul und in bedrohlicher Angriffshaltung zu sehen ist, als grimassierende, keifende »Hausmoasterin«, als wild gestikulierende »Kreszenz Hiagelwimpft«, aber auch als Kopftuch tragendes Weiberl mit gespitztem Kussmund. Auf anderen Bildern produziert er sich als grotesk verbiegende Barfußtänzerin, genannt »die süße Ella, ein zuckersüßes Ding« oder als verschämtes »Münchner Kindl« in goldschwarzer Kutte. »In weißer Schleierumhüllung mit blassgeschminktem Antlitz und schwarzen Augenhöhlen« erschien 1939 / 1940 in der »Ritterspelunke« nach dem Stück »Ritter Unkenstein« der Geist der »Ahnfrau Walburga Wrdlbrmpfd« und lud das Publikum zum Besuch des »Panoptikum« ein.

Während Liesl Karlstadt in ihren Hosenrollen nie hässlich, sondern als sympathischer Typ aus dem Vorstadt- und Gaunermilieu mit frechem, burschikosem und spitzbübischem Gehabe auftrat, schwebte Valentin für seine Person die Verwandlung in eine grotesk-hässliche Frauengestalt mit körperlichen und mimischen Verzerrungen vor, wie sie etwa in Valentins Couplet »Fräulein Kunigund« (1928) beschrieben ist, in dem ein zaundürres Mädel auftritt, die zunächst »wie eine Kugel rund« war. Doch trieb sie dann »aus starker Koketterie / zu heftig die Punktrollerie / das Fett schwand augenblicklich / nun ist sie dürr und glücklich. / [...] Keinen Busen – keine Dingsda – keine Waden / Wie ein Aal so glatt, so schlängelt sie dahin / spindeldünn – spindeldünn ... ...« Nur in solche Frauen, wie sie »der Herrgott in seiner schlechten Laune geschaffen hat«, wollte er sich verwandeln, wozu sein ausgemergelter Leib auch wie geschaffen war. Als adrette Frau wollte er im Gegensatz zu Liesl Karlstadt, die meist fesche Mannsbilder mimte, aber nie auftreten.

Beim Blick auf das Foto »Valentin posierend mit Dirndl und auf der akustischen Gitarre spielend« kommen einem der bayerische Musikkabarettist Georg Ringsgwandl in den Sinn und ein mit den Beinen zuckender rock 'n' rollender Elvis Presley. Aber Travestiekünstler in Valentins-Karlstadts Fußstapfen gibt es nicht viele. In den 1980er-Jahren wurden »Mary & Gordy« – Georg Preuße und Reiner Kohler – zum bekanntesten deutschen Travestiepaar. Während Preuße als »schöne Mary« das Publikum veralberte, trat Kohler, angeblich von Karl Valentin inspiriert, in grotesken Rollen auf, als rigorose Putzfrau oder Clown und als geschwätzige »Leitern des Kegelclubs von Böblingen«. Er begeisterte das Publikum auch als fette »Schönheitskönigin von Schneizelreuth« mit riesigen Zähnen oder mit gelungenen Parodien bekannter Schlagerstars wie Mireille Mathieu. Gemeinsame Auftritte von Liesl Karlstadt als Mann und Valentin als Frau, sind von den beiden als Travestiekünstler leider nicht überliefert und allenfalls beim Blick auf etliche erhaltene Fotografien vorstellbar.

»Die kesse Mizzi«: Annemarie Fischer

Valentin war schockiert, als sich seine Partnerin Liesl Karlstadt nach 24-jähriger Zusammenarbeit, wie schon erwähnt, am 6. April 1935 das Leben nehmen wollte. Eine Weiterarbeit mit Valentin gelang nur mühsam, ständig unterbrochen von gesundheitlichen Beeinträchtigungen. Als sie 1938 zunehmend als Bühnenpartnerin ausfiel, sah sich Valentin nach Ersatz für sie um und fand ihn in der blutjungen Annemarie Fischer. Diese Soubrette und Schauspielerin, 35 Jahre jünger als Valentin, war in jungen Jahren schon in der von ihrem Vater begründeten und geleiteten »Münchner Musikbühne« aufgetreten. In ihrer Jugend hatte sie »eine umfangreiche Ausbildung mit Ballett, Akrobatik, Stepptanz, Schauspielerei, Gesang, Fechten und Reiten« genossen. Bald wirkte sie auch bei den Tourneen mit, die ihr Vater Anfang der 1930er-Jahre unternahm und wurde zum Star der »Münchner Musikbühne«. Zur Aufführung kamen neben Opern hauptsächlich Operetten wie »Das Land des Lächelns«, »Der

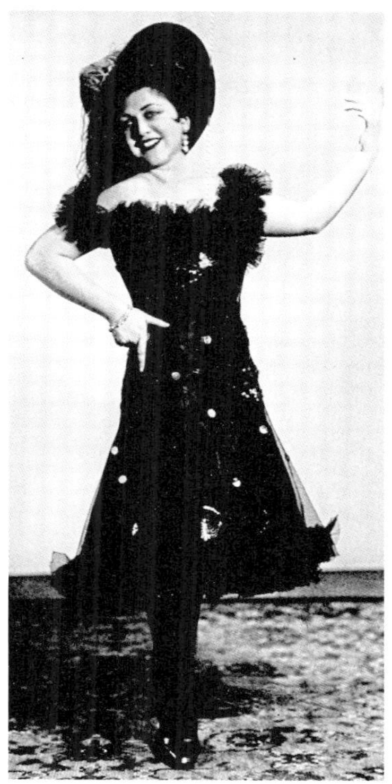

Annemarie Fischer als kesse Soubrette »Mizzi«

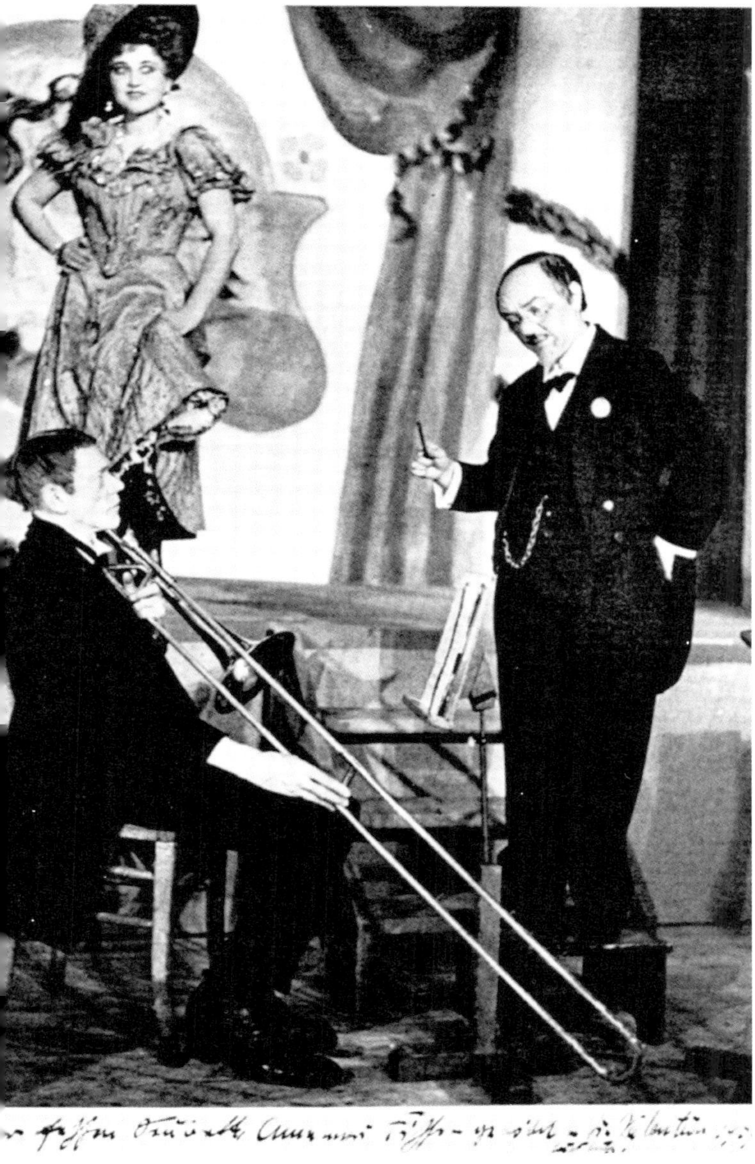

Einzig erhaltene Fotografie, auf der Karl Valentin (an der Zugposaune), Annemarie Fischer und Liesl Karlstadt (rechts als Dirigent) gemeinsam zu sehen sind mit eigenhändiger Widmung Valentins: »Meiner feschen Soubrette Annemarie Fischer, gastiert bei K. Valentin, 1939, Augsburg«

Vetter aus Dingsda« oder »Der Zigeunerbaron«, in denen Annemarie auch als Soubrette mitwirkte. Von ihrem Auftritt in der Rolle der »Prinzessin Mi« im »Land des Lächelns« war die Presse geradezu »entzückt« über »so viel Liebreiz und Schelmerei« und schwärmte über die »äußerst anmutige Darstellerin mit einer kleinen, aber lieblichen Stimme, die zu dem zarten Charakter der Rolle wunderbar paßt.« In der Operette »Im weißen Rössl« von Ralph Benatzky brillierte sie mit der »herzigen Darstellung des tollpatschigen Kellners Gustl, genannt Piccolo, den sie keck und munter auf die Beine stellte«, wie die Kritik schrieb. Sie sei »vielleicht ein aufgehender Stern am Theaterhimmel«, wurde ihr bescheinigt.

Sie selbst behauptete, Valentin schon 1930 / 1931 im Alter von erst 12 oder 13 Jahren begegnet zu sein, als sie am 20. November 1930 in Begleitung ihres Vaters die Aufführung des Stücks »An Bord« besuchte, in dem Valentin einen betrunkenen Matrosen spielte. Eine zweite Begegnung habe dann 1931 im Münchner Cabaret Benz stattgefunden. Dort wurde die Szene »Der Hasenbraten« aufgeführt, in der sich Valentin mit Liesl Karlstadt über eine zu heiß servierte Suppe streitet. Auf der Bühne trat die Fischer mit Valentin allerdings erstmals im April 1939 im Apollotheater in Augsburg auf, wie ein Foto zeigt, auf dem Valentin als Musiker, die Karlstadt als Kapellmeister und Annemarie Fischer als Soubrette zu sehen sind. Darunter Valentins eigenhändige Bildunterschrift: »Meiner feschen Soubrette Annemarie Fischer, gastiert bei K. Valentin 1939, Augsburg.«

Erst nach der Eröffnung der »Ritterspelunke« am 17. Juli 1939 im Münchner Färbergraben 33 trat Annemarie als Ersatz für die erkrankte Liesl Karlstadt in drei Rollen auf, wie dies eine Kritik beschrieb:

> »Sie entwickelte im Verlauf des Abends eine erstaunliche Vielseitigkeit. Man lernt sie zuerst als ›kecke Mizzi‹ in einem schmissigen Chanson aus der Zeit der Jahrhundertwende kennen, sieht sie dann hintereinander als temperamentvolle Schauspielerin und lustig-stilechte Moritatensängerin auftreten, bis sie zum Schluß noch in Liedervorträgen eine hübsche, vielversprechende Sopranstimme entfaltet.«

Als »reizende Soubrette« zog Annemarie die Blicke der Männer auf sich, ähnlich wie das in ihrer Anfangszeit auch Liesl Karlstadt tat, die ebenfalls als »kesse Mizzi« aufgetreten war und die Männer mit neckischen Liedchen anzumachen suchte. Bei Annemaries Auftritten in der »Ritterspelunke« spöttelte Valentin über sie, »die halb nackte, frierende Sängerin« und erklärte dem Publikum: »Wissens, früher da hat a Soubrette feist sein müßen. Da war was drann. *(Zeigt mit der Hand auf den Busen.)* Die hat wacheln müßen, wacheln. A Soubrette hat schworbat sein müß'n!« Aber heutzutage »lauter so magerne Hülsen habns jetzt. Eine hat sogar den Boanfraß ghabt und solcherne Haxn wie Trommelstöcke.« Als Valentin einmal an Annemaries Po stößt, ruft sie empört: »Jetzt stoss mich doch net immer an Arsch!« Valentin: »Oh, ham' ses g'hört, was sie g'sagt hat. Am Arsch. Des kann ich doch net wissen, dass Du an Arsch hinten hast.«

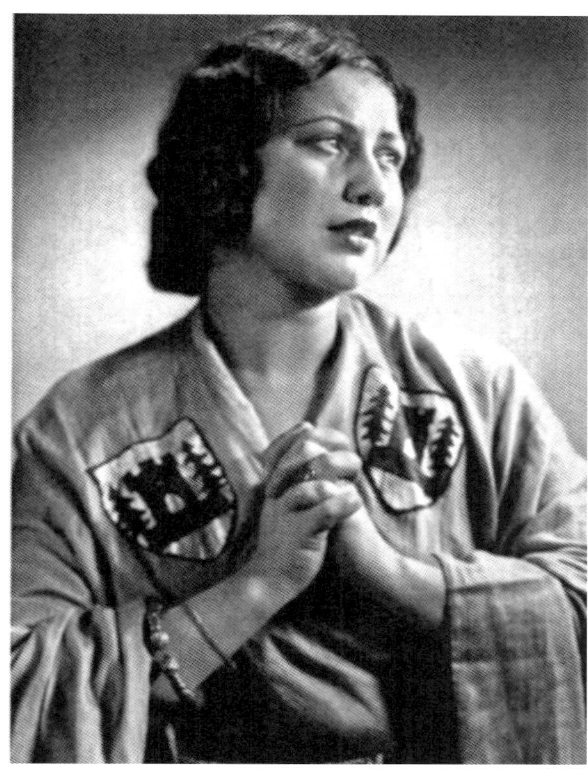

Annemarie Fischer in der Rolle als Burgfräulein Kunigunde in dem Stück »Ritter Unkenstein«

Außerdem schlüpfte Annemarie als Schauspielerin in die Rolle des »Burgfräuleins Kunigunde« im Stück »Ritter Unkenstein« und trug als »Moritaten-Annamirl« Valentins Moritaten mit leidender Miene vor. Im März 1940 fand in der »Ritterspelunke« bereits die 100. Aufführung des »Ritter Unkenstein« statt. »Die Überraschung«, so urteilte der Journalist Wilhelm Lukas Kristl, »hieß Annemarie Fischer als Burgfräulein, wobei man schwankte, worüber man mehr staunen sollte: über Valentins neue Partnerin oder über dessen feines Gespür, genau die für ihn passende Gegenspielerin zu finden.« Leider fand die letzte Vorstellung in der »Ritterspelunke« bereits am 5. Juni 1940 statt, womit Annemarie Fischers künstlerische Laufbahn nach nicht einmal einem Jahr schon wieder endete.

Ehemalige Soubretten wie Liesl Karlstadt und Annemarie Fischer, aber auch andere Sängerinnen, waren für Valentin bei etlichen seiner Auftritte unverzichtbare Begleiterinnen, die ihn mit Gesang und bisweilen auch mit Instrumenten unterstützten und die er verbal und mit Aktionen – zum Beispiel Herabstoßen der Perücke mit dem Geigenbogen – irritierte und aus dem Konzept brachte, bisweilen sogar malträtierte wie etwa Annemarie Fischer, die er in dem Stück »Ritter Unkenstein« bei der Erdrosselungsszene mit dem Gummistrick beinahe erwürgt hätte, auch wenn ihm das dann entsetzlich leidtat.

KAPITEL
7

Blues, Rap und Jazz

Der Vortrag von Couplets, Liedparodien, Moritaten, von Gstanzln sowie das Spiel auf verschiedenen Musikinstrumenten; dass sich Valentin auf diesem musikalischen Terrain bewegte, ist bekannt. Aber was hat er bitteschön mit Blues, Rap und Jazz zu tun oder gar noch mit Hip-Hop und Poetry-Slam? Waren diese Musikgenres zu seiner Zeit überhaupt bekannt? Und stand er der modernen Musik nicht vielmehr höchst kritisch, wenn nicht gar ablehnend gegenüber? Welche Bezüge zu diesen modernen Musikrichtungen, wenn überhaupt, lassen sich bei ihm finden? Oder sind solche Gedanken nicht vielmehr völlig abwegig?

»Die ewige G'schicht' vom ›Lache, Bajazzo!‹«: Valentin hatte den Blues

Jeder kennt die Redensart »den Blues haben«. Wer den Blues hat, befindet sich in einer melancholischen, depressiven Stimmung. Blues ist mehr als Musik, Blues ist ein Lebensgefühl. Um den Blues zu haben, muss man also nicht unbedingt die gleichnamige Musik spielen oder hören, sondern lediglich von dem als »Blues« bezeichneten Gefühl befallen sein, das sich darin äußert, dass man niedergeschlagen und traurig ist. Ein paar Noten Blues trägt ab und zu jeder in sich. Aber manche haben auch einen »Dauer-Blues« wie zweifellos Karl Valentin, der wie er selbst beschrieb, von vielen Komplexen und Ängsten besessen war und darunter auch litt. »Er war nicht nur von Asthma geplagt; es waren auch seine Neurasthenie, seine Hypochondrie und seine Depressionen, die schwer auf ihm lasteten«, äußerte seine Tochter Bertl. Immer wieder kontaktierte er Psychologen oder Nervenärzte. »Meine Angstgefühle nahmen zu«, notierte Valentin bereits 1918, »und ich sah mich schon in einer Nervenanstalt landen! Täglich quälte mich etwas Neues.« Anfang des Jahres 1936 verspürte er großen Lebensüberdruss, als die langjährige Partnerschaft mit Liesl Karlstadt nach ihrem Nervenzusammenbruch und Suizidversuch in die Brüche zu gehen drohte. »Es ist grausam auf der Welt«, notierte er damals.

Valentins Blues wurde nicht nur durch ein extremes Lampenfieber ausgelöst, weswegen er mehrfach partout nicht auftreten wollte und von Liesl Karlstadt, die sich selbst »als hauptberufliche Nervenärztin mit Nebenbeschäftigung Komikerin« bezeichnete, förmlich auf die Bühne geschleppt werden musste. Es gehörten auch etliche

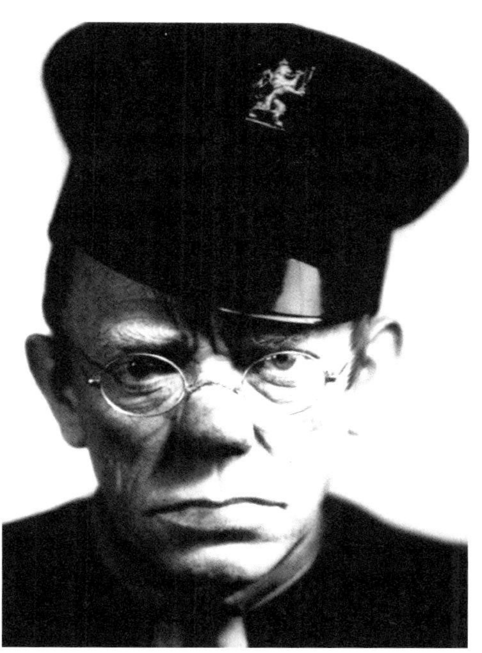

Karl Valentin als Gefängniswärter Frosch in der Strauß-Operette »Die Fledermaus«

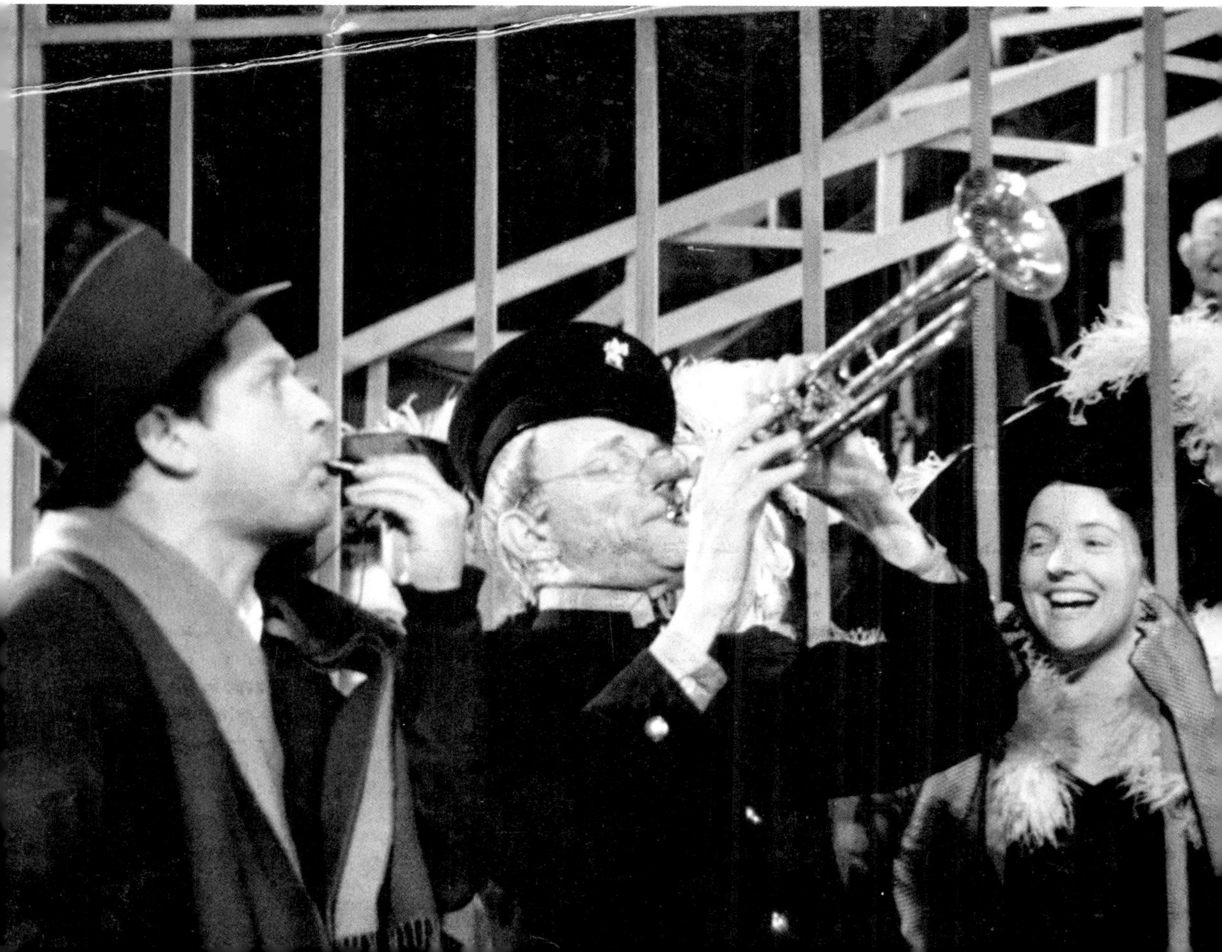

»liebliche Angstkomplexe« dazu, wie er das bezeichnete, so die Angst, beim Auftritt im Text stecken zu bleiben. Valentin erklärte:

> »Ein Schauspieler, der seine Rolle herunterspricht, zehnmal oder hundertmal, hat es viel leichter als ich; denn wenn er steckenbleibt, wird ihm einfach das vergessene Wort souffliert. Da ich aber meine Rolle jedes Mal anders spiele und auch mit anderen Worten, so daß ich, wenn ich einmal schlecht aufgelegt bin, bestimmte Witze, die ich tags zuvor auf der Bühne gemacht habe, nicht mache, so ist es für die anderen ebenso schwer wie für mich, den Kontakt weiterzufinden. Weil ich keine Rolle studiere, kann ich auch nie einen Antrag annehmen, wie er mir erst vor einiger Zeit von Reinhardt wieder gestellt wurde, mich in ein fremdes Ensemble einzufügen. Ich habe schon geprobt wie andere Schauspieler. Aber da fällt mir immer nach einigen Malen was Besseres ein, was man sagen könnte, und dadurch komme ich nie zu einem Resultat. […] Wenn ich nicht meine brave Liesl hätt', die auf alles eingeht, was sie noch nicht weiß, könnte jeden Tag das größte Malheur auf der Bühne passieren.«

Auch die Angst, wegen seines Asthmas in Atemnot zu geraten, zählte dazu, ebenso unerklärliche »Zwangsvorstellungen« und »Hemmungen«, von denen er besessen war und durch die er beim Auftritt vor Publikum regelrecht in Panik versetzt wurde. »Vielleicht würden die Leute weniger über mich lachen«, so Valentin, »wenn sie wüßten, wie mies ich meist beieinander bin, teils durch mein Asthma, das mich quält, teils durch meine Zwangsvorstellungen; es ist eben die ewige G'schicht' vom ›Lache, Bajazzo!‹, die sich in meinem Leben abspielt.« Tagtäglich hatte Valentin den Blues, ließ sich in ihn hineinfallen und in nicht enden wollende Grübeleien und Ängste treiben, die ihn immer wieder aggressiv und wütend machten.

Liesl Karlstadt waren Valentins Komplexe und seine »Bluesstimmung« bekannt, die sie auch in einem Couplet besingt:

> »Ich kenn' einen Mann – der ist immer traurig!
> Er sieht alles schwarz – und das ist sehr schaurig!
> Er ist Pessimist – Hypochonder en gros,
> bald stichts ihn am Herz – und bald hint am Woh-woh.«

Und er selbst betonte: »Heute schätze ich die Welt nach meinem Befinden auf 7 Milliarden Zentner Schwere.«

2012 kam bei der Veranstaltung der Couplet-AG »Neues vom Valentin. Unerhörte Lieder und Couplets von Karl Valentin« auch ein Text zum Vortrag, in dem Valentin über sich selbst rapt:

> »I bin a Auer Vorstadtgwachs, wo die wuidn Hund herkemma.

A Gigerl bin i so wia sie, saugrob und hart im Nehma.
Dürr bin i wia a Bohnastang, vom Tod da Bruada fast.
Aus mir do pfeift mei Asthma, des mi kaum schnaufa lasst.
Todkrank des bin i immer, es hoaßt zwar, i bin gsund.
I bin a Hypochonder, schlecht geht's mir ohne Grund.
Die Angst kimmt wia a Wolkn, a schwarze, auf mi zua.
Und allerweil do denkts in mir und lasst mir nia mei Ruah,
Und allerweil do denkts in mir und lasst mir nia mei Ruah.

I schlepp mich auf die Bühne und foit mir nix mehr ei,
dann schau i bloß zur Liesl hi, die sagt mir alles ei.
Des Lampenfiaba, des macht mi todsicher no amoi hi.
I bin aa eifersüchtig, i drah mi immer nur um mi,
I wui bloß, dass d' Leit lacha, mir is a's Lacha z'fad.
I mach groteske Sacha, mei Red, die is verdraaht.
I bin a Wortzerklauber, denk um acht Eckn rum.
Und auf da Straß drahn si die Leit verwundert nach mir um,
Und auf da Straß drahn si die Leit verwundert nach mir um,

Die Münchner Stadt is ois für mi, sterbn kannt i für sie grod,
aa wenn an mir des Münchner Volk net vui Interesse hot.
I bin a Nervenbündl, bin grantig ohne Grund.
As Grade, des is für mi krumm, was eckig is, is rund,
I steh mir selber oft im Weg, und kriag a Depression,
dann mog i plötzlich nimmer lebn und laaf vor mir davon.
Karl Valentin, so haoßt ma mi, und ganz tiaf in mir drin,
da bin i mir meist selber fremd und woaß net, wer i bin,
da bin i mir meist selber fremd und woaß net, wer i bin.«

Was aber hat Valentins Dauerbluesstimmung mit der Bluesmusik zu tun? Wie jeder Bluessänger ein »Volkssänger« ist, der in seinen Liedern das Leben und Leiden der einfachen Leute aufgreift und davon erzählt, so tat dies auch Valentin, der sich in seinem Werk mit dem Leben des Kleinen Mannes und der Kleinen Frau befasste und der den Versagern und Verlierern, auch den »Fremden unter Fremden« seine Stimme gab und der stolz darauf war, ein Volkssänger zu sein.

Bluestexte sind in der Regel in der Ich-Form verfasst, das heißt, der Autor oder Sänger erzählt von tatsächlichen oder fiktiven eigenen Ereignissen. Dabei geht es in den Texten aber nicht nur, wie oft behauptet wird, ausschließlich um negative Erlebnisse wie etwa finanzielle Not, Heimweh, Einsamkeit oder Resignation, sondern es kommen darin durchaus positive Stimmungen zur Sprache. Ja sogar heitere, witzige und optimistische Bluesstücke gibt es. Die Mehrzahl aller Blues-Gesänge, auch als »Happy-Go-Lucky-Songs« bezeichnet, ist also durchaus beschwingt und tanzbar.

Dies zeichnet auch die von Valentin vorgetragenen Couplets, Liedparodien und Moritaten aus, die damit durchaus eine Nähe zum »Blues« haben, auch wenn Valentin eine solche Verbindung sicher weit von sich gewiesen hätte.

»Der Blues heilt den Blues«, so heißt es. Es ist nicht auszuschließen, dass auch Valentin mit seinem »Blues« in seinen Texten und Liedern immer wieder versuchte, sich selbst zu heilen, auch wenn ihm das nie gelang.

»Tschitschi tatschi makka zippi zippi zappi«: Die Kunst des Sprechgesangs

Wie nahe Sprechen und Singen beieinanderliegen, demonstrierte Valentin bei vielen seiner Texte und Auftritte. Im Couplet »Rezept zum russischen Salat« manscht er eine Fülle genießbarer, zum Beispiel Rindfleisch, und nicht essbarer Zutaten wie etwa »Naphthalin und Wagenschmier« zu einem gigantischen Mahl. Der eklige Eintopf wird am Ende noch mit den Zutaten »Briketts und Anthrazit, Platzpatronen, Dynamit« zu einem ungenießbaren Sprechbrei abgerundet, was sich dann, in großer Schnelligkeit vorgetragen, so anhört:

»Drei Pfund Rindfleisch hackt man klein,
Tut das in ein' Hafen h'nein,
Etwas Pfeffer, etwas Salz,
Dazu einen Löffel Schmalz.
Drei Zitronen, ohne Kern' –
Den Geschmack, den hat man gern –
Kalte Soß vom Rehragout
Schüttet man dem Ganzen zu.
–Auch Leberkäs' und Honig,
Sardinen und Spinat,
Gefärbte Eierschalen
Mit Mandelschokolad'.
Auch Paprika und Erdbeer',
Zwei Liter Lebertran,
Drei Pfund gesott'ne Erbsen
Vermischt mit Marzipan.
–Schweizerpill'n und Sauerkraut,
Zungenwurst mitsamt der Haut,
Naphthalin und Wagenschmier',
Feingeschnitt'nes Glaspapier,
Ananas und Karfiol,

Bismarckhering und Odol,
Essiggurken, Fliegenleim,
Das kommt alles mit hinein.
[...]«

Der rhythmisch gesprochene scheinbar endlose Text nimmt von Zeile zu Zeile an Tempo zu, was vom Vortragenden höchste Konzentration erfordert, damit er sich dabei nicht verhaspelt.

In dem Couplet »Versteigerung!« (1912), das »sowohl gesprochen, als auch gesungen werden kann« und laut Anweisung ebenfalls hastig vorgetragen werden muss, raspelt Valentin mit zunehmender Atemlosigkeit die Namen von 105 möglichen und unmöglichen Objekten herunter, die sich alle versteigern lassen:

»Damenhüte – Unterhosen – Papageien – Aprikosen – Rodelschlitten – Hängematten – Notenblätter – Maurerlatten – Hobelbänke – Drahtmatratzen – Puppenwägen – weiße Katzen – Fensterkissen – Regenschirme – Ölsardinen – Kirchentürme – Grablaternen – Leichenwägen – Zugposaunen – Schreinersägen – Schiefertafeln – Packpapiere – Kegelkugeln – Flaschenbiere – Wandkalender – Herrensocken – Kupferberg – und Henkell trocken – Königstiger – Puderquasten – Blitzableiter – Farbenkasten – [...].«

Auch bei diesem Vortrag scheint kein Ende in Sicht zu sein und die Geschwindigkeit erreicht gegen Ende ihren Höhepunkt.

Im berühmten »Chinesischen Couplet«, das Valentin für Liesl Karlstadt schrieb, werden pseudochinesische Worte mit bairischen Dialektfetzen vermischt, wobei sich Buchstaben zu Noten und Worte zur Musik zu verformen scheinen, wenn die Karlstadt es atemlos vorträgt und damit eine bewundernswerte zungenbrecherische Fertigkeit demonstriert:

»Mantsche Mantsche Pantsche Hon kon Tsching Tschang
Kaifu schin sie Peking gigi wai hai wai
Tschitschi tatschi makka zippi zippi zappi
Guggi dutti suppi Mongolai.
Tingeles Tangeles Hundi Hundi guschdi
Tschinschinati wuschi wuschi tam tam tam
Wann i ko na kimm i, kumm i aber nimmi,
Kimm i, kumm i, aber i kimm kam.
Wo wie we wie bobi hopsi tsching tschang
Asi Stasi Wasi Wisi Tschin Tschin Tschin
Taubi Taubi Piepi Piepi sei si indi ändi
Wase bobi widdi midi Lanolin.

China drinna kenna Kinda mi alsamm
Tam – Tam – Tam.«
Auf jede weitere Strophe folgt dann der Refrain:
»Ziggi zam ziggi zam tschin tschin wuggi gu
Wassi Wassi tscheng patschi zsching wuh-hu wu.«

Versteckt in diesem Couplet war auch Liesl Karlstadts Liebesbeziehung zu Valentin, wenn es heißt:

»Humi wepsi bieni, um halb elfi gimmi
Heidi bobi tschingreding ins pet
Tsching Tschang Tsching Tschang gibidane buse
Meini lippi Xaxixaxixaxixaxixax […].«

Und die Textzeile »Magi, Magi, Magi, Magi, Magi, Magi a«, bezog sich auf Valentins Vorliebe für den bekannten Hefegewürzextrakt.

Im Dialog »Ueble Angewohnheiten« steckt ein Herr Gruber, der nichts anderes sagen kann als »gell«, Valentin damit an, der schon bald nach jedem dritten Wort auch »gell« sagt. Im Verlauf des Gesprächs entwickelt sich eine regelrechte »Gell- oder Zungenpest«. Die von der »kr[a]mpfartigen Vibration des Sprachmuskelgewebes« Befallenen, so Valentin, werden »in der Klinik, Abteilung Sprachstörungen« bei Geheimrat Reder behandelt wie jener »krasse Fall« eines 20-Jährigen, der gestand (zitiert nach dem Text: »Gellseuche«):

»[…] ich leide seit 3 Jahren a[n] der Gellsagerei gell, fast nach jedem 3. Wort sage ich gell, gell, ich wäre Ihnen sehr dankbar Herr Geheimrat, gell, wenn Sie mir dieses furchtbare gell abgewöhnen könnten gell usw.«

Und ein 18-jähriges Mädchen »konnte überhaupt kein anderes Wort mehr reden als ›gell‹ […] und zum Entsetzen aller Anwesenden fing das Mädchen an, gell – gell – gell – gell – gell – gell – gell – gell – gell – gell – gell – usw.«

Solche Passagen erinnern an Sprechgesänge, dieser Mischung aus Singen und Sprechen. Eine Beeinflussung moderner Sprachkunst durch Karl Valentin ist unverkennbar. Etliche Rap-Sänger*innen (Rap = Rhythm and Poetry) lieben Valentin. So kombinierte das bayerische Rapper-Duo »K2« Eurodance und kommerzielle Folklore in bewusst albern-humoristischer Weise. Seine größten Chart-Erfolge hatte es Mitte der 1990er-Jahre mit dem Titel »Der Berg ruft«, in dem, deutlich hörbar, Original-Samples von Karl Valentin und Gerhard Polt enthalten sind.

Der Multiinstrumentalist Hans-Jürgen Buchner, Chef der Bavarian Jazz-Pop-Band »Haindling«, der Valentin sehr verehrt, mixt in seiner Musik die Klänge von Tuba, Tenorhorn, Posaune und Pauke, aber auch asiatische Instrumente. Sein Rap »Du

Depp, du Depp, du Depp, du depperta Depp du/Du depperta Depp du, Depp du, schau di doch o […]. Von hundert Meter ko ma scho erkenna, da kimmt a Depp daher« erinnert durchaus an den Wortwitz von Karl Valentin.

Auch der Rapper »BBou«, der den oberpfälzischen Begriff »Bayerischer Bua« mit »BBou« abkürzt, vermischt als selbst ernannter bayerischer Rap-Monarch einen Hauch von Karl Valentin und Gerhard Polt mit einer Prise Kool Savas und verpasst mit seinem Extrem-Granteln in Rapform dem Hip-Hop, dessen Wurzeln in der afroamerikanischen Funk- und Soul-Musik liegen, eine Schwingfotzen nach der anderen, was seinen Sound zu einem Schmankerl für Hip-Hop-Fans macht und dem Hip-Hop einen weiß-blauen Stempel aufdrückt.

Selbst Poetry-Slamern gilt Valentin als großes Vorbild. Der »Poetry-Slam«, als hohe Kunst der Wortjonglage und Königsdisziplin unter den Sprachspielereien bezeichnet, wurde Mitte der 1980er-ahre erfunden, um das Interesse an Lesungen wiederzubeleben. Bei einem verbalen Wettstreit präsentieren die Auftretenden in vorgeschriebener Zeit möglichst wortgewandt, originell und emotional ihre selbstverfassten Texte, die auch skurril, schockierend und verstörend sein dürfen. Dieser rhythmisch, markante Sprechgesang, oft in großer Schnelligkeit vorgetragen, begeistert das Publikum. Es verwundert nicht, dass sich Slamer*innen bei ihren Darbietungen ausdrücklich auf die Wort- und Sprechkunst Valentins und Liesl Karlstadts beziehen. Bei dem »Poetry! Dead or Alive?«-Slam traten am 3. Februar 2013 im Ulmer »Roxy« beispielsweise vier lebende Slammer gegen vier Vertreter der toten Dichter an, gegen Erich Kästner, Frederike Kempner, Friedrich Hölderlin und Karl Valentin. Renate Steigerle siegte mit dem Valentin-Vortrag über ATBPF, die »allgemeine Theaterbesuchspflicht«, die Valentin einführen wolle, damit die Theater wieder voller würden, denn leider sei es mit dem Theater wie mit der Schule: Keiner geht hin, es sei denn, es besteht eine Besuchspflicht.

»Fümms bö wö tää zää Uu«: Kurt Schwitters, Valentins Geistesbruder

Bei der Unterhaltung zwischen einem Münchner und mir kam die Rede auch auf Karl Valentin. Der Wortlaut des Gesprächs zwischen uns – Ich und Er – verlief in etwa so:

»Ich: ›Schön, dass Sie auch Karl Valentin verehren?‹
Er: ›Na klar! Vor allem bei seiner *Urlautsonate* könnt ich mich vor Lachen kringeln.‹
Ich: ›Moment, die *Ursonate* stammt von Kurt Schwitters.‹
Er: ›Sagt man, aber sicher hat Valentin Schwitters dazu angeregt. Sie waren schließlich Freunde.‹
Ich: ›Wieso Freunde? Sie kannten sich ja nicht einmal. Allenfalls waren sie Geistesbrüder.‹

Er: ›Was? Brüder waren sie auch? Das wusste ich bis jetzt nicht.‹
Ich: ›Nein! Sie waren natürlich nicht verwandt, höchstens im Geiste.‹
Er: ›Ach so! Und deshalb trug Schwitters immer die *Urlautsonate* vor, die Valentin eingefallen war.‹
Ich: ›So würde ich das jetzt nicht sagen, aber beide starben zumindest im selben Jahr 1948, Schwitters am 8. Januar und Valentin einen Monat später am 9. Februar.‹
Er: ›Sehen Sie, ich wusste doch, dass die beiden aufs Engste miteinander verbunden waren.‹
Ich: ›??? – Ach, entschuldigen Sie, ich muss schnell zur S-Bahn, sonst fährt sie mir davon. Auf Wiedersehn!‹«

Geistesverwandt mit Karl Valentin war Kurt Schwitters zweifellos, waren beide doch anarchische Künstler, die in einer Zeit des Umbruchs lebten. Wie Valentin fühlte sich Schwitters zum Unsinn hingezogen: »Mir tut der Unsinn leid, daß er bislang so selten künstlerisch geformt wurde«, betonte er, »deshalb liebe ich den Unsinn.« Zur Welt kam er fünf Jahre nach Valentin. Neben seinem skurrilen »Merzbau«, einer Art selbstgebauter Grotte aus räumlichen Collagen und wie Valentins »Panoptikum« ein sich ständig erweiterndes »Museum der Obsessionen«, gehören das Gedicht »Anna Blume« und die »Ursonate« zu Schwitters bekanntesten Werken. Einen Kontakt zwischen Valentin und ihm gab es nur insofern, als Valentin dessen Gedichtband: »Anna Blume« besaß, dem er seinen Stempel aufgedruckt hatte. Das darin enthaltene Gedicht »An Anna Blume« beginnt so:

»O du, Geliebte meiner siebenundzwanzig Sinne, ich
liebe dir? – Du deiner dich dir, ich dir, du mir.
– Wir?
Das gehört (beiläufig) nicht hierher.
Wer bist du, ungezähltes Frauenzimmer? Du bist
– – bist du? – Die Leute sagen, du wärest, – laß
sie sagen, sie wissen nicht, wie der Kirchturm steht.«

Und die letzten Zeilen lauten:

»Anna Blume! Anna, a-n-n-a, ich träufle deinen
Namen. Dein Name tropft wie weiches Rindertalg.
Weißt du es, Anna, weißt du es schon?
Man kann dich auch von hinten lesen, und du, du
Herrlichste von allen, du bist von hinten wie von vorne:
›a-n – n- a‹.
Rindertalg träufelt streicheln über meinen Rücken.
Anna Blume, du tropfes Tier, ich liebe dir!«

Was mag sich Valentin bei der Lektüre dieser Zeilen gedacht haben?

Fast scheint es, dass er sich von Schwitters »Alphabet von hinten« inspirieren ließ, das sich in dessen Buch »Die neue Anna Blume« findet:

»z y x
w v u
ts r q
po n m
lk i h
g f e
dc b a«

Valentins »Alphabet« aus seinem »Expressionistischen Gesang« lautet:

»A-b-c-d-e-f-g-h-
i-k-l-m-n-o-p-
Qu-r-s-t-u-v-w-x-
Ypsilon-z-f-f-f (= drei Pfiffe).«

Schwitters dadaistisches Lautgedicht »Ursonate«, »schwebend im Leerraum zwischen Sprache und Musik, zwischen Vortrag und Gesang, zwischen Schrift und Stimme, ja zwischen Laut- und Wortgedicht«, wie dies der Autor und Kulturgeschichtsforscher Ernst Strouhal treffend beschreibt, ist in Viersatzform nach dem Modell eines Sonatenzyklus konstruiert: 1. Satz: Einleitung und Rondo, 2. Satz: Largo, 3. Satz: Scherzo – Trio – Scherzo, 4. Satz: Presto – Dénouement – Kadenz – Finale. Die Vortragsdauer der sich über 29 Buchseiten erstreckenden Partitur der Sonate, die nicht nur Literatur ist, sondern Elemente der Musik und der bildenden Kunst enthält, beträgt ca. 35 und 55 Minuten je nach Vortragsdynamik, also nach Tempo und sämtlichen Lufthol-Pausen. Die erste Seite aus der Partitur der »Ursonate« sieht so aus:

»In der Krone einer alten Kiefer am Strande von Wyck auf Föhr«, so erinnerte sich Hans Arp, »hörte ich Schwitters jeden Morgen seine Lautsonate üben. Er zischte, sauste, zirpte, flötete, gurrte, buchstabierte. Es gelangen ihm übermenschliche, verführerische, sirenenhafte Klänge.« So gelang es ihm auch, die »Ursonate« mehrfach öffentlich auswendig vorzutragen.

Als Geburtsstunde dieser »Ursonate« gilt der Prager Merz-Antidada-Präsentismus-Auftritt von Kurt Schwitters und Raoul Hausmann im September 1921. Doch erst am 5. Mai 1932 wurde die »Ursonate« in den Studios des Süddeutschen Rundfunks in Stuttgart aufgezeichnet. Als sie, ebenfalls 1932, in der Nummer 24 von Schwitters

einleitung:

Fümms bö wö tää zää Uu, 1
pögiff,
kwii Ee.

Oooooooooooooooooooooooooooooooo, 6

dll rrrrrr beeeee bö, (A) 5
dll rrrrrr beeeee bö fümms bö,
rrrrrr beeeee bö fümms bö wö,
beeeee bö fümms bö wö tää,
bö fümms bö wö tää zää,
fümms bö wö tää zää Uu:

erster teil:

thema 1:
Fümms bö wö tää zää Uu, 1
pögiff,
kwii Ee.

thema 2:
Dedesnn nn rrrrrr, 2
Ii Ee,
mpiff tillff too,
tillll,
Jüü Kaa? *(gesungen)*

thema 3:
Rinnzekete bee bee nnz krr müü? 3
ziiuu ennze, ziiuu rinnzkrrmüü,

rakete bee bee. 3a

thema 4:
Rrummpff tillff toooo? 4

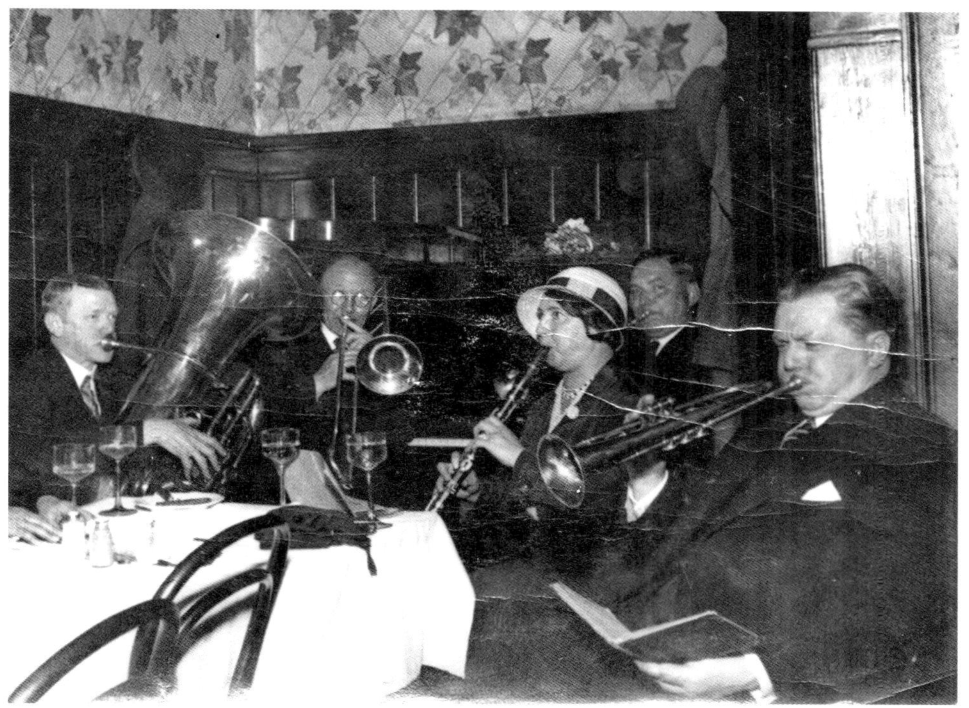

Karl Valentin an seinem 50. Geburtstag am Bombardon und Liesl Karlstadt an der Klarienette

Zeitschrift »Merz« erschien, feierte Valentin am 4. Juni dieses Jahres im Weinhaus Gotthart seinen 50. Geburtstag im Kreis von acht oder neun guten Freunden sowie einer Menge von absonderlichen Blasinstrumenten. »Die verteilte das Geburtstagskind an die Freunde und bat sie, a recht a schöne Musi zu machen« wie die »Welt am Sonntag« berichtete. Dabei wirkte er auch selbst mit, wie ein Foto zeigt, indem er auf der Tuba blies, während Liesl Karlstadt auf ihrer Klarinette spielte. Bei der Feier sei ihm dann die Kuchengabel heruntergefallen. Als die Bedienung Zenzi sich bückte, um die Gabel aufzuheben, knallte und krachte es plötzlich unter ihrem Trachtenrock zum Gaudium aller, nur Zenzi schrie erschrocken auf. Angeblich hatte ihr Valentin in ihren Rock Knallfrösche eingenäht und die Zündschnur in dem Augenblick angezündet, als sich die Bedienung nach der Gabel bückte.

Schwitters »Ursonate«, die mehrere verbale Anweisungen wie »stark und schwach«, »laut und leise«, »gesungen«, »gekreischt«, »munter«, »zitternd«, »lammhaft zart«, »schmerzlich«, »metallisch« und »männlich« enthält, kam bei diesem 50. Geburtstag allerdings nicht zum Vortrag. Wäre das der Fall gewesen, hätte sicher auch Valentin wie jeder Ursonaten-Interpret seine eigene Sprachmelodie kreiert und hinsichtlich Rhythmik, Tempo, Dynamik und Artikulationsweise einen ganz individuellen Sprachgesang.

Wer sich die von Kurt Schwitters vorgetragene »Ursonate« mit einer Dauer von 42 Minuten nicht entgehen lassen will, der kann dieses Erlebnis eines furiosen Vokal- und Konsonantengewitters auf »Youtube« anhören. Danach wird man auch Valentins Sprache mit ihrer speziellen Rhythmik und Musikalität, die in vielen an Schwitters »Ursonate« erinnert, »mit anderen Ohren sehen« und staunen, wie auch er es mit seinen Sprachkompositionen versteht, lautmalerisch verarbeitete Buchstaben und Worte mit rhythmischer Silbenbehandlung auf burleske Weise in ihre Bestandteile zu verhackstücken und wieder neu zusammenzusetzen.

Wie entstand die Jazzmusik? Tanzschlager und Jazz

Valentin war vergangenheitsorientiert und das vor allem im Hinblick auf seine geliebte Stadt München. Das beweisen nicht nur seine Fotosammlung über Volkssänger und seine Altmünchner Fotosammlung, in der er jedes alte Gebäude wenigstens bildlich bewahren wollte, weil »a oids Buidl von München mehra wert is ois wia a Brillant«. Auch als Vertreter der künstlerischen Moderne des 20. Jahrhunderts sah sich Valentin ganz sicher nicht. In seinem Text »Über die ehemalige Kunststadt München« lästerte er über die zunehmende Amerikanisierung, wodurch regionale Kultur abgeschafft wird: »Im Theater wird bis zum Ekel Expressionismus gespielt. […] Die Bildhauerkunst scheint verboten zu sein – heute ladet man an irgendeinem Platz schwere Steine ab – und nennt sie dann Denkmäler. Eingerahmte Farbpatzen nennt man Gemälde, und zu Defregger und Grützner sagt man Kitsch.«

Doch auch »die gute alte Zeit« kritisierte Valentin:

> »Es gibt in unserm zwanzigsten Jahrhundert immer und immer wieder Menschen, die ein Loblied auf ›die guate alte Zeit‹ loslassen. […] Diese siebengescheiten Menschen können ja leicht schwätzen, weil sie doch in dieser Zeit noch nicht gelebt haben; man sollte diesen Leuten mal einen Einblick in die Kriegsarchive gewähren, […] dann würde Ihnen schon klar werden, daß ›in der guten alten Zeit‹ nur der Irrsinn unter den Völkern geherrscht hat.« Das »müsste das alberne Geschwätz von ›der guten alten Zeit‹ für immer verstummen lassen.«

Valentin war zwischen Vergangenheit und Gegenwart, zwischen der alten und modernen Zeit hin- und hergerissen, also auch in dieser Beziehung wie in etlichen anderen Bereichen eine gespaltene Persönlichkeit. Während er sich einerseits vehement gegen das »neimodische Glump« wandte, schuf er mit seinen dagegen gewandten parodistischen Beiträgen im bildnerischen, literarischen und musikalischen Bereich selbst eigenständige moderne Kunstwerke zeitgenössischer Musik, Literatur und Malerei, die seine Nähe etwa zum Expressionismus, Surrealismus und Dadaismus offenkundig werden ließen. Valentin, ein von Paradoxien durchwucherter Künstler, schlitterte als genialer Extremist und »Paradoxist der modernen Künste« mit traumwandlerischer Sicherheit durch die künstlerischen Strömungen seiner Zeit und bereicherte sie mit seinen Grotesken.

Es verwundert nicht, dass sich zu Valentins 100. Geburtstag 1982 Vertreter aus Fluxus- und Neodadaismus-Kreisen zu einer Hommage entschlossen und als zeitgenössische Künstler ihre Affinität zu diesem Extremisten der Kunst bekundeten. In den 2003 in Frankfurt und München veranstalteten Ausstellungen »Grotesk! 130 Jahre Kunst der Frechheit«, wurde Valentin als ein »Medienhandwerker des Grotesken« vorgestellt und neben Künstlern der Vergangenheit und Gegenwart präsentiert. 2004 würdigte ihn die New Yorker »Neue Galerie« in ihrer Ausstellung »Comic Grotesque« mit Fotos, Texten und Filmen. »The great Karl Valentin«, jubelte die »New York Times«, »the star of stage, screen and cabaret, who was Germany's Charlie Chaplin« (Der große Karl Valentin, der Star der Bühne, der Leinwand und des Kabaretts, der Deutschlands Charlie Chaplin war).

Auch über die Musik seiner Zeit lästerte Valentin, was in einigen seiner Couplets zum Ausdruck kam. Im »Münchnerkindl-Prolog«, den Liesl Karlstadt vortrug, heißt es: »Dö Tanz dö moderna, dö lassen wir weg / wir san heut in koan Cabaret / koan Shimmy, koan Foxtrott, koan schmerzhaft'n G'sang / mir ham a koan Conferenzier / Mir ziang dö alte Musi von damals daher …«. Und auch über die modernen Kitschlieder – Tanzschlager genannt – mokierte er sich, die sich von alten Kitschliedern durch nichts unterscheiden würden, weshalb er »alle Tanzschlager von der Liebe zum Kotzen« fand. »Moderne amerikanische Radaumusik lockt zu perversen Tänzen«, so wetterte er und verfasste 1928 einen Entwurf mit dem Titel »Wie entstand die Jazzmusik«. Darin beschreibt er zunächst den Brauch des Haberfeldtreibens. Bei dieser bayerischen Form des Femegerichts versammeln sich nachts vermummte Bauern, Handwerker und Arbeiter aus einer bestimmten Gegend, um einer Person, der man Verfehlungen vorwirft, lauthals dessen Untaten vorzutragen. Dieses Treiben wird begleitet von Gewehrschüssen, dem Donnern von Böllern und dem Radau von Ketten, Kuhschellen und Musikinstrumenten, die ein »Höllenspektakel« verursachen. Valentins Text endet damit, dass ein von diesem Brauch begeisterter Herr die Haberer einlädt, für ein Jahr – Monatsgage: 3 000 Mark – auf Tournee zu gehen. Die Haberer sind einverstanden. Der Text endet mit der Frage: »Was aus den Haberern geworden ist.« Antwort: »Eine Jazzkapelle.« Das Schlussbild zeigt einen »feinen Tanzsalon, die ehemaligen Haberer alle in Smoking« als neue Jazzband.

Ob Valentin 1928 zu diesem Bericht durch das Jazzkonzert der amerikanischen »Lud Gluskin Band« angeregt wurde, das im Münchner »Luitpold-Kino« stattfand und derart überfüllt war, dass die Musik mit Lautsprechern auf die Straße übertragen werden musste, ist nicht sicher. Bemerkenswert ist aber, dass alle im Jazz enthaltenen Elemente – Bewegung, Improvisation, Rebellion, Emotion und Kommunikation – Valentin immer wieder selbst auf die Bühne brachte. Was würde er dazu sagen, dass es heutzutage keine Seltenheit mehr ist, dass Volksmusik in Jazzverpackung sich mit groovigen Jazzmelodien im volksmusikalischen Gewand abwechselt und sich Jodelgesang, Alphorntöne und Zithermusik nahtlos in die Improvisationen von Jazzcombos einfügen?

Am 13. November 2016 zeigten in der Kultur-Etage der Messestadt München Riem unter dem Titel »Karl Valentin war ein Jazzer« die Schauspieler Rafael Mayer und Pianist Stephan Weiser im Zusammen- und Wechselspiel zwischen Piano und Wort, was Valentin mit dem Jazz verbindet: »Querdenken, improvisieren, das Spiel mit der Sprache, die Suche nach neuen Formen.« Die beiden Künstler brachten Valentins Texte jedenfalls auf eine neue Ebene, wobei Mayer, um die Wirkung von Komik und Jazz zu pointieren, unter anderem zu einer grünen Plastikposaune griff.

2022 ereignete sich am Münchner Residenztheater eine von der Regisseurin Claudia Bauer eigenwillig inszenierte »Valentiniade – sportliches Singspiel mit allen Mitteln«, so der Titel, bei der vier Schauspielerinnen und vier Schauspielern abwechselnd in die Rollen Valentins / Karlstadts schlüpften und den Ikonen der Münchner Brettl-Szene damit ihre Reverenz erwiesen. Es wurde weitaus mehr als nur eine peinlich kalauernde Valentin-Nummern-Revue, sondern eine Mischung aus bittersüßem Requiem und verschroben komischer Hommage an Valentin. Dessen erste Sätze in dem aberwitzigen Musical lauteten: »Ich existiere ja nur, um den Untergang zu vermeiden. Nur damit ich nicht sterbe, leb ich.« Ein »sehr körperlicher und tänzerischer Abend« schwebte der Regisseurin vor, wie sie selbst betonte, »mit Maske, ohne Maske, mit Singen, ohne Singen, mit Chor, ohne Chor«, und es wurde ein jazzig-swingender Abend mit einer von bekannten Melodien sich abhebender Musik mit Songs und Couplets, in denen das Tragische, Absurde, Phobische zum Leben erwachte und auch das Scheitern. Diesen »Spaziergang am Rande des Weltuntergangs« begleitete ein Live-Musik-Trio mit Getrommel, ein Posaunist mit jazzigem Geklimper und eine Tuba, die eine Melodie aus Tschaikowskys »Schwanensee« blubberte. Und dazu tanzte das Ensemble mit über die Hände gestülpten topfhandschuhgroßen Entenfüßen ein kurioses Ballett. In Claudia Beckes »Valentiniade« erwachte »Valentin und die Musik« eindrucksvoll zum Leben und Rhythmus, Absurdität und Komik wurden eins.

Hamptnquempftn … Wrdlbrmpfd: Namen wie Musik

Für Valentin waren auch Wörter und Namen von Musik durchdrungen. Er gebrauchte nicht nur übliche Namen wie Franz Erlacher, den er in seinem Stück »Firmling« als großzügigen Anzugspender verewigt hat und der berühmt wurde. Bekannt sind auch der Feuerwehrtrompeter Blasius Blasmeier, der Kammersänger Korbinian Nasenlöchler, Herzog Josef der Wamperte, die Hellseherin Amalie Pliefentranz, der amerikanische Schleifenfahrer Mister Charles Strohmeier, der General der Bürgerwehr Hupfauf oder der Erfinder des Wannenbades Empfenzeder. Aber auch skurrile Namen kommen in seinen Stücken vor, wie Hopfenzupfer, von Beruf Huber, der sich in einen Grammofontrichter versteckt hat.

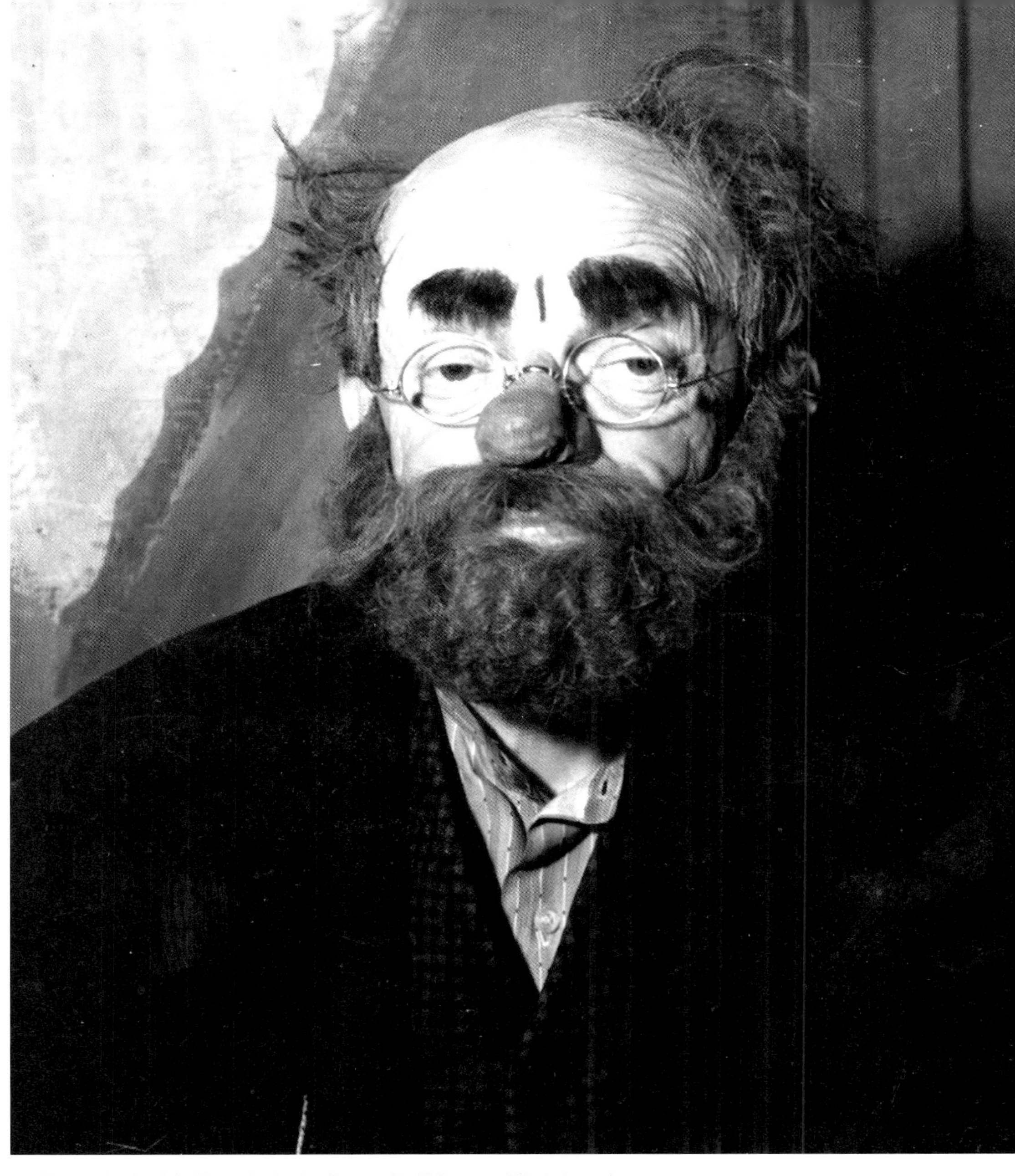

Karl Valentin als »Wrdlbrmpft« in der Szene »Radfahrer und Verkehrsschutzmann«

Wenn sich Namen nur durch die Schreibweise unterscheiden, kommt es zu grotesken Szenen, wie Valentin dies bei einem militärischen Appell vorführt, bei dem jeder Aufgerufene laut und deutlich »Hier!« rufen muss. Beim Namen Meier Josef wird zwei Mal hier gerufen, da es zwei Meier Josef gibt. Bei dem Ruf »also weiter« ruft der »Weider Max« hier. »Nur derjenige soll hier schreien, den ich ruf«, schreit der Offizier, worauf sich »Ruf Daniel« meldet.

Viele Namen komponierte Valentin regelrecht, wobei Buchstaben gleichsam zu Noten wurden und die entstehenden Namen, die schwer auszusprechen sind, in ihrem Klang an Tätigkeiten der jeweiligen Figuren erinnern. Beim wiederholten Aussprechen entfalten sie eine unverkennbar musikalische Wirkung. »Valentins scheinbar harmlose und mehrfach gepflogene Marotte der dummen, unmöglichen Namen (›Rembrengerdeng‹, ›Wrdlbrmpfd‹)«, so urteilte auch der Schriftsteller Eckhard Henscheid, sei »musikalisch begründet«.

Das von Valentin erfundene »Ehepaar Vstblk« hatte vielleicht einen festen Blick. Im Namen des Hundesteuerberaters Benedikt Whagh hört man das Kläffen eines Hundes. A. Bcdef, so heißt ein Bürgermeister. Man sieht förmlich die aufgestellten Aktenordner eines Bürokraten. Kurfürst Esndlcupetzl und Baron Estnemesnemeng erwecken hingegen Respekt. Einen Irren, Insasse der Nervenheilanstalt in Eglfing, nannte Valentin A. Xxzksßz. Das Zischen weist auf geistige Verwirrtheit hin. Bebraham ist natürlich der Bruder Abrahams und Mister Hamptnquempftn – eine englisch-bayerische Wortkreuzung – ein Kunstradfahrer.

Heperdepperneppi, ein depperd daherfaselnder Hofschauspieler spricht über die Inflation, während der Unterzeichner einer Nonsens-Anzeige den Namen Ibiblöd hat. Ispinn u. I. A. sind Inhaber einer Flaschenbiergärtnerei (ich spinne und ich auch), während Baron Rembremerdeng militärischen Drill verrät. Rzpleckp ist ein Komiker und W. Sxdnhpfdb ein Rekordschwimmer (sieghstn … hupfd – siehst du ihn, wie er hüpft). Bei Wwhmbldn, dem Tiefseetaucher, sieht man förmlich die blubbernden Luftblasen aufsteigen, und beim Radfahrer Wrdlbrmpfd – Sohn der Ahnfrau in der Ritterspelunke namens Walburga Wrdlbrmpft, geborene Rembremerdeng – klingt das Wörtchen Wadlstrumpf mit.

Wer aber waren eigentlich der Herr Zißbideldip und Wuppbeppel oder Wstlpnpf? Bei dem Versuch, ihre Namen zu erklären, mag sich jeder beim Kauen darauf die Zähne ausbeißen. Wem es Spaß macht, der kann die Namen aber auch einfach singen, wie dies Rapper einmal spontan mit großem Erfolg bei einem Konzert wagten, was sich dann so anhörte:

»A. Bcdef … Bebraham … Ibiblöd … A. Xxzksßz
Hamptnquempftn … Ispinn u. I. A. … Rzpleckp
Heperdepperneppi … Zißbideldip … Wrdlbrmpfd
Rembremerdeng … W. Sxdnhpfdb … Wwhmbldn …«

»Gestern oder im 2. Stock«: Valentins musikalische Epigonen

Heute mehr denn je, lassen sich viele Künstlerinnen und Künstler von Valentins eigenwilliger Weltbetrachtung und Objektbehandlung inspirieren und demonstrieren in ihren Werken ihre geistige Verwandtschaft zu diesem »Säulenheiligen« der Performance- und Installationskunst und dies auch im Hinblick auf dessen Beziehung zur Musik.

In einer der letzten großen Ausstellungen, die 2009 im Münchner Stadtmuseum unter dem Titel »Gestern oder im 2. Stock. Karl Valentin, Komik und Kunst seit 1948« stattfand, wurden künstlerische Experimente und auch anarchistische Beispiele des Komischen in der Musik im Geiste Valentins präsentiert. Am Eingang der Schau glaubte man in eine Baustelle geraten zu sein. Wer das Schild »Betreten der Ausstellung verboten« ignorierte, musste erst eine Plastikplane beiseiteschieben, bevor er sich dem scheinbar Abseitigen, Querständigen, Unscheinbaren und Beiläufigen widmen konnte. Über 100 Künstler*innen nahmen Valentins künstlerische Strategien auf und interpretierten sie in ihren Objekten, Videos, Filmen, Bildern und Aktionen auf neue Weise. Unter anderem stachen diesbezüglich auch einige musikbezogene Aktionen und Objekte hervor.

Der britische Musiker Rodney Graham saß bei seiner Performance »A Reverie Interrupted by the Police« – »Eine Träumerei, unterbrochen von der Polizei« – in Sträflingskleidern mit Handschellen an einem mit Schrauben, Muttern und Holzstücken präparierten Klavier und klimperte darauf herum, dies unter Aufsicht der Polizei, die das kakofone Avantgardestück sichtlich nervte.

Der New Yorker Musikmaschinenkünstler Joe Jones präsentierte eine Zither, die an drei Seilen an der Decke hing, wobei ein ebenfalls an einem Seil befestigter solarbetriebener lederbesetzter Tennisball über die Saiten hin- und herschwebte, diese fortwährend ankratzte und dadurch zufällig und oft höchst überraschende Töne erzeugte.

Bei Mauricio Kagels »Umweg zu höherer Subfidelität« entlockt ein Interpret, in Anspielung auf die High Fidelity der Schallplatten- und Geräteindustrie, einer Vinyl-Schallplatte mit einer Gabel oder einer Schere Klänge. Die Gabelzinken werden dabei zu den Nadeln, mit denen Schallplatten üblicherweise abgespielt werden, zugleich aber zur Waffe. Die Schallplatte wird zu einem von der Gabel gescratchten Musikinstrument und damit zum Opfer.

Der dänische Videokünstler Peter Land agiert in seinem Video »The Cellist« nackt mit einem Cello als Tanzpartner nach dem Motto: »Entweder gehst du aufs Ganze oder du gehst überhaupt nicht« und spielt mit dem Cello auf unübliche Weise.

Der finnische Musiker M. A. Numminen tritt in seinem knapp zweiminütigen Videoclip, »Numminen singt Wittgenstein« als Sänger auf, eingeleitet von alpenländischer Blasmusik und begleitet – oder genauer gesagt, nicht begleitet – von einem Pianisten, der stumm und tatenlos am Klavier hockt. Mit zunehmender Lautstärke quäkt Numminen mit nervtötender Stimme dreimal den letzten Satz aus Wittgensteins berühmtem »Tractatus logico-philosophicus«: »Wovon man nicht reden kann, darüber muss man schweigen«, worauf ein Chor und ein Doppelschlag auf einer Pauke die Aktion abschließt. Auch in einem von Frieder Butzmann eingerichteten Studio konnte man »Komische Musik« hören, auch wenn es, so Butzmann, »Komische Musik« im eigentlichen Sinn gar nicht gibt.

Der aus Südkorea stammende Vater der Videokunst Nam June Paik präsentiert Aktionsmusik nach einem ganz eigenen Konzept und mischt zufällige Töne und Geräusche mit klassischen Klängen. Seine anarchische Lust wurde u. a. bei Konzerten mit Joseph Beuys deutlich, bei denen Klaviere und Geigen zu Bruch gingen. Und sein eigenwilliger Humor zeigt sich bei dem in der Ausstellung präsentierten Ratschlag:

> »Wenn du ein schlechter Komponist bist und wenn du – endlich – eine gute Musik schreiben möchtest, stell einen steinernen Stuhl an deinem liebsten Platz im Berner Oberland auf.
> Wenn du ein guter Komponist bist und sehr gute Musik schreiben möchtest, stell einen steinernen Stuhl an deinem liebsten Platz im Berner Oberland auf.
> Wenn du ein sehr guter Komponist bist und wenn du ein noch besseres Stück schreiben möchtest, stell einen steinernen Stuhl an deinem liebsten Platz im Berner Oberland auf.«

Natürlich fehlte in der Ausstellung im Münchner Stadtmuseum auch nicht die Performance des US-amerikanischen Enfant terrible der Tonkunst, John Cage, dessen Stück 4'33" in der Maverick Concert Hall in Woodstock (New York) 1952 uraufgeführt wurde. Damals reagierte das Publikum empört, weil keine Musik zu hören war, sondern der auftretende Pianist zu Beginn lediglich den Klavierdeckel öffnete und nach vier Minuten und 33 Sekunden wieder schloss. Doch wer sich der – vermeintlichen – Stille und totalen Lautlosigkeit hingab, der hörte durchaus etwas. Und das waren nicht nur die Töne, die durch den eigenen Herzschlag, das Rauschen des Blutes in den Adern und Frequenzen des Nervensystems produziert wurden, sondern auch Umweltgeräusche wie Schnaufen, Räuspern und Hüsteln. »Ich habe geglaubt und gehofft«, so John Cages Begründung, »anderen Leuten das Gefühl vermittelt zu haben, daß die Geräusche ihrer Umwelt eine Musik erzeugen, die weitaus interessanter ist als die Musik, die man im Konzertsaal hört«.

Auch Karl Valentin empfand die Musikalität von Umweltgeräuschen bei seinen musikalischen Liveauftritten erheblich aufregender als die Musik, die bei Konzerten zu hören war. Denn »abgesehen von allem anderen«, so äußerte er nach dem Besuch eines »Brahmsabends«, »wirkt klassische Musik auf den kleinen Mann meistens einschläfernd, besonders minutenlanges Geigengewinsel«.

KAPITEL 8

Musik privat

Machte Valentin eigentlich auch zu Hause in der Familie Musik? Und wie gestaltete sich ein derartiges häusliches Musikmachen? In seinen Wohnungen, so etwa in der Münchner Kanalstraße 8, 2. Stock, aber auch in seinem Häuschen in Planegg, hatte er ein eigenes Musikzimmer, in dem ein Klavier stand und auch diverse Instrumente aufbewahrt waren. Probierte er neue Vorträge aus, wollte er nicht gestört werden. Aber oft überraschte er seine Frau und die Töchter mit Darbietungen auf einem der Instrumente.

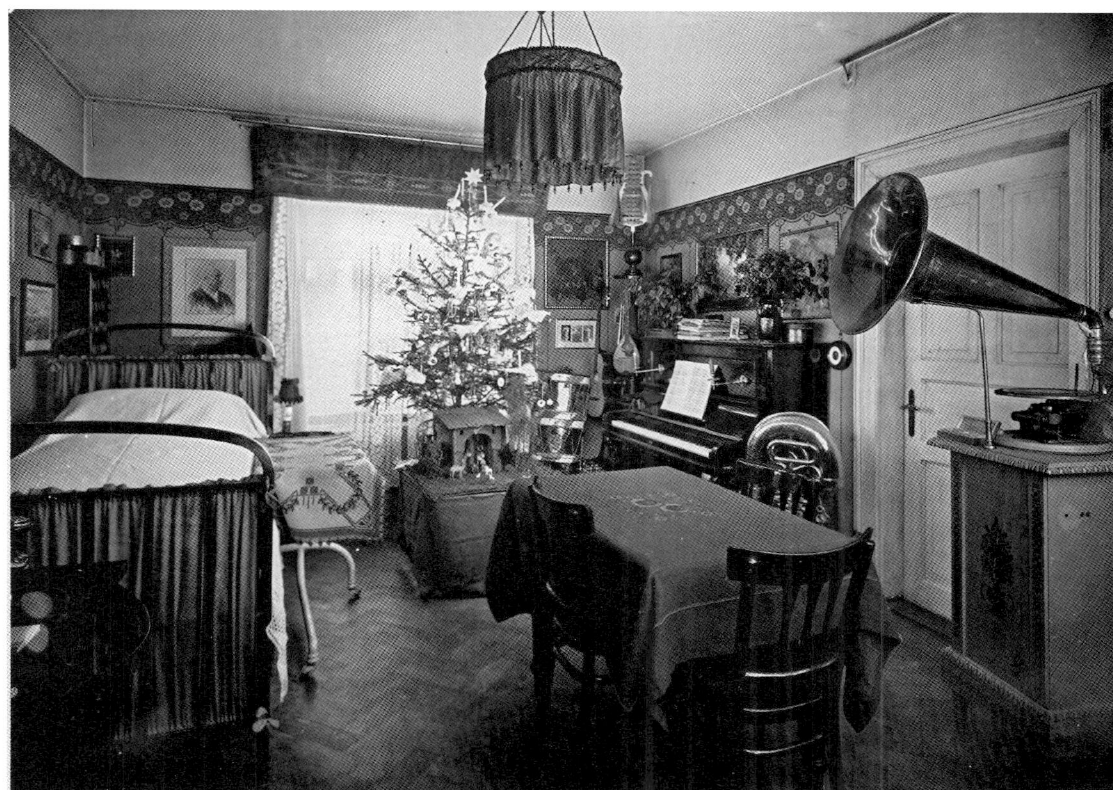

Blick in Karl Valentins Wohnzimmer in der Kanalstraße 8/II, 1920.
Rückseite handschriftlich: »Unser Wohnzimmer 1920«

Nicht nur »schmalztriefende Wiener Lieder«: Karl Valentin und die Hausmusik

Valentin hatte eine wohlklingende Stimme, der seine Angehörigen – seine Frau, die Töchter Gisela und Bertl sowie die Enkelinnen Helmi und Anneliese – gerne lauschten, wenn er gelegentlich »ein Lied mit Gesang«, wie er sagte, zum Vortrag brachte. Dazu spielte er auf seiner Zither, auf dem Klavier oder auf der Ziehharmonika. »Valentin schwärmte … besonders für sentimentale Wiener Lieder«, erzählte seine erste Tochter Gisela, »sein Lieblingsschlager lautete: ›Es wird ein Wein sein, und mir wird'n nimmer sein‹. Manchmal improvisierte er auch Melodien auf seinem Klavier, aber immer auswendig, weil er mit dem Notenlesen auf Kriegsfuß stand und das Klavierspiel nie im Unterricht erlernt hatte.«

Auch Valentins zweite Tochter Bertl berichtet in ihren Erinnerungen mit dem Titel »Du bleibst da und zwar sofort. Mein Vater Karl Valentin«, dass sie schon im Alter von vier Jahren mit ihrem Erzeuger »zweistimmig« das Lied sang:

> »›Drei Lilien, drei Lilien, die pflanz ich auf mein Grab‹. Ich sang nicht schön, aber laut! Wir haben nicht nur gesungen, wir haben auch musiziert. Papa legte zum Beispiel den ›Bayerischen Defiliermarsch‹ auf sein großes Trichtergrammophon auf. Er selbst bediente die kleine Rolliertrommel, die er meisterhaft bearbeitete. Ich mußte an die große Trommel. In die eine Hand bekam ich einen dicken Trommelschlegel und mit der anderen mußte ich die Tschinelle schlagen, die auf die Trommel montiert war. Dieses ›vielharmonische Orchester‹ fand meistens am Sonntagvormittag statt, bei offenem Fenster! Mama war zwar der Meinung, diesen Lärm könne man den Hausinwohnern nicht zumuten, noch dazu am Sonntag, und wollte die Fenster schließen. Papa: ›Frau! Was meinst, wie des die Leut gfallt! Die meinen sicher, eine ganze Regimentskapelle ziagt vorbei. Aber des wirst du nie begreifen!‹ Die Fenster blieben offen. Nur, wenn ich meine Gesangsübungen trällerte, vom tiefsten bis zum höchsten ›la' und 'mi‹ oder meine Stagettis hinaufgaggerte, war es selbst Papa lieber, daß man die Fenster zumachte.«

Bertl, von Valentin »Mädi« genannt, hatte auch Gitarre- und Klavierunterricht:

> »Zum Leidwesen meines Vaters mangelte es mir an Fleiß und Ausdauer. Ich übte nur, was meinen Ohren guttat, und mit den Noten stand ich auf Kriegsfuß. Wenn ich mir auf dem Klavier selbst etwas zurechtzimmerte, stand Papa plötzlich hinter mir, schaute auf das Notenblatt und fragte – ziemlich unwirsch: ›Wo steht denn des, was du da zammspielst? Wo? Aus dir wird im Leben nix! Du fangst alles an und führst nichts zu End!‹«

Bertl betonte aber, dass Papa der »fleißigste Mensch«, war, den sie kannte:

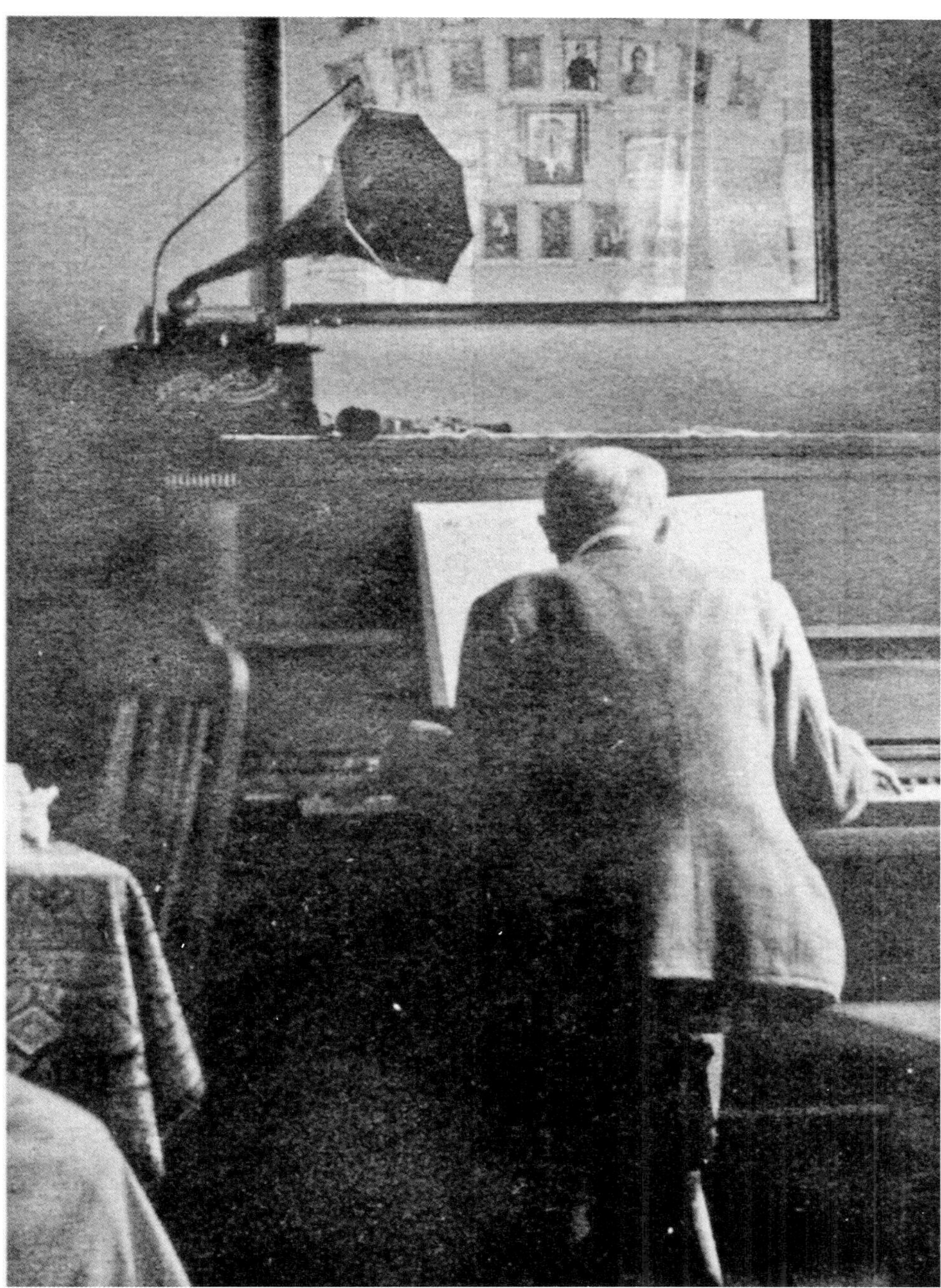

Karl Valentin am Klavier im Wohnzimmer
in seinem Planegger Haus

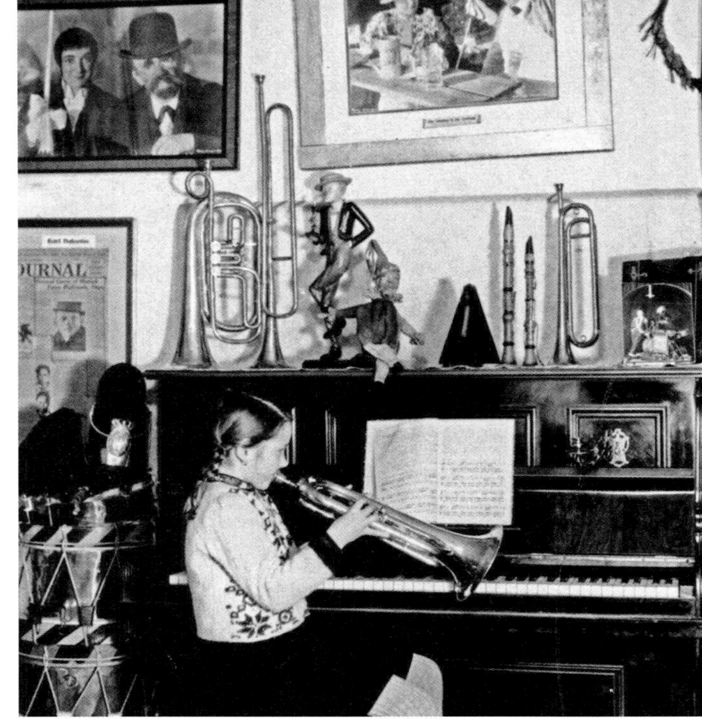

Karl Valentins Enkelin Anneliese auf einem Flügelhorn blasend, im Wohnzimmer des Planegger Häuschens. Auf dem Klavier stehen weitere Musikinstrumente ihres Opas.

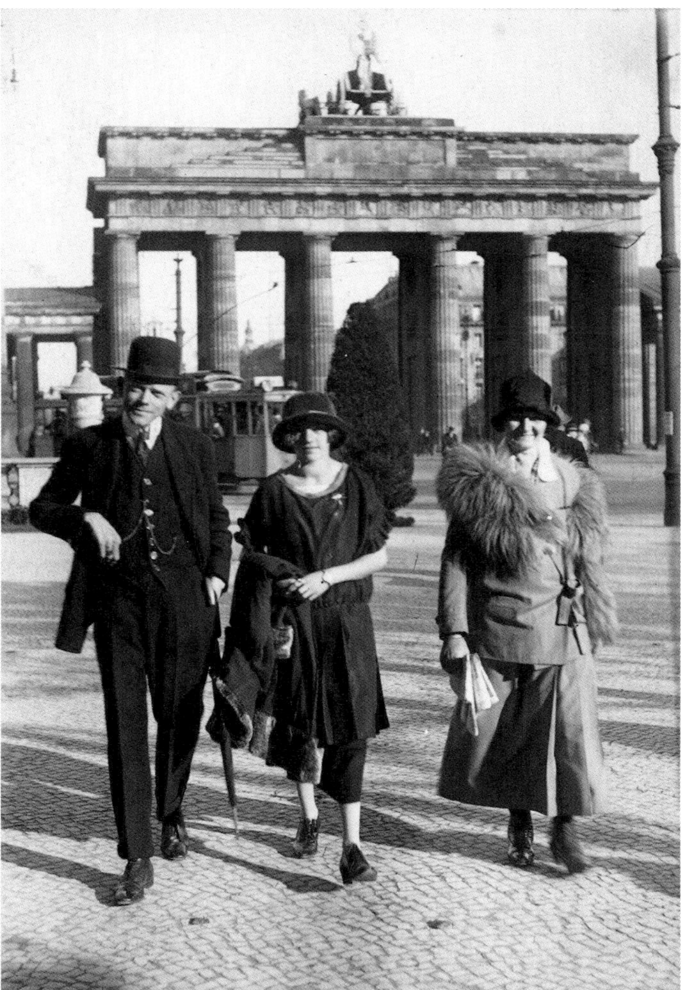

Karl Valentin mit Ehefrau Giesela und Tochter Bertl in Berlin 1924

»Man kann auch sagen: der Ruheloseste. Wenn er nicht bastelte, schrieb er. Wenn er nicht musizierte, sammelte er. Und was er alles sammelte! Und was er alles schrieb! Und wie schön er musizierte! – Wenn Papa Zither spielte, durfte ich ihn mit der Gitarre begleiten, und wir sangen zweistimmig die schmalztriefendsten Wiener Lieder. Am Klavier spielte er – ohne die geringste Ahnung von einem Fingersatz – den Pilgerchor aus Tannhäuser. Das *Wie* läßt sich nicht beschreiben. Er hatte eine solche Fertigkeit, um die ihn ein Klaviervirtuose hätte beneiden können.
Papa konnte auch schön singen. Er sagte oft: ›Leider habe ich mir als Schreinerlehrbub meine Stimm' versaut. Ich wollte doch auch so männlich tief reden, wie unsere G'sell'n, und auf einmal waren die zarten Töne weg! Schad'! Ich hab' gsungen wie ein Regensburger Domspatz!‹ In Wahrheit hatte er aber einen schöne Bassstimme.«

Wenn Valentin Zither spielte, erwartete er, dass man ihm »andächtig« zuhörte:

»Und wenn Mama [Valentins Frau Gisela] bei einer besonders gefühlsbetonten Stelle mit dem Geschirr klapperte oder ihn gar unterbrach mit den Worten: ›Da, Papa, iß dei Suppn, solang s' warm is‹, war er beleidigt: ›Ja, ja, da Roider Jackl wenn seine Gstanzl singt, da bist stad, mäuserlstad – aber bei mir – na ja –‹« Frau Valentin »wagte nicht mehr zu lachen, wenn der Jackl komisch war.«

Ebenso sang Valentin gerne mit seinen Enkelinnen, so etwa mit Helmi, der Tochter seiner erstgeborenen Tochter Gisela, die nahe Regensburg lebte. Helmi kam nach dem Krieg zu Besuch nach Planegg. Valentin machte mit ihr einmal einen Liederabend bis 2 Uhr in der Früh und spielte ihr dabei auf seiner Zither Melodien vor, wovon Helmi hellauf begeistert war.

Auch Valentins Enkelin Anneliese, die Tochter von Bertl, erzählte, dass sie mit ihrem Großvater immer wieder gerne sang, besonders häufig Moritaten, so etwa »Der Taucher«. Valentin begleitete sie dabei auf der Ziehharmonika oder auf seiner Zither. Dazu intonierte er meist die zweite Stimme, was Anneliese aber jeweils rasch aus dem musikalischen Gleichgewicht zu bringen pflegte. »Jetzt kann sie's schon wieder nicht«, grantelte er dann.

»Lustig war immer«, so Anneliese, »wenn die Großmutter sang und der Opa jaulte dazu wie ein Hund«, wie das bei seinem berühmten »Lied vom Sonntag« passierte. Am Anfang forderte der Opa immer seine Frau auf: »Tun's den Hund naus, nicht dass er mir etwas da drein macht. Es wär schad um das schöne Lied.« Wenn dann die Oma zu singen anfing, machte ihr der Hund – Valentin bellte selbst – tatsächlich dauernd was drein, indem er ununterbrochen dazwischen kläffte. Bei diesem Gesang mit Hundegeheul und fortwährendem Geschimpfe auf den Köter blieb natürlich kein Auge trocken und am Ende jagte Valentin auch noch den jämmerlich winselnden Hund – also sich selbst! – oder war es vielleicht sein Hund Bobsi? – aus dem Zimmer.

Zum Schreien fand Anneliese auch, wenn der Opa als Baritonsänger Korbinian Na-

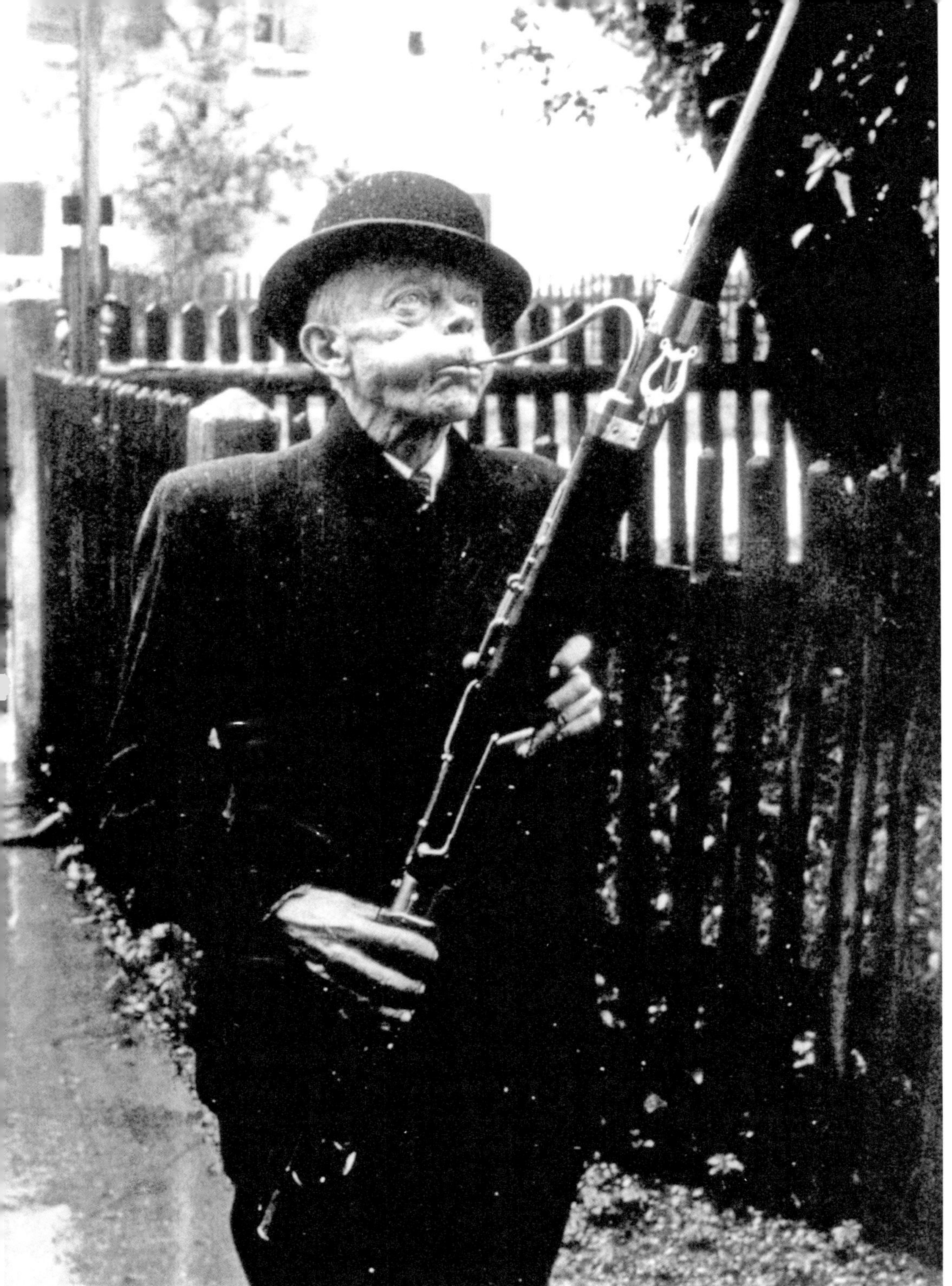

Karl Valentin beim Fagottspiel in Planegg

senlöchler das Lied »Die vier Jahreszeiten« vortrug und mit rollendem »rrr« begann: »Wie herrrrrrlich ist doch der Frrrrühling …«, dem er dann den herrlichen Sommer, den herrlichen Herbst und den herrlichen Winter folgen ließ. Von ihrem Opa erfuhr die Enkelin übrigens auch, dass die Mehrzahl von Fagott »Fagötter« heißt.

Natürlich durfte auch das Lied »Die alten Rittersleut« nicht fehlen mit dem Refrain »Ja, so war'ns, ja, so war'ns, / Ja, so war'ns, die alten Rittersleut«. Und an Weihnachten stimmte er die üblichen Weihnachtslieder an wie »O du fröhliche« oder »Alle Jahre wieder« oder »Ihr Kinderlein kommet«. »Bei dem Lied ›Stille Nacht, Heilige Nacht‹ passierte es immer wieder«, so Anneliese Kühn, »dass Opas Lippen plötzlich zu zucken anfingen und er ein ganz weinerliches Gesicht bekam, so gerührt war er bei diesem Lied. Und wenn wir ihn angeschaut haben, rührte uns das traurige Gschau vom Opa so sehr, dass auch wir ganz gerührt waren und auch wir mit den Tränen kämpfen mussten.« Dass Valentin aber auch ganz andere Weihnachtslieder kannte, zeigte er in seinem grotesken Stück »Christbaumbrettl«. Nachdem dort die Tochter bei der makabren Bescherung der Mutter eine angeblich selbst gestrickte Haube überreicht, die sie aber in Wahrheit jedoch beim Oberpollinger gestohlen hat, singen die Kinder das Weihnachtslied: »Fuchs, du hast die Gans gestohlen«.

In jungen Jahren scheute sich Valentin noch nicht, mit Freunden in der Öffentlichkeit zu musizieren, wie er in seinen Erinnerungen berichtet:

> »1920 machte ich damit [mit verschiedenen Instrumenten, die er spielte] und mit meinen Freunden hin und wieder Ausflüge ins Isartal, nach Deisenhofen, nach Pasing oder in die besonders beliebte Waldrestauration Alt-Stadelheim. Nach dem Konzert ging es mit Musik auf den Heimweg. Einmal hatten wir auf dem Giesinger Bahnhof unseren Marsch zu Ende gespielt und waren gerade im Begriff unsere Instrumente einzupacken, als ein feiner Herr im Hut und Mantel auf uns zukam und folgende Ansprache hielt: ›Ich danke ihnen schön, meine Herren für das wunderbare Ständchen. Es hat gewiß meiner Tochter gegolten, die morgen ihre Verlobung feiert.‹ ›Na, na‹, gab ich zur Antwort, ›wir kennen ihre Tochter ja gar net, wir blasen ja nur zu unserem Privatvergnügen.‹ ›Ach so‹, meinte der Herr, ›da hätte ich die Herrn Privatmusiker bald beleidigt. Ich wollte ihnen soeben fünfzig Mark überreichen.‹ Er hielt sie tatsächlich in der geschlossenen Hand. ›Entschuldigen sie vielmals; guten Abend, meine Herren.‹ Damit drehte er sich um und kehrte in sein Haus zurück. Wie wir da dumm geschaut haben!«

Später war Valentin in größerer Gesellschaft nur noch selten zu bewegen, auf der Zither oder einem anderen Instrument ein Musikstück vorzutragen oder ein Lied zu singen. Ein paar Ausnahmen gab es jedoch, so 1932 anlässlich seines 50. Geburtstags, an dem er im Weinhaus Gotthart zur Tuba griff und Liesl Karlstadt beim Klarinettenspiel begleitete. Bei einer adventlichen Kaffeerunde im Dezember

1940, zu der sein Privatsekretär Adalbert Lobinger ihn, die Karlstadt und die Schauspielerin Henny Porten eingeladen hatte, setzte er sich zum Ausklang des Nachmittags in Lobingers Wohnzimmer spontan ans Klavier und spielte die ersten Takte seines Couplets vom »Rezept zum Russischen Salat«, wozu die Karlstadt dann den Text sang. Auch Ernst Hoferichter blies er, wie dieser mitteilte, bei einer Kaffeerunde »auf der Trompete, von Liesl auf dem Harmonium begleitet, ›Mei Mutterl war a Weanerin‹ vor, sein Lieblingslied.«

Valentins zweite kurzzeitige Partnerin Annemarie Fischer berichtet:

»Nachts nach der Vorstellung in der ›Ritterspelunke‹, wenn sich das Lokal geleert hatte, gehörte es ganz allein uns beiden. Dann griff Karl zu seiner geliebten Zither, spielte und sang leise, mich dabei unentwegt anschauend. […] Plötzlich riß er einen Mißakkord über die Saiten, schob die Zither weg und fragte mich, wieder mit diesem melancholisch-weltverachtenden, manchmal bösartig verzerrten Gesichtsausdruck: ›Wer bin ich überhaupt, was bin ich eigentlich – weißt du's?‹ […] Es war eine mich erschütternde Szene. Karl, der große Karl Valentin, zweifelte wieder einmal an sich und seinem Können. Er glaubte nicht mehr an sein ›Sein‹, wie er sagte, er fürchtete, sein Leben ›vertan‹ zu haben. Er war überzeugt, ›nicht mehr in die Zeit zu passen.‹«

Das war 1939 / 1940, als der Zweite Weltkrieg tobte.

Der Fotograf Karl Kurt Wolter berichtete:

»Richtig wohl jedoch fühlte sich Valentin im engsten Kreis seiner Münchner Spezis, wie etwa am Stammtisch einer kleinen Wirtschaft in der Baaderstraße. Da saß er dann spät nachts und spielte auf seinem bevorzugten Instrument, der Zither. Er spielte virtuos und sang, falls er in Laune war, kuriose Lieder dazu. Stundenlang. Nichts lag ihm ferner als die Absicht, hier eine Vorstellung geben zu wollen. Man war ja ganz unter sich, denn der Wirt hatte auf Valentins Anruf hin bereits vor seinem Eintreffen das Lokal für Fremde sperren müssen. Es wurden unvergeßliche Abende für die Zuhörer, weil Valentin sich so gab, wie er ihnen auf der Bühne erschien (oder gab er sich auf der Bühne so, wie er im Leben war?). Musikbegleitung durfte auch bei folgendem valentinesken Event keinesfalls fehlen. ›Nächsten Sonntagnachmittag um halb 21 Uhr‹, teilte Valentin in seinem Beitrag ›Neues vom Starnberger See‹ mit, ›findet im Starnberger See ein Karpfenrennen statt, mit darauffolgendem Brillantfeuerwerk. Zwölf zehnpfündige dressierte Karpfen schwimmen mit Motorboot und Musikbegleitung von Starnberg nach Seeshaupt; während dem Rennen ist der See für Fußgänger gesperrt.‹«

Das Klarinetten-Bombardon-Duett: Der »Valentinianer« Bertolt Becht

Kurz vor seinem Tod nannte Bertolt Brecht (1898–1956) zwei Künstler, die ihn beim Stückeschreiben vor allem beeinflusst hatten: »Charlie Chaplin und Karl Valentin«, den er als »eine der eindringlichsten geistigen Figuren der Zeit« bezeichnete. Aber inspirierte Valentin den Dramatiker Brecht auch musikalisch?

Den 16 Jahre älteren Komiker erlebte der 22 Jahre junge Brecht erstmals am 14. März 1920 im Kabarett »Charivari« bei der Aufführung von Valentins »Theater in der Vorstadt«. Brecht war begeistert: »Ich war kreuzvergnügt [...] und saß abends bis 11 im Kabarett bei Valentin und wälzte mich fast vor Lachen.« Brecht schätzte es, wie er sagte, »daß man [bei Valentins Auftritten] rauchen und trinken kann.« Beim Besuch weiterer Vorstellungen in Bierlokalen wurde er zu einem eingefleischten »Valentinianer« und suchte die Nähe dieses »komplizierten blutigen Witzes«, wie er Valentin nannte.

Auf einem Szenenfoto, das sich auf Valentins Wiesn-Komödie »Oktoberfestschau« bezieht, die 1920 im »Charivari« zur Aufführung kam, musiziert Brecht als Klarinettist Schulter an Schulter mit dem Bombardon blasenden Valentin und einem Trommel schlagenden Clown, während Liesl Karlstadt in Frack und Zylinder als Recommandeuse die Glocke schwingt.

Am 30. September 1922 stand Brecht, der übrigens auch Gitarre spielte, mit Valentin dann schon gemeinsam auf der Bühne der Kammerspiele in der kabarettistischen Nachtvorstellung »Die rote Zibebe«. So hieß die Schnapskneipe in Brechts Stück »Trommeln in der Nacht«, das tags zuvor aufgeführt worden war. In dem Abnormitätenkabinett der »Roten Zibebe« traten neben Joachim Ringelnatz als »besoffener Seemann Kuddel Daddeldu« die Grotesktänzerin Valeska Gert als »Kanaille« auf und auch Valentin als taubstummer Conferencier Glubb. Brecht trug als »Klampfenbenke« eigene Songs zur Gitarre vor.

An Valentins Spielweise faszinierte Brecht insbesondere dessen Verfremdung einer Rolle durch distanziertes Darstellen. Valentin, so Brecht, bringe seine Texte »bösartig und verdrossen und ganz dünn. Er spielte immer jemanden, der nur für Geld spielt, mit einem Minimum von Aufwand.« Brecht konnte sich vorstellen, einen Schwank für Valentin zu schreiben, wozu es aber nicht kam. Stattdessen kam es 1923 überraschend zur Zusammenarbeit in dem surrealen Kurzfilm »Mysterien eines Frisiersalons« – Buch und Regie von Brecht, Engel und Valentin –, dessen Dreharbeiten in einem Atelier auf dem Dachboden eines Schwabinger Mietshauses in der Tengstraße stattfanden. Valentin spielt in dieser schnell und billig gedrehten Groteske einen Friseurgesellen, der mit Hammer, Meißel und Zange Furunkel entfernt, langhaarige Männer in Skinheads verwandelt und Leuten den Kopf abhackt.

Bei seinen ersten kurzen Stücken ließ sich Brecht mehrfach von Valentin inspirieren, so etwa bei seinem Einakter »Die Kleinbürgerhochzeit«, 1926 uraufgeführt. Die Braut ist schwanger, der Bräutigam lüstern nach einer anderen, der Brautvater erzählt peinliche Anekdoten und die Feier läuft zunehmend aus dem Ruder. Das Hochzeitsessen

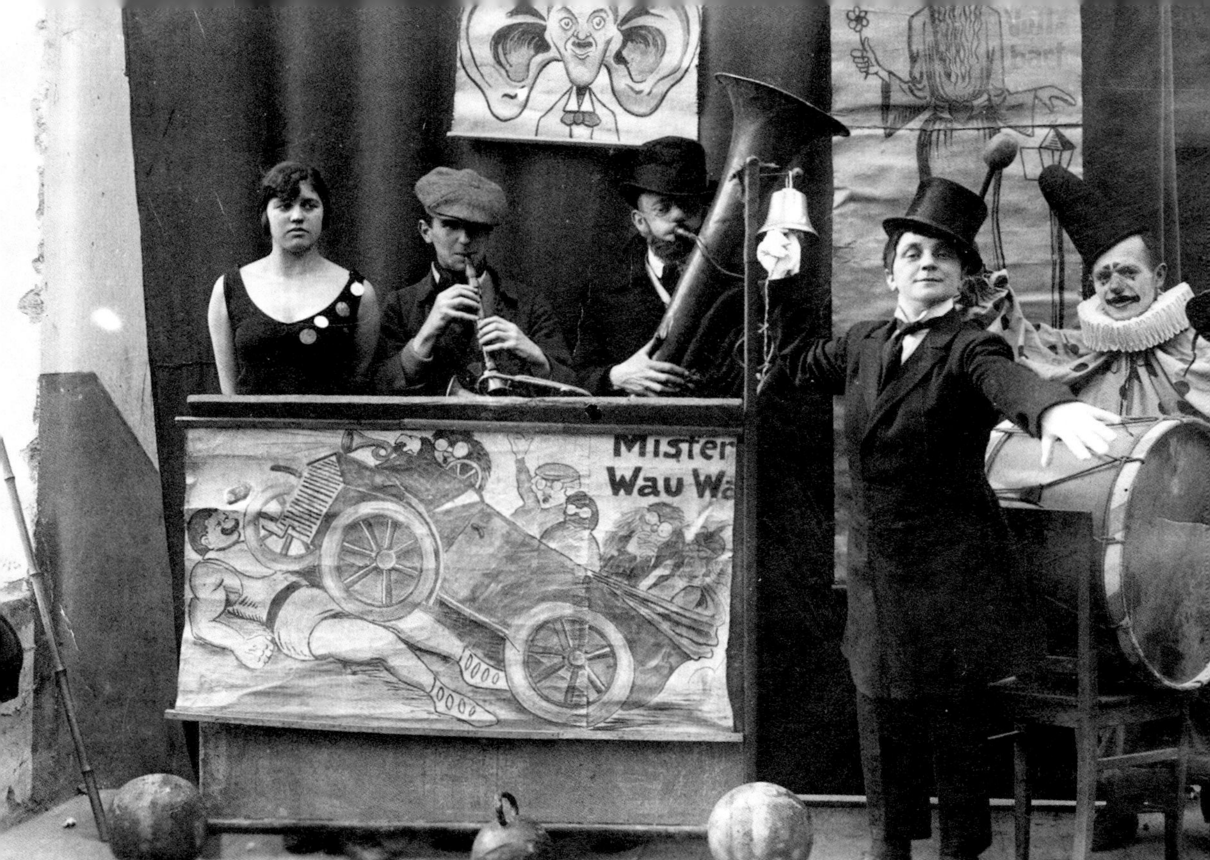

Karl Valentin mit Tuba (Mitte), Bertolt Brecht mit Klarinette (Zweiter von links) und Liesl Karlstadt als Oktoberfestausruferin in der Szene »Oktoberfestschau«, um 1920

wird ebenso ruiniert wie die selbst gefertigten Möbel und zum Schluss – im Dunkeln – kracht auch noch das Hochzeitsbett zusammen. Fast glaubt man, eine Valentin-Groteske vor sich zu haben.

Als Brecht »Das Leben Eduards des Zweiten« inszenierte, fragte er den Komiker: »Was machen die Soldaten in der Schlacht?« Valentins lapidare Antwort: »Angst ham s', blaß san's«, worauf Brecht die Schauspieler kalkweiß schminken ließ. Valentin sei auch ein Vorbild gewesen, so Brecht, »wenn er beispielsweise ein Lied sang und den Inhalt dieses Liedes dabei parodierte und jedenfalls irgendwie kritisierte«.

Musik als dramaturgisches Mittel fügte Brecht in etliche seiner Stücke ein. Die Schauspieler kommentieren und reflektieren das Bühnengeschehen in Songs und Balladen, mit denen sie sich ans Publikum wenden. Als musikalische Quellen benutzte Brecht neben klassischer Musik vor allem auch die »Musik der Vorstädte«, bayrisch-schwäbische Volkslieder und auch Kneipen-, Sauf- und Bänkellieder. In seinem Gedicht »Vergnügungen« zählt Brecht auf, was ihm so alles Vergnügen bereitet, darunter auch »Alte Musik« und »Neue Musik«. Ob auch Valentins Couplets und dessen musikalische Vorträge dazugehörten, erwähnt er zwar nicht, aber mit Sicherheit hatten auch sie Einfluss auf ihn.

»Minutenlanges Geigengewinsel«: Bildungslücke für klassische Musik

Bezüglich klassischer Musik konstatierte Valentin für seine Person, dass ihm dafür »die erforderlichen Vorkenntnisse fehlen« und er davon »net vui versteht«, wie er sagte. Diesbezüglich habe er eine enorme »Bildungslücke«, die seit einem mit Liesl Karlstadt gemeinsam »durchlittenen Brahmsabend« im Wiener Konzerthaus noch mehr klaffte. Zu dem Konzert hatten die beiden vom Generalmusikdirektor Hans Knappertsbusch persönlich zwei Ehrenkarten bekommen, weshalb sie »anstandshalber« erscheinen mussten. Doch »der überschätzt uns«, wie Valentin gestand. Das Konzert – er und die Liesl »eingekeilt im Parkett, zehnte Reihe, Mitte« – hielt er für das »Stimmen der Instrumente«, fühlte sich beim Anblick der »Hundertzwanzig Mann Musiker« unbehaglich, saß wie auf glühenden Kohlen und empfand »Tantalusqualen«. Wegen seines Asthmas musste er sich alle Viertelstunde mit dem quietschenden Miniaturgummiballen seines Glasinhalators das Asthmamittel in die Nase fauchen, was ihm »entrüstete, wütende Blicke der Umsitzenden« eintrug. Am Schluss des Konzerts spendeten er und die Liesl »nur anstandshalber Beifall«.

Valentin war sich sicher, »am Münchner Oktoberfest in der Bräurosl bei der fünfundvierzig Mann starken Blechmusi schönere Abende verlebt zu haben.« – Später urteilte er:

> »Abgesehen von allem anderen wirkt klassische Musik auf den kleinen Mann meistens einschläfernd, besonders minutenlanges Geigengewinsel ... Meine Ansicht ist: Man sollte jedesmal bei so einem klassischen Abend zur Erholung des kleinen Mannes einen schönen Strauß-Walzer, den Tölzer Schützenmarsch oder das Glühwürmchenidyll von Paul Lincke dazwischen spielen, dann wäre das ganze leichter zu ertragen.«

Diese Forderung Valentins setzt das »Neue Ensemble Hannover« übrigens mittlerweile seit Jahren erfolgreich um, indem es bei dem von ihm veranstalteten »Neujahrskonzert à la Valentin« ausdrücklich alle 15 Minuten Marschmusik spielt, die zur Erringung irgendeines Sieges gar nicht taugt, wobei in den Pausen Rollmops und Aspirin serviert werden.

Auch für »Kammermusik« im Rundfunk kann sich Valentin nicht begeistern:

> »Da ham mir scho a paarmal zuag'horcht dahoam – bloss zum Schluss soll'ns halt immer was drein geb'n, an Tölzer Schützenmarsch oder an Schäfflertanz – dass unsereins auch noch a bisserl an Genuss davon haben tät, aus Dankbarkeit, dass ma solang zuag'horcht hat.«

In dem Dialog »Mischi-Maschi« fragt sich Valentin, ob ein Komponist eine Oper schreiben kann, »wenn er nur die Noten zur Verfügung hat c-d-e-f-g-a-h – cis-dis-eis-fis-gis-ais-his? Nein, mischen muss er die Noten untereinander, und dann entsteht daraus eine wunderbare Musik – nicht immer – wenn er schlecht mischt, kann keine schöne Musik daraus entstehen.« Und bei klassischer Musik, dessen war sich Valentin sicher, funktionierte die Mischung eben nicht.

1945 machte er sich in einem Dialog ein weiteres Mal über klassische Musik im Rundfunk lustig und schlug vor:

> »Man könnte doch alle wichtigen Sendungen auf einen andern Zeitpunkt verlegen und alle Abend von 8 Uhr bis 12 Uhr ausschließlich klassische Musik bringen. – Wenn der Vater todmüde von der Arbeit heimkommt und die ganze Familie, die Mutter, die Kinder, die Großeltern nach dem Abendessen um das Radio herum sitzen – wie erfrischend wirkt da so eine As-Dur-Sonate und wirkt gleichzeitig beruhigend und einschläfernd auf die Nerven, und wer nach vierstündigem G-Moll noch nicht schläft, der muß halt noch 2–3 Veronal-Tabletten einnehmen.«

Es hat den Anschein, als habe sich Valentin später mit einigen Stücken und Filmen, etwa mit der »Orchesterprobe«, an klassischer Musik rächen wollen. Dabei schuf er, der moderner Musik ablehnend gegenüberstand, mit Stücken und Filmen wie »Der Zithervirtuose«, dieser »Zitherpartie« ohne Ende, mit »Musik zu zweien«, »Straßenmusik« und »Ein verhängnisvolles Geigensolo« Werke, in denen er entweder den Instrumenten schiefe Töne entlockt oder erst gar nicht zum Musizieren kommt. Komponisten der Moderne könnten sich davon anregen lassen. Einige ließen sich davon vermutlich auch inspirieren. Der Komponist Hans-Joachim Hespos, für den die Geige »Pferdehaar auf Katzendarm« ist und die Orgel »ein Haufen Knochenflöten«, stellt mit seinen Kompositionen, die Anweisungen enthalten wie »knubbeldumpf«, »heftig versprillt«, »quirlig vermanscht« oder »schlabbriger Lippenfurz«, an die Interpreten Forderungen, die an Körperverletzung grenzen und fürs Publikum eine Zumutung sind. So muss sich beispielsweise bei seinem 1982 entstandenen Stück »Seiltanz« der Akteur mit Blechwanne, Balken und Mehlsack ausgerüstet mitten durch den Zuschauerraum bewegen, wobei sich ein Schlagzeuger gleichzeitig mittels eines Schweißgeräts unter ohrenbetäubendem Lärm aus einem Eisentank befreit. »Kunst muss eine Zumutung sein, sonst ist es keine«, so äußerte H.-J. Hespos ganz im Sinne Valentins.

Zwei »bayerische Taucher«: Volkslieder- und Volkssängersammlungen

Karl Valentin verehrte den Musiker und Volksliedsammler Paul Emanuel Kiem, genannt Kiem Pauli (1882–1960), ganz besonders, der im selben Jahr wie Valentin und auch in München geboren wurde. Wie Valentin spielte auch Kiem Zither, außerdem Gitarre und Harfe. Dieser Musiker trug nicht nur ganz wesentlich zur Wiederbelebung der bayerischen Volksmusik in der ersten Hälfte des 20. Jahrhunderts bei, sondern sammelte auch bayerische Volksmusik, die bislang nur mündlich weitergegeben worden war. Dazu fuhr er ab 1927 mit dem Fahrrad in Oberbayern von Hof zu Hof, ließ sich Lieder vorsingen, die er notierte und 1934 als »Sammlung oberbayrischer Volkslieder« in Buchform veröffentlichte. Bis zu seinem Tod im Jahr 1960 publizierte er viele weitere Bücher und Volksmusiksammlungen.

Karl Valentin wollte es ihm gleichtun, wie er am 17. November 1933 in einem von seiner Sekretärin Eva Friedrich verfassten Brief an den »sehr geehrten Herrn Kiem« schrieb:

»So wie Sie alte Volkslieder sammeln, um Sie der Nachwelt zu erhalten, so hat Herr Valentin in jahrelanger, mühevoller Arbeit sämtliche Münchner Volkssänger und Volkssängergesellschaften von 1750 bis heute gesammelt und sie in Photographien den nachkommenden Generationen erhalten. Was die Volkssänger für München, sind die Bauerntheater für Bayern. Es wäre gewiss eine interessante Arbeit alles Material über die seit Anfang existierenden, bis zu den neugegründeten Bauerntheatern zu sammeln (Photos, Gruppen und Einzelbilder, Plakate, Programme usw.). Herr Valentin weiss, dass Sie viele Beziehungen zu diesen Bühnen haben, deshalb hat er an Sie gedacht. Wenn Sie nicht selbst an diese zwar schöne, aber doch mühevolle Arbeit gehen wollen, so können Sie diese Anregung doch in die daran interessierten Kreise tragen (Ganghofer – Thoma Bühne, Egern, Xaver Terofal, Schliersee usw.) Sollten Sie in nächster Zeit nach München kommen, so lädt Herr Valentin Sie ein, seine reichhaltigen Sammlungen zu besichtigen, die sicher auch für Sie von Interesse sind.
In Erwartung Ihrer gef. Rückäusserung, zeichnet hochachtungsvoll. Karl Valentin.«

Da sich Valentin selbst stets als Münchner Volkssänger verstand, veranstaltete er schon 1927 eine erste »Münchner Volkssänger Ausstellung« und stellte 86 Bildtafeln mit mehr als 1200 Einzelbildern in der Gaststätte »Drei Rosen« am Rindermarkt aus. In dieser Schau erfasste er nicht nur die bedeutenden Volkssängerinnen und Volkssänger, sondern auch die wichtigsten Münchner Spielstätten von 1860 bis 1928.

Doch unersättlich wie Karl Valentin auch als Sammler war, bat er den Kiem Pauli, ihn beim Sammeln weiterer Dokumente zu unterstützen. Dies scheint dieser auch entsprechend seinen Möglichkeiten getan zu haben, wie ein Brief aus Planegg an den »sehr geschätzten Kiem Pauli« vom 28.10. 1947, anlässlich zu dessen 65. Geburtstag, beweist, in dem er Kiem Pauli als einen »bayrischen Taucher« lobte, der »einen längst versunkenen bayrischen Schatz wieder gehoben« hat.

»Die Nachwelt wird ihm das danken. – Nachwelt?? Glauben Sie noch an eine Nachwelt? Die Atombomben sind schon da: ›Wehe, wenn sie losgelassen – wachsend ohne Widerstand – durch die volksbelebten Länder u. s. w.‹ Aber zuvor droht Ihrer bayrischen Liedersammlung noch eine grosse Gefahr: werden sich die Bayern selbst dankbar zeigen?«

Und nun wird der Brief zu einem bitteren Klagelied Valentins:

»Ich habe meine lieben Bayern und speziell meine lieben Münchner genau kennen gelernt. Alle anderen mit Ausnahme der Eskimos und Indianer haben mehr Interesse an mir als meine ›Landsleute‹. Aus dem Münchner Rundfunk wurde ich schon zweimal wegen Humorlosigkeit hinausgeschmissen. Nach der Besetzung, als das Theaterspielen in München wieder erlaubt war, suchten wir uns wieder eine Singspielhalle in München; überall kamen wir zu ›spät‹, weil alle noch bestehenden Lokalitäten bereits an norddeutsche und österreichische Künstler vergeben waren.«

Valentins klagt, dass auch seine 15 Kurztonfilme noch immer beschlagnahmt seien und sein seit 22 Jahren druckfertiges Buch »Valentin's Jugendstreiche« mit 200 Illustrationen »mit Spinngewebe überzogen«, noch immer in seiner Schreibtischschublade liegen würde.

Nach weiteren Klagen (keine Wohnung in München, keine Möglichkeit in der Stadt eine Singspielhalle einzurichten, wieder Filme aufzuführen und Bücher zu publizieren) formuliert er unmissverständlich sein Testament:

»Meine grossen Kultursammlungen über München,
ich habe die ganze Stadt München in Original-Fotos von 1850–1900,
will ich lieber Sachsen, Württemberg oder Norddeutschland
testamentarisch zum Geschenk machen, unter keinen Umständen aber
meinem geliebten Heimatland Bayern,
am allerwenigsten meiner Vaterstadt München.«

Mit diesem verbitterten Ausruf bringt Valentin seine ganze Enttäuschung über die von ihm geliebte Vaterstadt München zum Ausdruck, von der er sich schändlich im Stich gelassen fühlte und der er genau genommen seinen gesamten Nachlass verweigern wollte.

Sein Testament sollte in Erfüllung gehen, so als habe der Komiker dies noch aus dem Jenseits steuern können. Obwohl München nach dem Tod Valentins durch dessen Frau noch einmal die Möglichkeit bekam, seinen Nachlass zu erwerben und damit an ihm doch noch einiges wieder gut zu machen, nutzte die Stadt diese Chance nicht und der Nachlass ging, wenn auch nicht nach »Sachsen, Württemberg oder Norddeutschland«, so doch fort von München und Bayern nach Köln.

Valentins Brief an den »lieben Herrn Kiem Pauli« endet mit einer Einladung:

»[...] schön wäre es, wenn Sie mich einmal besuchen würden in Planegg, ich hätte viele Sachen, die sie interessieren dürften. Ich würde Ihnen klaren Wein (nur sprichwörtlich) einschenken über die jetzige Lage in München, und Sie würden sagen: dem Menschen kann man's nicht verübeln, wenn er von seinen Landsleuten nix mehr wissen will.«

Doch zu Kiem Paulis Besuch kam es nicht mehr. Drei Monate nach Valentins Einladung starb der Komiker am 9. Februar 1948.

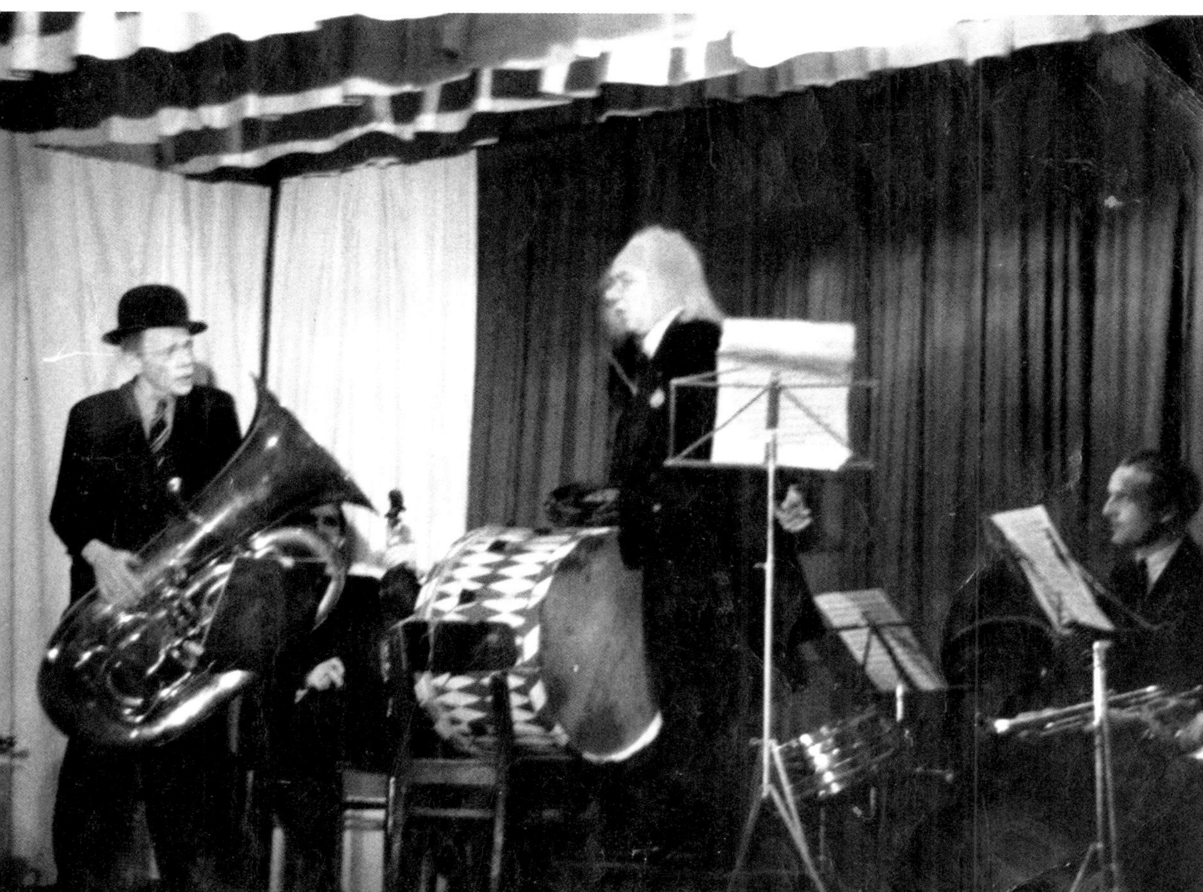

Letzte Aufnahme von Karl Valentin in der Szene »Orchesterprobe« im »Bunten Würfel« am 31. Januar 1948

KAPITEL 9

Musikgeschichten

Über Valentin kursieren auch viele Anekdoten und Geschichten, die sich auf die Musik beziehen. So weinte er stets bei »Konrads traurigem Flötenspiel«, dem er beim Besuch seines Lieblingsstücks »Der Müller und sein Kind« hingebungsvoll lauschte. Skurril ist Valentins Spott über den »Schellenbaum« und eine Planegger Nachbarin erhielt von ihm ein Musikinstrument von ganz besonderer Qualität geschenkt.

»Der Müller und sein Kind«: Konrads trauriges Flötenspiel

»Allerseelen« am 2. November war für Valentin ein ganz wichtiger Termin. An diesem Tag besuchte er nämlich jedes Jahr das Theaterstück »Der Müller und sein Kind«, das der Dramatiker Ernst Raupach (1784–1852), ein Zeitgenosse Goethes und Schillers, verfasst hatte. Raupach, der 130 Stücke schrieb, die man zu seiner Zeit an den preußischen Hofbühnen aufführte, wurde allerdings nur mit seinem Volksdrama »Der Müller und sein Kind« berühmt, das als einziges seiner Theaterstücke nicht in der Versenkung verschwand. Seit der Premiere 1830 in Berlin, wurde es im Wiener Volkstheater 70 Jahre lang, immer am Allerseelentag mit großem Erfolg gespielt und sogar heutzutage kommt es immer wieder einmal zur Aufführung. Valentin liebte dieses Rührstück ganz besonders. Der Inhalt ist folgender:

Marie, die Tochter des reichen Müllers Reinhold liebt Konrad, den armen Mühlburschen, der Marie durch sein zu Herzen gehendes Flötenspiel bezaubert, vor allem mit der Melodie des Liedes »Wer nur den lieben Gott läßt walten«. Der bereits todkranke Müller jedoch verbietet seiner Tochter den Kontakt zu dem mittellosen Konrad und willigt auf eine Heirat nicht ein. Erst wenn er gestorben sei, könne das Liebespaar heiraten. In der Christnacht begibt sich Konrad auf den Friedhof, wo laut Volksmund, alle jene Personen, die im nächsten Jahr sterben werden, in die Friedhofskapelle einziehen. Konrad sieht schreckliche Dinge, nicht nur Maries Vater, sondern auch Marie selbst. Als der geizige Müller vor seinem Tod sein Geld vergraben will, überrascht ihn Konrad dabei, worauf Reinhold stirbt. Marie hält Konrad deshalb für den Mörder ihres Vaters und weist ihn fort, worauf er mit Musikanten durchs Land zieht. Als er wiederkehrt, liegt Marie todkrank im Fieberwahn darnieder. Konrad spielt ihr auf seiner Flöte nochmals ihre Lieblingsmelodie vor, worauf sie verklärt stirbt.

Der mit Valentin bekannte Schriftsteller Ernst Hoferichter erzählte, dass Valentin dieses Stück jedes Jahr, oft zweimal an einem Tag besucht habe, eine der üblichen Nachmittagsvorstellungen und dann die Abendaufführung einer Komikerbühne in Haidhausen, »weil ma do so schee woana konn«. Er tat dies »nur um des zweiten Aktes willen, in dem alle jene, die im kommenden Jahr sterben müssen, im Totengewand als schaurige Prozession durch den Friedhof ziehen«. Er bat aber Hoferichter, ihm zu versprechen, niemandem zu erzählen, dass er ihn bei diesem Stück habe weinen sehen. Man möge doch, so schrieb Valentin an Hoferrichter, dieses Stück »mit jenen großen Schauspielerinnen aufführen, wie ich dieselben gestern Abend in Friedrich Hebbels ›Maria Magdalena‹ [in den Kammerspielen] kennen gelernt habe, dann wäre Müller und sein Kind kein Kitsch mehr, sondern das grosse Volksdrama, das es seit 120 Jahren gewesen ist.«

Der Schauspieler O. E. Hasse berichtet, Valentin habe den Text des Stückes fast auswendig aufsagen können. Auf dem Heimweg habe er, zu Tränen gerührt, die schönsten Passagen zitiert und ihm besonders gern die Rolle des Konrad vorgespielt. Zutiefst war er vom wunderbaren, traurigen Flötenspiel Konrads ergriffen, der Marie mit dem rührseligen Lied »Wer nur den lieben Gott läßt walten« selbst noch auf ihrem Sterbebett eine Freude bereitet habe. Bei der Imitation des Flötenspiels habe Valentin dann jeweils seinen Spazierstock als Flöte benutzt.

Natürlich dachte Valentin bei diesem Stück stets auch an seine verstorbenen Eltern, die er sehr liebte. Über den plötzlichen Tod des Vaters war er schockiert und der Tod der Mutter, seiner wohl wichtigsten Bezugsperson, traf ihn schwer. In der Brieftasche trug er immer ein zwischen ein Glas gepresstes Efeublatt vom Elterngrab bei sich, außerdem ein Foto seiner geliebten Mutter. Und »an Allerheiligen besuchte er stets das Grab seiner Eltern im Ostfriedhof«, wie seine Tochter Bertl, die ihn dabei begleiten durfte, berichtete. »Und dann ging's ins Gärtnertheater zum Rührstück ›Der Müller und sein Kind‹. … Da hams auf der Galerie so viel g'weint, daß d'Leut im Parterre hätt'n Schifferl fahrn können.« Seine Tränen vergoss Valentin immer auch in Erinnerung an seine Eltern.

Auch das Volkslied »Das Elterngrab« liebte er deshalb sehr. »Er konnte so tieftragisch werden«, beobachtete Valentins Bühnengehilfe Thomas Herrmann, »wenn er die Melodie dieses Liedes auf seiner Zither spielte.« Und auch der Text rührte ihn zu Tränen:

> »Ich kenn' ein einsam' Plätzchen auf der Welt / Liegt ruhig, still verborgen, / Dort flieh' ich hin, wenn mich der Kummer quält, / Dort klag' ich meine Sorgen. / Und fragst du mich, so sag' ich's dir: / Es liegt nicht weit, nicht weit von hier.
>
> Refrain: Der liebste Platz, den ich auf Erden hab', / Das ist die Rasenbank am Elterngrab, / Der liebste Platz, den ich auf Erden hab', / Das ist die Rasenbank am Elterngrab.
>
> Da zieht's mit Zaubermacht mich immer hin, / Wenn Menschen mit mir streiten. / Dort merk' ich nicht, wie ich verlassen bin, / Dort klag' ich meine Leiden. / Da reden mir die Toten zu, / Die Eltern mein in ew'ger Ruh'.

> Refrain: Der liebste Platz, den ich auf Erden hab' …
>
> Und wenn ich einstens lebensmüde bin, / Muss dieser Welt entsagen, / Dann, guter Gott, gewähr' die Bitte mir, / Lass' mich zum Friedhof tragen. / Drückt mir der Tod die Augen zu, / Dann legt mich dort zur ew'gen Ruh'.
>
> An jenen Platz, wo ich mein liebstes hab' / Dort bei der Rasenbank am Elterngrab / An jenen Platz, wo ich mein liebstes hab' / Dort bei der Rasenbank am Elterngrab.«

War Valentins Rührseligkeit aber wirklich ein Ausdruck echter Gefühle oder nur eine peinliche Gefühlsduselei? »Sentimentalität«, sagte Arthur Schnitzler, »ist das Alibi der Hartherzigen«. Traf dies auch auf Valentin zu, dem man vorwarf, er sei nicht nur in seinen Szenen und Stücken mitunter geradezu sadistisch veranlagt und das sei er schon als Kind gewesen. Da streute er Glasscherben auf die Wiese, um an den darüber barfußlaufenden Kindern, die sich die Füße blutig schnitten, echt Sanitäter spielen zu können. Und in seinem Garten hatte er eine echte Guillotine aufgestellt, mit der Menschen geköpft worden seien, »damit s'Kind [seine Enkelkind Anneliese] was zum Spieln hat«. Ganz zu schweigen von seinem grässlichen Folterkeller im »Panoptikum«, der Liesl Karlstadt einen Nervenschock bescherte.

Ja, Valentin war zu beidem fähig, zum Sadismus und zur Sentimentalität. Beides lässt sich beim Blick in die Abgründe dieses Tragikomikers entdecken.

Der Schellenbaum: Valentins Spott über ein Emblem der Nationalsozialisten

Bei bombastischen Aufmärschen der Nationalsozialisten wurden häufig Schellenbäume mitgetragen, die Valentin zu folgendem spöttischen Kommentar mit dem Titel »Der Schellenbaum« anregten, dem eine Abbildung beigefügt war.

> »Selbst der unmusikalischste Mensch kann dieses Musikinstrument, genannt ›Schellenbaum‹ erlernen, denn der Schellenbaum braucht nur getragen zu werden, dann spielt er – vielmehr es läuten die Glocken (1933).
> Im Detail: Das unterste hier auf dem Bilde ist der Schellenbaumträger selbst, ein Militär-›Musiker‹ in grauer Galauniform mit Stahlhelm und Glacéhandschuhen, die Hände in zackiger Stellung. Vor dem Leibriemen des Soldaten befindet sich eine Schellenbaumtraghülse aus Ia Lackleder, in der Hülse steckt der untere Teil

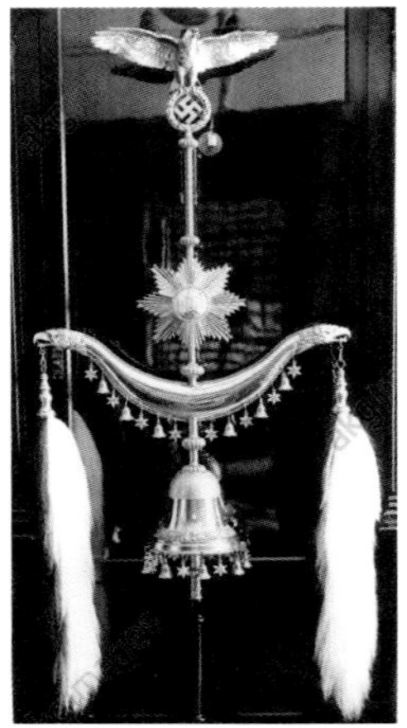

Schellenbaum mit achtstrahligem preußischen Stern, NS-Hakenkreuz und Reichsadler, um 1935

des Schellenbaumes, anschliessend kommt die grosse hochglanzvernickelte Glocke, an deren unterem Rande sich ein halbes Dutzend kleine Zierglöckchen befinden und ebenso viele feuervergoldete Sterne (besserer Christbaumschmuck). Ueber der reich mit Ornamenten verzierten Glocke, die wegen ihrer Grösse dem Soldaten beim Vorwärtsgehen die Aussicht versperrt, befindet sich quer zum Schellenbaumstock ein grosser Messingarm, echt vergoldet, mit zwei Reichsadlerköpfen, von denen jeder einen riesigen, schwarz-weiss-rot farbenen Rossschweif im Schnabel hält. An diesem grossen Messingarm hängen wieder 6 kleine Zierglöcklein zwischen 8 zierlichen Sternlein. Oben auf dem Messingarm steckt ein Messingknopf über dem ein grosser, strahlenförmiger 8 zackiger Stern sich erhebt, in dessen Mitte sich das erste complette Hoheitszeichen, Reichsadler *mit Hackenkreuz,* befindet. Noch höher trägt der Schellenbaum die Reichsstandarte aus weisser Damastseide, umsäumt von echten Goldfransen und vier goldnen Reichssta[n]dartenquasten. Der Reichsadler, diesmal ohne Hackenkreuz, dafür rankt sich um denselben, in grüner Seide gestickt, das Eichenlaub ohne Schwerter. – Man hat nun den Eindruck ›höher geht's nimmer!‹ Aber nein! Nun prangt erst ober der Standarte der goldene Lorbeerkranz mit dem Symbol: das Hackenkreuz, und noch höher, auf diesem goldenen Lorbeerkranz sitzt der Reichsadler, der in seinem Schnabel die unter dem Lorbeerkranz befindliche Standarte trägt. – Ob sich ober dem Adler noch weitere militärische Prunkeffekten befinden, entzieht sich unserer Kenntnis, anzunehmen ist jedoch, dass der Pressefotograf Herr Peters eine Platte mit entsprechendem Hochformat nicht zur Verfügung hatte. Der Schellenbaum soll für die demnächst geplante grosse Kitschausstellung als Hauptattraktionsschauobjekt bestimmt worden sein.«

Mit diesem kuriosen Text verspottet Valentin die Nationalsozialisten, die mit auf sieben Etagen aufeinander getürmten kitschigen Hoheitszeichen, in Wahrheit »Hohlheitszeichen«, ihre Macht demonstrierten. Hinter der mittels eines Schellenbaums suggerierten Illusion von prächtiger Musik standen aber nur ein paar jämmerlich bimmelnde Glöckchen, also ein Nichts, mit denen das Blendwerk des Nationalsozialismus übertönt werden sollte. »Mehr scheinen als sein«, dafür war auch der Schellenbaum ein Symbol, wie Valentin erkannte. Überhaupt hatte er nichts mit Krieg am Hut. In einem seiner Feldpostbriefe an die Soldaten an der Front begründete er sein Fernbleiben vom Krieg damit, dass er dafür völlig untauglich sei. Allenfalls als Trompeter sei er einsatzfähig:

»[…] ich hätte dem Feind so rührende Lieder vorgeblasen, daß er geweint hätte statt geschossen. Auch kann ich große Trommel schlagen! Das wäre allerdings gefährlich, da hätte schließlich der böse Feind meine Trommelschläge als Kanonenschüsse angesehen – vielmehr angehört – und hätte auch geschossen.«

»Raketen zischen, Feuerräder fauchen, Bomben platzen«: Valentins Feuerwerksmusik

Bekanntlich war Valentin von allem fasziniert, was mit Feuer zusammenhing. In jungen Jahren verspürte er mehrmals das Verlangen, Feuer zu legen. Beim Betrachten von Bränden empfand er eine geradezu unheimliche Freude. »Für uns Auerbuben«, so Valentin, »war die Feuerwehr das Höchste. Wenn in der Au am Kirchturm die Feuerglocke läutete, war alles andere Nebensache und mochten wir auch beim interessantesten Spiel sein.« Als Feuerwehrtrompeter trat er selbst mehrfach in seinen Szenen auf. Und natürlich war er auch ein ausgewiesener Feuerwerksfanatiker. Er freute sich »höllisch«, wie er versicherte, wenn »am Abend die Raketen zischten, die Feuerräder fauchten, die Bomben in der Luft platzten«, diese Geräusche waren Musik in seinen Ohren.

»Als passionierte Pyrotechniker«, so teilte Theo Riegler mit, »hatte er an allem, was krachte, zischte und knallte, seine helle Freude.« Willi Schaeffers notierte:

> »Eines Tages holte Valentin mich nachts um drei aus dem Bett. Mit dem Auto, das vollbepackt mit Feuerwerk war, eine seiner Lieblingsbeschäftigungen, fuhr er mit mir nach Solln hinaus. Dort brannte er auf offenem Feld eine Viertelstunde lang seine Sonnen und Frösche ab mit Donnerschlägen, die, wie er hoffte, den Weiß Ferdl, der in Solln sein Haus hatte, aus dem Schlaf wecken sollten.«

Auch der Schauspieler O. E. Hasse berichtet davon, dass er Valentin mehrfach nachts aus seiner Wohnung abholen musste. Er kam dann mit leuchtenden Augen »mit einem Bündel Raketen herunter, und dann ging's zur Bürgermeisterinsel oder zu den Isarwiesen. Wir steckten die Zündschnur an, liefen eilig zum Wagen zurück, und fuhren ein Stück weiter. Und wenn wir dann aus der Entfernung die Feuergarben sprühen sahen, klatschte er in die Hände und jauchzte wie ein Kind.«

Valentin war von Feuerwerken derart »begeistert«, wie er erzählte, »dass ich mir in einer Buchhandlung in der Theatinerstraße das Buch ›Die Kunstfeuerwerkerei‹ kaufte und anfing, zu Hause Feuerwerk zu machen. Da wurden Pulver gekauft, Papierrollen geleimt und Chemikalien zusammengerichtet, alles nach Rezept. Manche gingen schon während der Fabrikation los; wunderbarerweise immer ohne Unglück.« Für seine Feuerwerkskörper zermahlte Valentin Böllerpulver in einem Messingmörser. Erst später erfuhr er aus dem erwähnten Buch, dass durch die Reibung »Metall auf Metall« sich das Pulver hätte leicht entzünden und explodieren können. Es versteht sich fast von selbst, dass Valentin zu Ehren des Feuerwerks auch ein eigenes Stück verfasste, das berühmte »Brillantfeuerwerk«, in dem am Ende ein Feuerwerk entzündet wird »mit Feuerrad, Christbaumkugeln, sekundenlangem Aufblitzen der Scheinwerfer, rotem und grünem bengalischen Zündholz, Rauchkerzen und einem Schuß.«

Nicht nur im Freien wollte Valentin Feuerwerke erleben. Wie erwähnt, nähte er in den Trachtenrock der Bedienung Zenzi heimlich Knallfrösche ein, die er mittels einer

Zündschnur zur Explosion brachte. Dem betrunkenen Grafen Gubitscheky warf er in einer Auer Wirtschaft Feuerwerksfrösche »unter die Füße und wenn das Teufelszeug explodierte und der Gubitscheky vor Schreck wie ein wilder Geißbock umherhüpfte, dann hielten wir uns den Bauch vor Lachen«, wie er gestand.

Gegen Kriegsende erklärte sich Valentin übrigens bereit, sechs Kisten mit Feuerwerkskörpern der Münchner Firma Herbst in seinem Garten in Planegg zu lagern, da diese ihre Bestände an Feuerwerkskörpern 1944 wegen Zunahme der Fliegerangriffe und dadurch zunehmender Explosionsgefahr nicht mehr in München aufbewahren durfte. Doch »einige Knaben aus Planegg«, so Valentin, »sind in mein Anwesen vielmals eingebrochen [...] und haben die sechs Kisten so nach und nach vollständig entleert und zu ihrem Vergnügen viele Male hindurch [...] in der ganzen Umgebung – oft mitten auf der verkehrsreichen Straße, zum Schrecken der Passanten zur Explosion gebracht.« Valentin hätte das in seiner Jugend nicht anders gemacht.

Auf jeden Fall erkannte er frühzeitig die musikalischen Elemente, die in aufsprühenden Feuerwerken enthalten sind. Wenn der Himmel kreuz und quer in bunten Farben glüht, Feuergarben pfeifend, zischend, knatternd, fauchend und knallend am Firmament aufleuchten und Sterne arrhythmisch sprühen und funkeln, verschmelzen Musik und Feuer tatsächlich und werden zu einem unvergesslichen Erlebnis für Auge und Ohr. Ob Valentin Georg Friedrich Händels berühmte Funken sprühende Orchestersuite mit dem Titel »Die Feuerwerksmusik« kannte ist nicht überliefert. Was aber würde Valentin zu den heutigen sogenannten Musikfeuerwerken mit exakter Programmierung der Feuerwerkskörper sagen, also zu jenen absolut musiksynchronen Feuerwerken, denen eine aufwendige Choreografie zugrunde liegt?

»Braucht bloß a bissl hergricht werdn!«: Valentins großzügiges Geschenk an eine Planeggerin

Nachdem sich Valentin ab September 1943 in sein Domizil in Planegg, von ihm als »Ausland« bezeichnet, zurückgezogen hatte, verdiente er seinen kargen Lebensunterhalt mit Schreinerarbeiten und selbstgefertigten kleinen Haushaltsgegenständen, die er gegen Lebensmittel, vor allem aber gegen Zigaretten eintauschte. Bekanntlich gab er trotz seines Asthmas das Rauchen nie auf. »Ich kann mei Fesol (sein Asthmamittel) erst nehma, wenn ich oane graucht hab«, betonte er immer wieder. Und einmal gestand er treuherzig: »Ich hab aufghört zu rauchen, aber fang bald wieder an, mit dem Aufhören aufzumhörn.«

Auch die mit ihm befreundete Zeichnerin Franziska Bilek kannte seine Zigarettensucht. Da Zigaretten nach Kriegsende Mangelware waren, empfahl sie ihm am 5. Februar 1946, wenn er keine Zigaretten habe als Ersatz »eine Mischung von Sennesblättertee, Kamillen, Huflattich und etwas Matrazzenfüllung. Dazu gehören etwa 2 bis 3 abgeschnittene Zehennägel. Oder ein Stückerl von einem wollenen Pullover. Im Mai

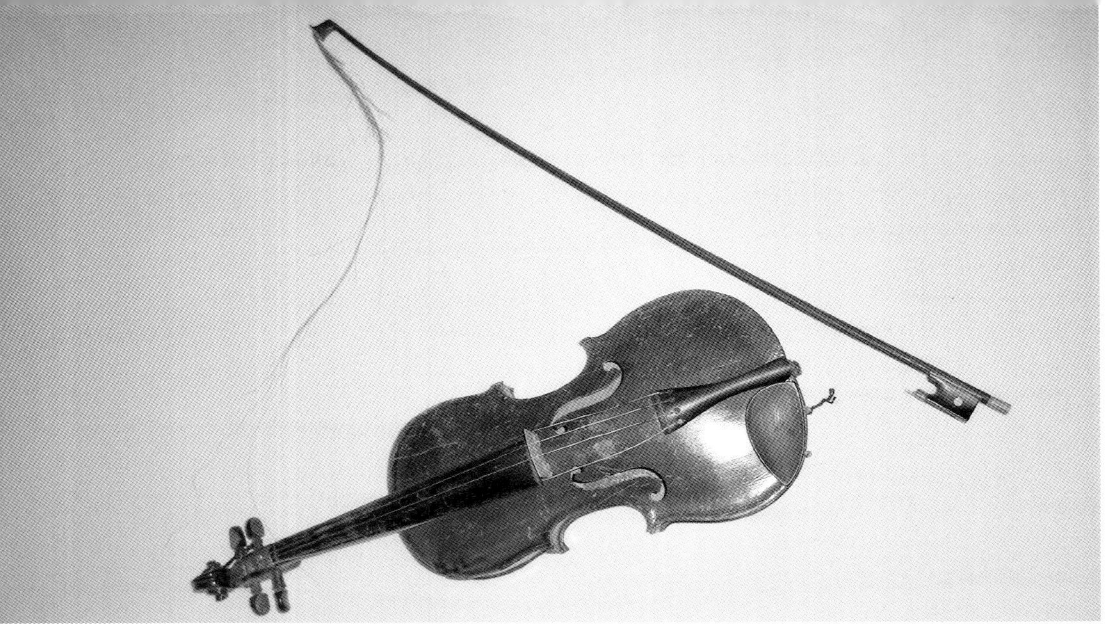

Karl Valentins ramponierte Geige als Geschenk für seine Planegger Nachbarin Ursula Wagner

können Sie auch 4 Maikäfer durch die Mokkamühle treiben und dazu legen. Gott sei Dank bin ich Nichtraucherin, mich quält also derartiges nicht.«

Valentins Planegger Nachbarin Ursula Wagner, die ich [der Autor dieses Buches] 1997 in ihrer neuen Wohnung an der Grenze zu Planegg, in Krailling, Bürgermeister-Huber-Straße 11, aufsuchte, um sie zu interviewen, erzählte mir:

»Ich war Valentin immer eine angenehme Begegnung, da er ab 1945 regelmäßig meine Tabakzuteilung erhielt, er war nämlich ein leidenschaftlicher Raucher. Ich wohnte damals in der Gumstraße, Ecke Germeringer Straße, gegenüber vom Haus des Kunstmalers Otto Pippel und Valentin kam häufig mit der Frage zu mir, ob ich denn keine Schere zum Schleifen habe. Dabei hoffte er aber insgeheim, meine Tabakzuteilung zu bekommen, die ich ihm auch immer gerne überließ. Als Anerkennung dafür schenkte er mir einmal eine alte Trompete mit selbstgedrechseltem Mundstück, wie er betonte, und außerdem eine lädierte Geige mit den Worten: ›Hier hab‹ ich was für Sie. Die braucht bloß a kleins bißl hergricht werdn.' Er dachte wohl, dass mein damals fünfjähriger Sohn Werner damit herumhantieren und womöglich sogar Freude am Violinspiel entwickeln könnte.«

Diese lädierte Violine Valentins trägt folgendes Etikett:

»Remény Milhaly Budapest,
Kirády u. 58
Kilnistva
arany és ezüst érmekkel«

Frau Wagner schenkte mir nach meinem Besuch diese ramponierte Violine zusammen mit dem ebenfalls beschädigten Geigenbogen mit dem Hinweis: »Nehmen Sie die Geign mit, ich bin ja schon alt. Damit sie nicht verloren geht, wie so vieles, was nach dem Tod vom Vale verschwunden ist.« Die alte Trompete mit dem von Valentin selbstgedrechselten Mundstück fand Frau Wagner leider nicht mehr.

»Eine ungoldene Trompete aus Messing«: Musikanekdoten

Über Valentin sind etliche Anekdoten überliefert, darunter auch einige, die sich auf sein Verhältnis zur Musik beziehen. Bekanntlich lässt sich »schon mit drei Anekdoten das Wesen eines Menschen bestimmen.« Hannes König, einer der fleißigsten Valentin-Anekdotensammler und Erfinder des Münchner »Valentin-Musäums« (heute Valentin-Karlstadt-Musäum) meinte: »Alle Anekdoten sind gleichwertig, wenn sie präzise, dechiffrierend und treffend sind.« Im Folgenden eine kleine Auswahl der musikalischen Valentin-Anekdoten:

Valentin spielte Zither. Plötzlich gab es einen Missklang. Der Komiker unterbrach sein Spiel, ließ sich einen Meterstab geben und maß unbeholfen an dem Instrument herum. »Na ja«, sagte er, »koa Wunder, sieben Zentimeter! Des hört man natürlich schon!«

Valentin fragte einen Bekannten: »Haben Sie jetzt die Oper, die grad g'spielt wird, schon gesehn? Schneewittchen und die sieben Zwerge heißt's. Eine wunderschöne Musik.« »Sie meinen wohl Lohengrin?« »Ja, richtig«, gab Valentin zu, »i hab mich täuscht. Aber die Musik ist trotzdem sehr gut, des müssen S' doch zugeben.«

Valentin wollte sich ein Klavier anschaffen. Man zeigte ihm eines für 3000 Mark. Zu teuer. Auch Klaviere für 2500, 2000 und 1000 Mark kamen nicht infrage. Erst ein Modell für 600 Mark sagte Valentin zu. »Es wäre recht«, meinte er, »wenn es auf Abzahlung ginge – so ungefähr 50 Pfennig im Vierteljahr.« »Aber Herr Valentin«, lachte der Verkäufer, »da zahlen Sie ja 300 Jahre lang, wie wollen Sie denn das schaffen?« »Ganz leicht«, meinte da Valentin.

Bei einer »Lohengrin«-Aufführung wurde Valentin vom Logenschließer das Textbuch angeboten. Der Komiker winkte ab: »Naa, dankschön, heut sing i net mit.«

Ein Journalist fragte Valentin, was seiner Ansicht nach die Lieblingsmusik der Münchner ist. »Ist es der ›Bayerische Defiliermarsch‹ oder ›Gott mit dir, du Land der Bayern' oder …?« Da unterbrach Valentin den Mann und meinte: »Nein, am liebsten hört jeder Münchner immer noch die Matthäser-Passion.«

Valentin und Liesl Karlstadt bestaunten einmal die wuchtigen Säulen der Münchner Staatsoper. »Ja, woaßt«, sagte Valentin, »für so große Künstler, wia da drin spieln, müssen die Säulen ja so hoch sei. Für uns zwoa tät die Hälfte leicht glanga.«

Von einem Musiker ließ sich Valentin die Bedeutung der Kreuze in Partituren erklären. »Ein Kreuz bedeutet G-Dur«, meinte der Mann, »zwei Kreuze D-Dur und drei Kreuze A-Dur.« »Und vier Kreuze«, wollte Valentin wissen. »E-Dur«, war die Antwort. »Und 100 Kreuze?« Darauf wusste der Musiker keine Antwort, aber Valentin: »Das ist ein Friedhof.«

Valentin kam einige Minuten zu spät in den Konzertsaal und fragte den livrierten Einlassdienst, was gerade gespielt werde. »Die Vierte von Beethoven.« Valentin zog seine Taschenuhr heraus, warf einen Blick darauf, schüttelte den Kopf und brummte: »Was, die Vierte schon?«

Einmal schnitt Valentin ganz gewaltig auf: »Gestern hätt i a billige Stradivarigeign kaufen können. Aber i hab s‹ net g'nommen. Wer garantiert mir, dass da koa Holzwurm drin is?«

Als Valentin von einem Bekannten hörte, dass er neulich die Neunte Symphonie gehört habe, meinte er: »Na ja, da san S' selber schuld, wenn S' so spät komma san.«

Liesl Karlstadt schwärmte einmal von der Sangeskunst eines Tenors. »Mei«, brüstete sich Valentin, »wenn ich auch so eine schöne Stimm hätt, dann tät ich noch viel schöner singen wie der.«

Als Valentin ein Notenblatt nicht finden konnte, meinte er missmutig: »Des muaß i verlegt ham. I bin der reinste Verleger.«

Einmal meinte Valentin: »Hören Sie, wie der Kaffee riecht? Ja man muss nur genau hinhören, dann kann man ganz ungewöhnliche Töne vernehmen, so zum Beispiel das Läuten von Rotzglocken, oder wie der Sturm vor Schmerzen heult oder – haben Sie's ghört?« – »Was denn?« – »Na ja, grad eben – Nichts!«

Einem Bekannten erzählte Valentin einmal: »Vorgestern bin ich mit meiner Oma in der Oper ›Lohengrin‹ gewesen. Gestern Nacht hat sie die ganze Oper nochmal geträumt. Des wenn ich g'wusst hätt, hätten wir erst gar nicht hingehen brauchen.«

Im Weinlokal »Ketterl« war Valentin Stammgast. Dort hatte er auch eine Zither aufbewahrt, auf der er bisweilen spielte. Als er sie wieder einmal hervorholte, sah er, dass

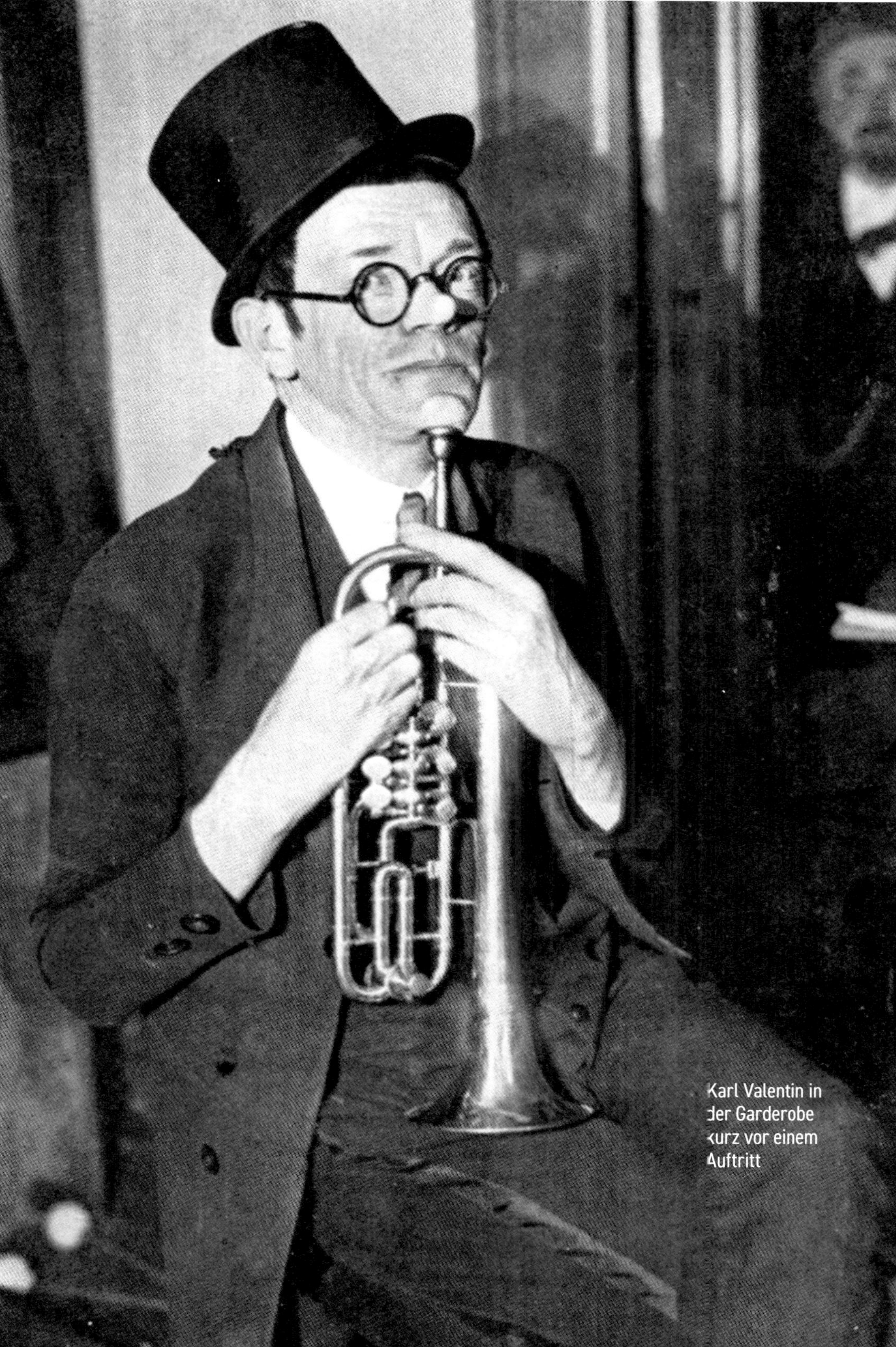

Karl Valentin in der Garderobe kurz vor einem Auftritt

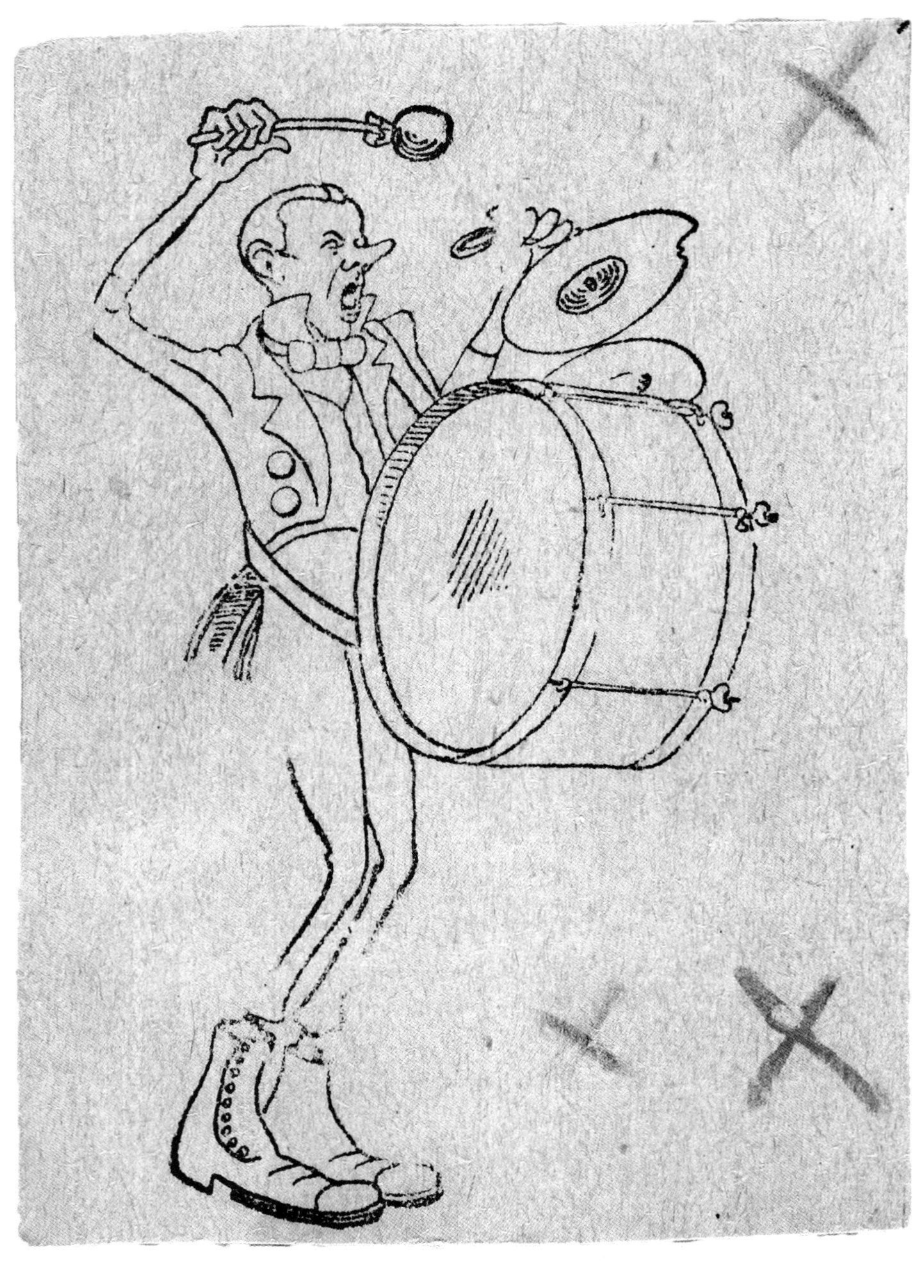

Karl Valentin an der Trommel,
Zeichnung von Ludwig Greiner

eine Saite gerissen war. »Ausgrechnet die Saitn is grissn«, schimpfte der Komiker, »auf der i heut spieln wollt. Die andern 40 helfn mir gar nix.«

Valentin wollte bei dem Münchner Instrumentenbauer Schöpf am Radlsteg eine »ungoldene« Trompete kaufen. Schöpf fragte, was er denn damit meine. Darauf Valentin: »Ja, a solche halt, wia S' im Fenster draußn liegn habn – aus Messing.«

Einmal behauptete Valentin: »Das schwierigste Instrument ist die Trommel.« Als ihm jemand widersprach und meinte, dass auch Geigenspielen nicht leicht sei, unterbrach ihn der Komiker: »Lassen S' mich doch ausredn, das Schwierigste ist doch das Trommeln, wenn keine Trommel da ist! Dann wird es wirklich schwierig.«

Valentin hörte gerade klassische Musik im Radio. »Rat mal«, sagte er zu seiner Frau, »was des is.« »Beethoven?« »Nein.« »Mozart?« »Nein.« »Vielleicht Schubert?« »Der scho gar net.« »Dann woaß i's net«, sagte sie. »Mei, des is doch ganz einfach«, meinte der Komiker, »des is der Bayerische Rundfunk.«

»Du, deine Zither ist verstimmt«, machte Liesl Karlstadt Valentin aufmerksam. »So«, brummte der, »über was denn?«

Bisweilen äußerte Valentin spontan seltsame Einfälle. So meinte er einmal: »Wenn man ein Cello mit Kunstdünger einreibt, wird vielleicht a Bassgeig'n draus.« Oder: »Was meinen Sie, ob man auch mit einem Trompetenmundstück laut schneuzen kann?«

Valentin stand mit seinem Klarinettenkasten an der Trambahnhaltestelle. »Spielen Sie Klarinette?« fragte ihn beiläufig ein Passant. Darauf Valentin: »Nein, hörn Sie was?«

Mehrfach setzte Valentin in Zeitungen auch komische Anzeigen, wie folgende:

> »Klavier gut erhalten, wegen Anschaffung
> einer Semmelbrösel-Reibmaschine zu verkaufen!«
> ***
> Durchaus musikalischer Mensch sucht Stellung – als Klavierträger.
> ***
> »Eine Mundharmonika mit Fußbetrieb zu kaufen gesucht.«
> ***
> Klaviervirtuose zu Pferd sucht ebensolche Dame
> zwecks gemeinsamen Ausflügen kennen zu lernen –
> Ehe und Ehescheidung nicht ausgeschlossen. Offerte an M. N. N.
> ***

»In schönster Lage Münchens ist ein Tafelklavier zu verkaufen.«

***

Wegen Neuanschaffung eines modernen Saxophons
verkaufe ich billigst meine Violine –
Trompeter von Säckingen in Säckingen

***

Wer leiht einem jungen Sänger ein altes Lied zum Singen?

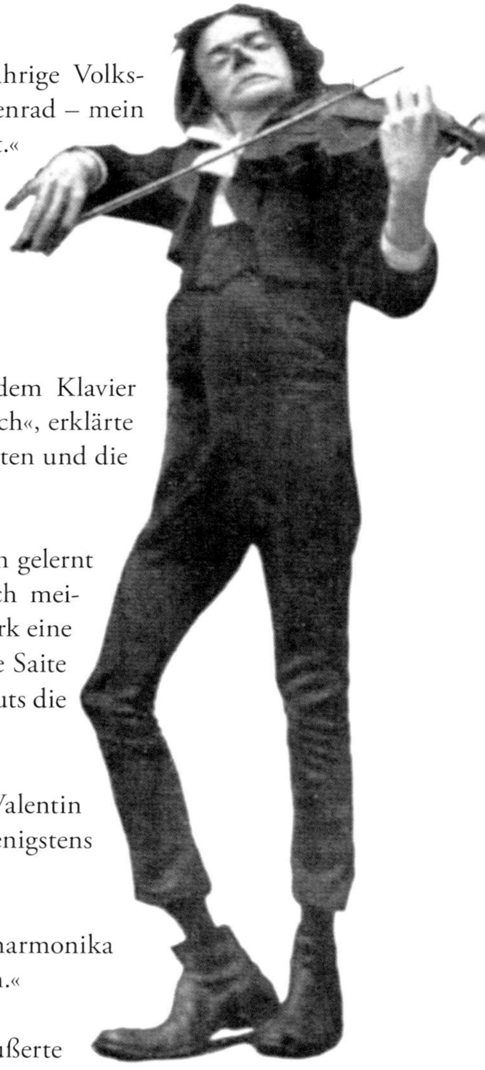

***

Der Polizeibericht meldet über das uralte 100-jährige Volkslied »In einem kühlen Grunde, da geht ein Mühlenrad – mein Liebchen ist verschwunden, das dort gewohnet hat.«
Nach dem Polizeibericht ist das in dem Lied verschwundene Mädchen bis heute noch nicht aufgefunden worden. Nähere Mitteilungen über den Aufenthaltsort dieses Mädchens an Polizeidirektion Zimmer Nr. 13 erbeten.

Liesl Karlstadt wollte wissen, weshalb sich auf dem Klavier weiße und schwarze Tasten befänden. »Ganz einfach«, erklärte ihr Valentin, »die weißn Tastn san für die Hochzeiten und die schwarzn für Beerdigungen.«

Jemand fragte Valentin, wo er so gut Zither spielen gelernt habe. »Na ja«, erklärte Valentin, »das verdank ich meinem Vater. Der hat mir beim Tandler um zwei Mark eine ganz alte Zither gekauft. Auf der war keine einzige Saite drauf. ›Aber‹, hat mein Vater gesagt, ›zum Lernen tuts die auch.‹«

»Spielt ihre Frau eigentlich auch Klavier«, wurde Valentin gefragt. »Ja«, gab er zur Antwort, »jede Woche wenigstens einmal, wenn sie abstaubt.«

»Ich bin 60«, gestand Valentin 1942, »meine Zugharmonika ist 30 Jahre alt, trotzdem hat sie mehr Falten als ich.«

In einem Gespräch über den Geiger Paganini, äußerte Valentin: »Paganini war der größte Geigenvirtuose aller Zeiten, aber auf der Posaune hat er grauenvoll versagt.«

Karl Valentin als Geigenvirtuose à la Paganini

KAPITEL 10

Finale

Musik begleitete Valentin von klein auf, wie er selbst sagte, und in seinem gesamten künstlerischen Wirken bis zu seinem Tod. Nach Ende des Zweiten Weltkriegs hatte er nur einen Wunsch. Er wollte aus Planegg rasch nach München zurück, um dort eine Singspielhalle zu errichten, künstlerisch wieder Fuß zu fassen und Geld zu verdienen. Doch man erfüllte weder sein Gesuch um eine Stadtwohnung noch seine Bitten, als Künstler aufzutreten. Ein Antrag im Münchner Stadtparlament, ihm einen monatlichen Ehrensold zukommen zu lassen, fand keine Befürworter. Stattdessen bot man ihm kurioserweise den Posten eines Depotverwalters der Musikinstrumentensammlung im Münchner Stadtmuseum an, nicht mehr als ein »besserer Hausmeisterposten«. Valentin sagte zu und landete damit wieder bei der Musik, mit der er einst begonnen hatte. Er übte dieses Amt 1946 für ein Jahr aus, sodass er und seine Familie recht und schlecht über die Runden kamen. Doch seine Situation besserte sich nicht.

»Bleibt nix mehr als ganz staad sein«: Valentin verstummt

Fünf Sendungen mit dem lapidaren Titel »Es dreht sich um Karl Valentin« brachte der Münchner Rundfunk ab August 1946 bis August 1947, in denen Musikschallplatten aufgelegt wurden, die Valentin spaßig zu kommentieren hatte. Doch wirkliches Interesse hatte der Rundfunk längst nicht mehr an ihm. Am 22. Oktober 1947, so teilte Valentin der befreundeten Karikaturistin Franziska Bilek mit, wurde »ich nun zum zweiten Mal als Nichtskönner aus dem Münchner Rundfunk ausgewiesen mit der Begründung, meine Arbeit entbehre jeder Komik. So wurde die Sendung am 22. Oktober wegen Humorlosigkeit abgesagt und dafür nur 4 alte Schallplatten eingelegt.« Darüber aufgebracht forderte ihn die Bilek am 2. November auf, sich doch in einem Leserbrief über die ihm im Rundfunk widerfahrene Abfuhr öffentlich zu beschweren, »daß man Ihnen den Zuzug nach München nicht gibt und daß man Sie 2mal aus dem Münchner Radio rausgeschmissen hat. Sie wenden sich damit so quasi an den Münchner selbst. […] Die Frauenkirch ist hin, der alte Peter ist hin und jetzt wollens unsern Karl Valentin auch nimmer nach München reinlassen!! Sind das Deppen! Also trösten Sie sich und schreiben Sie einen Brief an die Südd. Z. und beschweren Sie sich als alter ›Auer‹, als Münchner Original und als unser letztes Genie der Komik. Friede sei mit Ihnen! Ihre Franziska Bilek.«

Bevor Valentin den Rat von Franziska Bilek befolgte, sandte er am 27. Oktober 1947 an den Rundfunkredakteur Hans Seidl folgende Forderung:

»Verehrter Herr Seidl,

Sie ersehen auf der Rückseite, daß im Rundfunk-München mehrere Schallplatten zur Verwendung bereit liegen. – – Die Sendungen stellt leider die Sendeleitung selbst zusammen. Seit 3 Jahren wurden von mir schon 500 Schallplatten gesendet, dafür müßte ich vertragsmäßig (1930) pro Platte 20,– M erhalten – ich bekäme also bis heute schon 10 000,00,– M vom Münchner Rundfunk, habe aber bis heute noch keine einzige Mark bekommen. – Und für alles das, muß man sich eigentlich noch ›dableka‹ [auslachen] lassen. – Aber ich bin trotzdem nicht beleidigt.«

Am Heiligen Abend, den 24. Dezember 1947, schrieb Valentin dann tatsächlich einen Leserbrief an die Süddeutsche Zeitung. »Leider haben wir versagt«, gestand er darin, »deppert daherreden, wie wir das 35 Jahre lang gemacht haben, dürfen wir nicht mehr – bleibt nix anderes mehr übrig – als ganz staad sein.« Und Valentin wurde ganz still.

»Auf einem Manuskript, das er an den Rundfunk schickte«, teilte seine Tochter Bertl mit, »befindet sich der Nachsatz: ›Bitte Empfang bestätigen und gleichzeitig die Ablehnung.‹ [...] Ende des Jahres 1947 hatte man ihn ins Funkhaus gebeten. Papa kam überraschend schnell zurück und sein Gesichtsausdruck verriet uns alles. ›Nix war's. I bin nimmer komisch – hams g'sagt.‹ Dann ging er, verlegen lächelnd, in seine Werkstatt zum Scherenschleifen.«

Valentin durchschaute aber nicht nur den Rundfunk, sondern auch das Gros der Münchner, für die er mittlerweile buchstäblich Luft geworden war. Am 28. Oktober 1947, etwa 100 Tage vor seinem Tod schrieb er an den großen Sammler der Volksmusik, Kiem Pauli: »Ich habe meine lieben Bayern und speziell meine lieben Münchner genau kennen gelernt. Alle anderen mit Ausnahme der Eskimos und Indianer haben mehr Interesse an mir als meine ›Landsleute‹. [...] Dem Menschen kann man's nicht verübeln, wenn er von seinen Landsleuten nix mehr wissen will.«

»Als ob er bloß schnell hinausgegangen wäre«: Musik bis nach dem Tod

Ende 1947 und zu Beginn des Jahres 1948 zeigte sich nach siebenjähriger Pause das Gespann Valentin-Karlstadt noch einmal auf Münchner Bühnen. Der Komiker wog damals nach eigenen Aussagen nur mehr 98 Pfund, wahrhaftig »ein Sinnbild der Fettlosigkeit« und wohl auch ein unübersehbarer Hinweis für sein bevorstehendes Ende. Valentins Spielzeit währte nur noch 30 Tage. Die ersten Vorstellungen fanden am 6. September und am 13. Oktober 1947 in Pasing statt. Auch am 8. Dezember brachte er dort anlässlich einer geschlossenen Veranstaltung in der Gaststätte »Lindenplatzl«

in der Nimmerfallstraße 48 seine Stücke »Musikunterricht«, »Das Geigensolo« und »Im Senderaum« zur Aufführung. Die letzten Gastspiele der beiden konnte man im Dezember 1947 besuchen.

Der Schauspieler Gerd Fröbe erinnerte sich an einen seiner letzten Auftritte. Das war in der Silvesternacht 1947/48 im »Neuen Simpl«, wo er noch einmal auftrat, »seine geliebte Zither im Arm«. Auch sein allerletzter Auftritt mit Liesl Karlstadt am 31. Januar 1948 im »Bunten Würfel« war der Musik gewidmet. Zur Aufführung kam »Die Orchesterprobe«. Auf zwei erhaltenen Fotos ist Valentin zu sehen. Ratlos steht er da, hohlwangig, mit der Tuba in Händen, vor ihm die große Trommel. Nach diesem Auftritt stellte man ihn buchstäblich kalt. Nach der Vorstellung wurde er (versehentlich? absichtlich?) in der eiskalten Garderobe eingesperrt und musste dort die Nacht verbringen. Er, der schon erkältet und kraftlos war, holte sich eine schwere Lungenentzündung.

Die Journalistin Anneliese Friedmann, die ihn im Auftrag der »Süddeutschen Zeitung« besuchte, berichtete über den Besuch im Planegger Haus folgendes:

> »Die Tochter machte auf. ›Der Vadda wart scho.‹ In seinem Zimmer, ein paar Stufen führten hinunter, stand ein hochbeiniges Bett mit ziemlich grauem Kissenzeug, auf dem Nachtkastl lag der Inhalierapparat. Von Zeit zu Zeit steckte der Valentin das Glasröhrchen in die Nase und drückte an dem Gummiball. Er hustete, einen Schal um den langen Hals gewickelt und den Hut auf dem Kopf. Sein Gesicht um die wasserblauen Augen herum war mager, grau wie das Bettzeug. ›Möchte wissen, warum mich der Bayerische Rundfunk gar nimmer kennt‹, räsonierte der Valentin. ›Hab' ihnen zwei Hörspiele g'schickt – nix. Könnt'n doch aa amal was send'n von mir, ham mi vergess'n.‹ Dann wurstelte er einen Zettel aus dem Nachtkastl, eine ausgerissene Schulheftseite, liniert. ›Schaun S', Freilein, i habs Eahna aufg'schrieb'n, damit S'as net vergess'n, wia's neue Jahr werd.‹ In seiner sauberen Bleistiftschrift stand da: ›Wird's wieder so, wie's gewesen is, is's recht, wird's nicht mehr so, wird's anders, dann wird es schon so sein müssen, warum regen wir uns dann jetzt schon drüber auf, ob's so wird oder so?‹ Damals ahnte ich nur, was ich heute weiß: Karl Valentin war kein Komiker. Er war ein Philosoph.«

Neun Tage vor Valentins Tod, am 31. Januar 1948, traten er und Liesl Karlstadt zum letzten Mal gemeinsam auf. Neun Tage später, am 9. Februar 1948, einem Rosenmontag, starb Valentin.

Über seine letzten Worte wurde viel gerätselt. »Wenn ich g'wußt hätt, daß 's Sterbn so schön is, dann wär ich schon früher g'storbn«, waren jedenfalls nicht seine letzten Worte. Sie wurden vom Schriftsteller Sigi Sommer erfunden. »Ist die Werkstatt abgeschlossen?«, das waren in Wahrheit Valentins letzte Worte. Sie galten dem Ort, wo er sich so gerne und oft aufhielt, seinem »Laboratorium«, wie er die Werkstatt liebevoll nannte, wo er schreinerte und auch einige Instrumente gebastelt hatte. »Der Tod kam

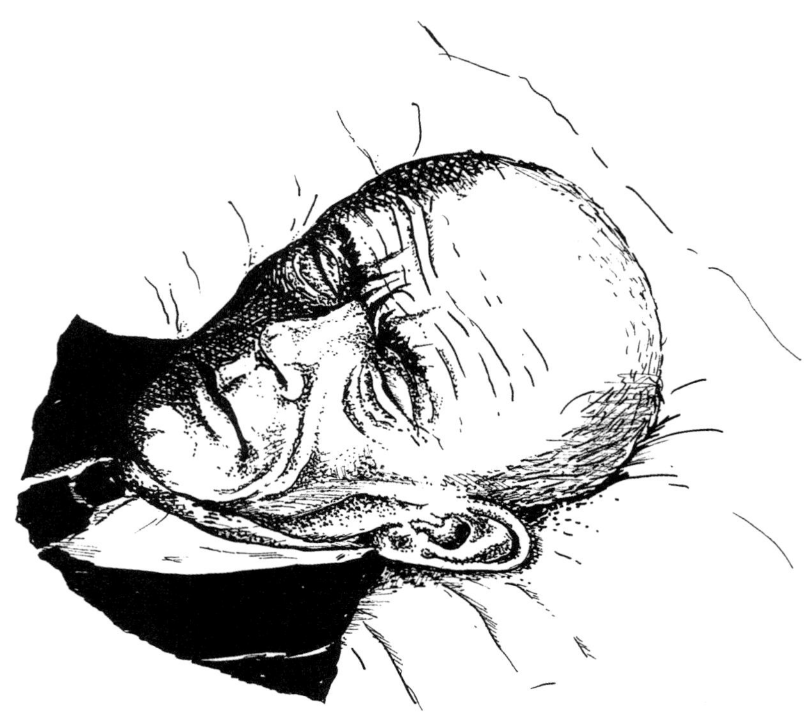

Karl Valentin aufgebahrt, Zeichnung von Alfons Schweiggert

sanft zu dem lebenslang von Todes- wie von Lebensangst Geplagten«, berichtete seine Tochter Gisela. »Ohne Todeskampf entschlief er in den Armen seiner Gattin, die ihm wirklich die Treue hielt, bis der Tod sie schied.«

Zu seiner Beerdigung kam auch der Journalist und Schriftsteller Wilhelm Hausenstein, einer seiner engsten Freunde, dem beim Anblick des aufgebahrten Toten seltsamerweise dessen Ohr auffiel: »Merkwürdig ruhte die schöne Bildung und reine Musikalität des einen sichtbaren Ohres. Es war wie ein Stück feinster Wachsplastik von lauterer Künstlerhand.« Bekanntlich gibt die Form eines Ohrs Auskunft über Charakter und Wesen eines Menschen. Valentins tiefer Einschnitt am unteren Ende der großen, schönen Ohrbucht wies nicht nur auf ausgeprägte Intelligenz und Fantasie hin, sondern auch auf ein vielseitiges Interesse und hohe Musikalität.

Valentins Ohr ist auch auf einer der bewegendsten Fotografien, die von ihm erhalten sind, zu sehen. Darauf ist seine »stille Liebe zur Musik«, die ihn von Kindheit an durch das ganze Leben begleitete, buchstäblich zum Bild geronnen. Mit geschlossenen Augen neigt er sich wie in einem Traum andächtig versunken den Tönen zu, die aus dem Akkordeon, auf dem er spielt, zu schweben scheinen und sein Gesicht umschmeicheln. Das kaum wahrnehmbare bittersüße Lächeln auf den Lippen gilt

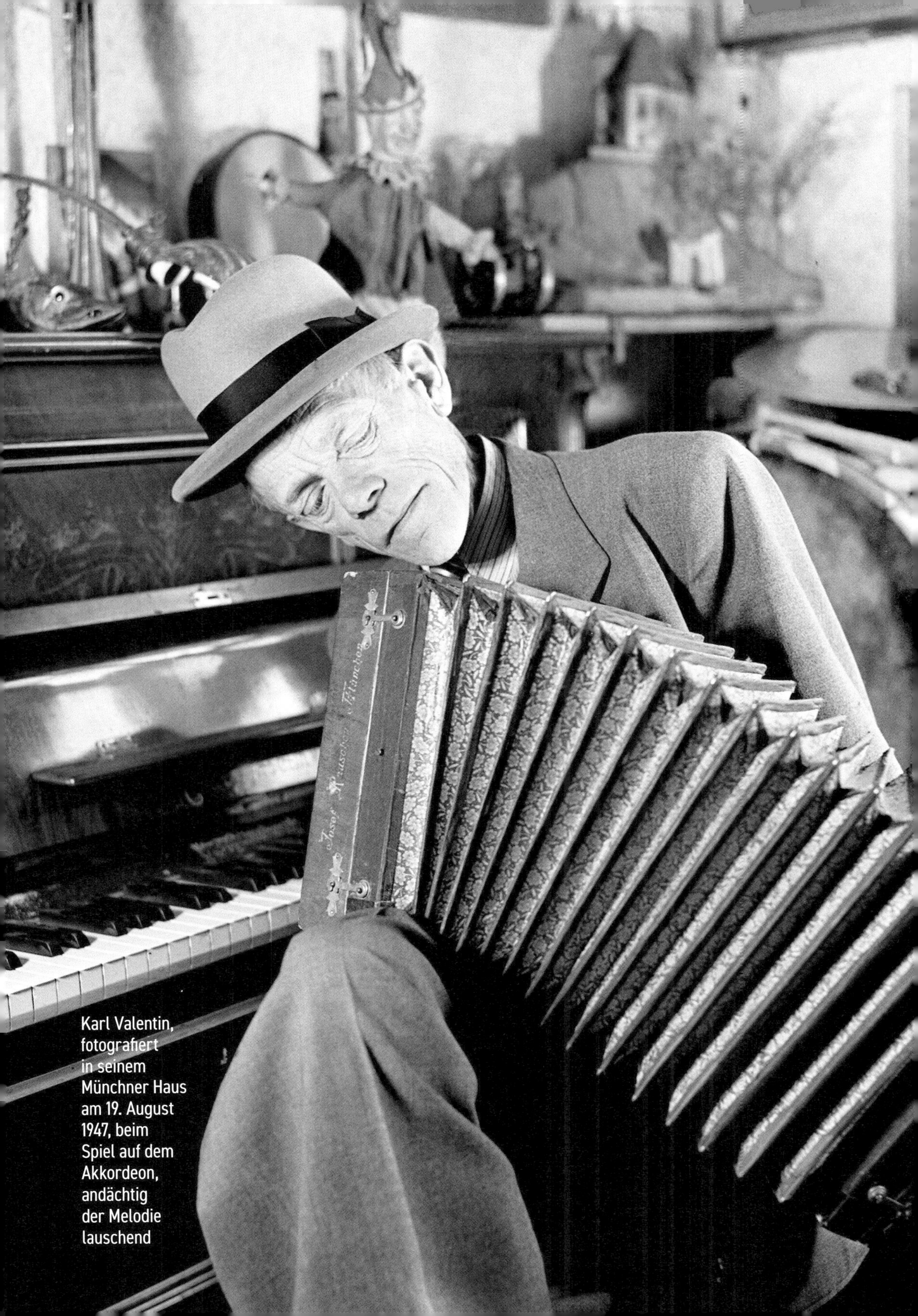

Karl Valentin, fotografiert in seinem Münchner Haus am 19. August 1947, beim Spiel auf dem Akkordeon, andächtig der Melodie lauschend

vielleicht den vielen Entbehrungen und Enttäuschungen, die er in seinem Leben zu ertragen hatte. Dieses wunderbare Bild ziert den Titel dieses Buches.

Der Münchner Journalist Sigi Sommer (1914–1996), der nach Valentins Beerdigung ins Planegger Häuschen kam, schrieb:

> »Sein schwarzer runder Hut, der ›Goggs‹, lag auf einem Stuhl, und daneben hing sein Regenschirm, als ob er bloß schnell hinausgegangen wäre, der Karl Valentin. Von der Wand grüßten die Münchner Volkssängerporträts von Papa Geis, Hesselschwert oder Papa Kern vom Bock-Keller. Über dem Klavier, auf dem der Komiker so gerne mit einem Finger den Tölzer Schützenmarsch geübt hatte, hing ein rostiger Drahtring, einst sein erster Lorbeerkranz. Ein hölzerner Kasperl lehnte an einem bayerischen Hartschierhelm. Auf dem Hals des Kasperls, unter der Krause, fand man mit Tintenstift die Jahreszahl 1882 und den Namenszug Karl Valentin. Es war sein erstes Spielzeug gewesen, das er in seinem Pietätsgefühl ebenso über ein halbes Jahrhundert aufbewahrt hatte wie den erblindeten Zwicker seiner Mutter oder den letzten väterlichen Zigarrenstumpen, der 50 Jahre lang in seinem selbstgeschnitzten Schachterl auf dem Wohnzimmertisch gelegen hatte. […] Sein Geigenkasten stand in der Ecke, und der Geige, auf der er so ergreifend ›Das Meer von Siemens-Schuckert‹ gespielt hatte, fehlten drei Saiten. In seinem Schuppen im Garten standen die letzten Trümmer aus seinem Gruselkeller, … als ob er bloß schnell hinausgegangen wäre …«

Das Klavier … sein Geigenkasten … die Geige, der drei Saiten fehlten, das war geblieben. Er selbst aber war erst einmal vergessen.

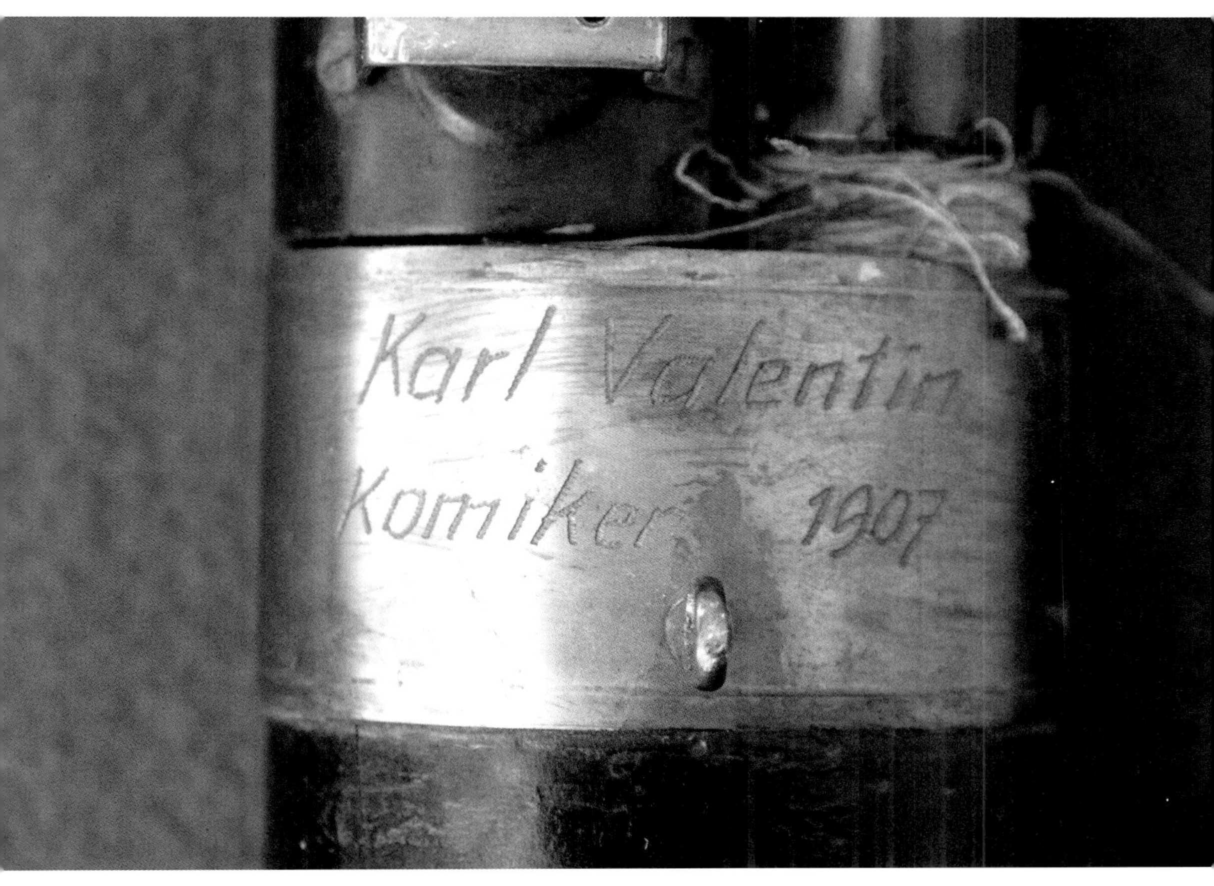

Gravur auf
Karl Valentins
Fagott

Verwendete Literatur

Bachmaier, Helmut (Hrsg.): Kurzer Rede langer Sinn. Texte von und über Karl Valentin. München / Zürich 1990

Ders. / Faust, Manfred (Hrsg.): Karl Valentin. Sämtliche Werke in acht Bänden. München 1992–1997:

Band 1: Monologe und Soloszenen. Hrsg. von Helmut Bachmaier u. Dieter Wöhrle, München 1992

Band 2: Couplets. Hrsg. von Helmut Bachmaier u. Stefan Henze, München 1994

Band 3: Szenen. Hrsg. von Helmut Bachmaier u. Stefan Henze, München 1995

Band 4: Dialoge. Hrsg. von Manfred Faust u. Andreas Hohenadl, München 1996

Band 5: Stücke. Hrsg. von Manfred Faust u. Stefan Henze, München 1997

Band 6: Briefe. Hrsg. von Gerhard Gönner, München 1991

Band 7: Autobiographisches und Vermischtes. Hrsg. von Stefan Henze, Andrea Heizmann u. Max Auer. München 1996

Band 8: Filme und Filmprojekte. Hrsg. von Helmut Bachmaier u. Klaus Gronenborn. München 1995

Ergänzungsband: Dokumente, Nachträge, Register. Hrsg. von Manfred Faust u. Gerhard Gönner. München 1997

Becke, Herbert / Fette, Gunter: Karl Valentin – Bildersprache. München 2022

Biskupek, Matthias: Karl Valentin. Eine Bildbiographie. Leipzig 1993

Böheim-Valentin, Bertl: Du bleibst da und zwar sofort! Mein Vater Karl Valentin. München 1971

Dimpfl, Monika: Immer veränderlich. Liesl Karlstadt (1892 bis 1960). München 1996

Drescher, Horst (Hrsg.): Karl Valentins Lach-Musäum. Mit einem Interview auf dem Parnaß. Leipzig 1975

Engels, Erich: Philosophie am Mistbeet. Ein Karl Valentin Buch. München 1969

Fischer-Grubinger, Annemarie: Mein Leben mit Karl Valentin. Rastatt 1982

Freilinger-Valentin, Gisela: Karl Valentins Pechmarie. Eine Tochter erinnert sich. Pfaffenhofen 1988

Fröbe, Gert: Auf ein Neues, sagte er … und dabei fiel ihm das Alte ein. Geschichten aus meinem Leben. München / Hamburg 1988

Gidal, Nachum T.: Begegnung mit Karl Valentin. München 1995

Glasmeier, Michael C: Karl Valentin. Der Komiker und die Künste. München / Wien 1987

Gronenborn, Klaus: Karl Valentin. Filmpionier und Medienhandwerker. Frankfurt am Main 2007

Grunauer-Brug, Gusti: Passiert is was. Valentinaden. München 1959
Hausenstein, Wilhelm: Die Masken des Komikers Karl Valentin. München 1980
Hoferichter, Ernst: Jahrmarkt meines Lebens. München 1963
Ders.: Vom Prinzregenten bis Karl Valentin. Altmünchner Erinnerungen. München 1966
Keller, Roland: Karl Valentin und seine Filme. München 1996
Köhl, Gudrun: Von Papa Geis bis Karl Valentin. München 1971
Dies. u.a. (Hrsg.): Was sag'n jetzt Sie zum Karl Valentin? Meinungen und Erinnerungen. München 1982
Koll, Andreas: Volkskünstlerinnen. Liesl Karlstadt, Bally Prell, Erni Singerl. Die Geschichte des Volkstümlichen in der Unterhaltung. München 2008
Kort, Pamela: Grotesk. 130 Jahre Kunst der Frechheit. Ausstellungskatalog. München / Berlin / London / New York 2003
Kurowski, Ulrich: Karl Valentin Fundsachen I – IV. München (Münchner Filmmuseum) 1976ff.
Lutz, Joseph Maria: Die Münchner Volkssänger. München 1956
Martin Maier: Der Mensch ist gut, nur die Leute sind schlecht. Mit Karl Valentin Sinn und Wahnsinn des Lebens entschlüsseln. Freiburg im Breisgau 2012
Memminger, Josef: Karl Valentin. Der grantige Clown. Regensburg 2011
Münz, Erwin und Elisabeth (Hrsg.): Geschriebenes von und an Karl Valentin. Eine Materialsammlung 1903 bis 1948. München 1978
Niessen, Carl: Karl Valentin und die Münchner Volkssänger. Ausstellungskatalog zur 800-Jahr-Feier der Stadt München. München 1958
Pemsel, Klaus: Karl Valentin im Umfeld der Münchner Volkssängerbühnen und Varietés. Dissertation. München 1981
Riegler, Theo: Das Liesl Karlstadt Buch. München 1961
Rinberger, Sabine / Koll, Andreas (Hrsg.): Liesl Karlstadts schwere Jahre – 1935 bis 1945. München 2019
Schulte, Michael: Karl Valentin. Eine Biographie. Hamburg 1982
Ders. / Syr, Peter: Karl Valentins Filme. München 1989. Mit einem Nachwort von Helmut Bachmaier. München 1989
Schweiggert, Alfons: Karl Valentins Panoptikum. Wie es ächt gewesen ist. München 1995
Ders.: Karl Valentin. Ja, lachen Sie nur. Die schönsten Karl-Valentin-Anekdoten und -Witze. Dachau 1996
Ders.: Karl Valentin und die Frauen. München 1997
Ders.: Karl Valentins Stummzeit. Die Grünwalder und Planegger Jahre 1942 bis 1948. München 1998
Ders.: Karl Valentin. Der Münchnerischste aller Münchner. München 2007
Ders.: Karl Valentin – Was gibt's da zum Lachen? Neue Valentin-Anekdoten und -Witze. Dachau 2008

Ders.: Ich bin ja auch kein Mensch, ich bin ein Bayer! Husum 2011
Ders.: Karl Valentin und die Politik. Vorwort von Gerhard Polt. München 2011
Ders.: Karl Valentin. Sein Leben – Seine Werke – Sein München. München 2012
Ders.: Ein gspinnerter Teifi. Karl Valentins letzte Jahre. München 2013
Ders.: Karl Valentins fesche Mizzi. Die Schauspielerin Annemarie Fischer. München 2022
Sommer, Sigi: Das kommt nie wieder. Ein Münchner Erinnerungsbuch. Percha 1976
Till, Wolfgang (Hrsg.): Karl Valentin – Volkssänger? Dadaist? München 1982
Valentin-Archiv Planegg: Dokumente, Notizen, Zeitungsausschnitte. Planegg o. J.
Valentin, Karl: Der Knabe Karl. Jugendstreiche. Aus dem Nachlaß herausgegeben von von Gerhard Pallmann. Berlin 1951
Valentin, Karl: Valentiniaden. Ein buntes Durcheinander von Karl Valentin. München 1941
Wilhelm, Kurt: Erinnerungen an Karl Valentin. Manuskript. Straßlach-Dingharting 1996
Wolter, Karl Kurt: Karl Valentin privat. München / Köln 1958.

Bildnachweis

Archiv Erben Valentin: Anneliese Kühn, Rosemarie Scheitler, Planegg: S. 12, 29, 40–41, 43, 67, 73, 87, 88, 89, 90, 93, 109, 115 (oben, unten), 122, 132 (rechts), 141 (unten), 151, 161, 162 (oben), 173, 183, 186, 193 (Foto Reinhard Wittmann)
Bildarchiv Karl Valentin-Nachlassverwalter Gunter Fette: S. 13, 14, 15, 18 (oben), 19, 21, 22, 23, 25, 27, 28, 30, 45, 47, 49, 50, 51, 53, 53, 60, 63, 65, 68, 69, 78, 80, 82, 84, 89 (unten), 95, 97, 98, 99, 103, 107, 108, 110, 115 (links), 125, 132 (links), 134, 135, 141 (oben), 155, 159, 162 (unten), 164, 168
Privatarchiv Alfons Schweiggert, München: S. 3, 37, 61, 137, 139, 150, 176, 180, 190
Ludwig Greiner (Abdruckerlaubnis von Anneliese Kühn aus dem Archiv Erben Valentin: S. 6, 18 (unten), 33, 184
imago-images: S. 191

Dank

Gunter Fette, Karl Valentins Nachlassverwalter, gilt mein herzlicher Dank für die Überlassung zahlreicher Fotografien aus seinem Valentin-Bildarchiv und die ausdrückliche Erlaubnis zur Veröffentlichung.

Bei Gerhard Polt und Gunter Fette bedanke ich mich für die einführenden Worte zum Buch.

Rosemarie Scheitler, der Ururenkelin Valentins, danke ich für Fotografien aus dem Familienarchiv.

Dietlind Pedarnig, der engagierten Lektorin des Allitera Verlags, danke ich für ihre gewissenhafte Lektoratsarbeit, für viele wichtige Hinweise und die stets freundliche und hilfreiche Kooperation bei der Bildredaktion und der Herstellung des Buches.

Alexander Strathern, dem Leiter des Allitera Verlags, danke ich für seine Bereitschaft, dieses Buchprojekt in sein Verlagsprogramm aufzunehmen.

Dr. Reinhard Wittmann gebührt Dank für die Initiative, im Buchheim-Museum, dem »Museum der Phantasie« in Bernried am Starnberger See die Ausstellung »Valentin und die Musik« durchzuführen.

Herbert Becke, der mit vielen Fotografien Valentins Sprache zum Leben erweckte, danke ich für viele tiefsinnige Gespräche über Valentin und die Musik.

Nicht zuletzt danke ich meiner Frau Mariella für die vielen anregenden Gespräche zum Thema der Veröffentlichung.

Weitere Titel von Alfons Schweiggert bei Allitera:

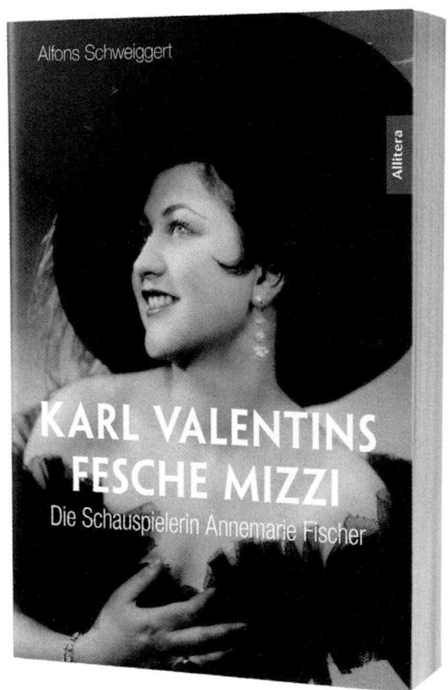

Karl Valentins fesche Mizzi

Die Schauspielerin Annemarie Fischer

192 S., Paperback, ISBN 978-3-96233-332-4

Wem ist Liesl Karlstadt nicht ein Begriff? Sie war die Frau an Karl Valentins Seite, auf der Bühne und im Leben. Ein legendäres Paar. Der Name Annemarie Fischer hingegen ist in der Öffentlichkeit in Vergessenheit geraten. Wer war die junge und blendend aussehende Schauspielerin, die den großen Komiker rückhaltlos bewunderte und der er 1939 für nur neun Monate eine Theaterrolle an seiner Seite gab?
Annemarie Fischers Schwester Erika hat dem Autor Alfons Schweiggert ihre Erinnerungen zur Lebensgeschichte der Familie und zur Beziehung ihrer Schwester zu Karl Valentin übergeben. Alfons Schweiggert kommt dem Wunsch nach, das Leben der »feschen Mizzi« aus ihrem Schattendasein zu befreien. Illustriert mit zahlreichen, bislang unveröffentlichten Fotografien aus dem Familienarchiv Fischer gibt er Einblicke in ihre Herkunft, die Bühnenkarriere vor der Partnerschaft mit Karl Valentin, beleuchtet das Kennenlernen der beiden, das Dreiecksverhältnis Liesl – Valentin – Annemarie, Konflikte in der Partnerschaft sowie ihre Aktivitäten nach der Zeit mit Karl Valentin und ihren Tod.
Mit dieser Biografie gelingt der Blick auf eine ungewöhnliche Frau und auf einen weiteren Aspekt im Leben des großen Münchner Künstlers.

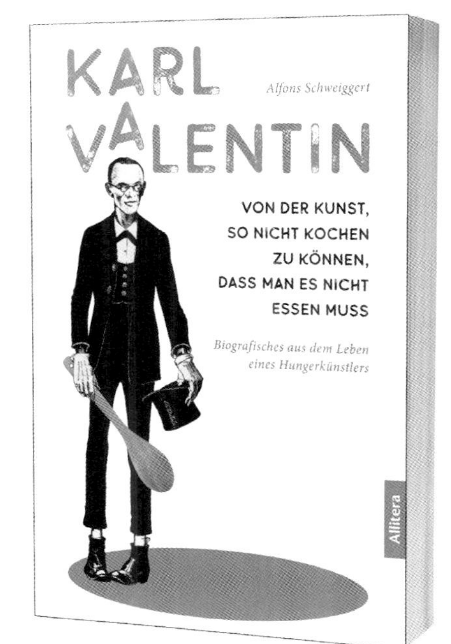

Von der Kunst, so nicht kochen zu können, dass man es nicht essen muss

Biografisches aus dem Leben eines Hungerkünstlers

212 S., Paperback, ISBN 978-3-96233-191-7

Karl Valentin war ein »Skelettgigerl«. Trotzdem hatte er fast immer Kohldampf und das Thema Essen und Trinken brachte er auch in vielen seiner Sketche, Szenen und Stücke auf die Bühne. Wenige aber wissen, was sich bei seinen Mahlzeiten früher wirklich zugetragen hat. Nur Karl Valentins Frau und seine Tochter Bertl erlebten das und manches auch deren Tochter Anneliese. Sie hat dem Autor des Buches, Alfons Schweiggert, bei seinen Besuchen im Planegger Valentin-Haus etliche skurrile Ereignisse erzählt. Manches erinnert dabei an einen »geometrisch achtwinkeligen Sturz-Saltomortale in achtzigprozentig verdrängendem Luftkegel«. Karl Valentin liebte Maggi über alles und die Brezn musste ein deutsches »B« sein. Für einen leckeren Apfelstrudel mit einem Haferl Kaffee ließ Valentin alles andere stehen. Seine kulinarischen Lausbubenstreiche sind Legende, ebenso sein »Ententraum«. Das »Große Karl Valentin-Menü« mit Russischem Salat, Erbsensuppe mit Speck und Hasenbraten an Semmelnknödeln, dazu einem Gläschen Affentaler Spätlese und einem Stück Giraff-torte lassen jeden mit der Zunge schnalzen.
Lassen Sie sich mitnehmen in die kulinarische Welt von Karl Valentin!